한국사
기출문제
정복하기

9급 공무원 한국사
기출문제 정복하기

개정1판	발행	2024년 03월 22일
개정2판	발행	2025년 01월 10일

편 저 자 | 공무원시험연구소

발 행 처 | ㈜서원각

등록번호 | 1999-1A-107호

주　　소 | 경기도 고양시 일산서구 덕산로 88-45(가좌동)

교재주문 | 031-923-2051

팩　　스 | 031-923-3815

교재문의 | 카카오톡 플러스 친구[서원각]

홈페이지 | goseowon.com

시험의 성패를 결정하는 데 있어 가장 중요한 요소 중 하나는 충분한 학습이라고 할 수 있다. 하지만 무작정 많은 양을 학습하는 것은 바람직하지 않다. 시험에 출제되는 모든 과목이 그렇듯, 전통적으로 중요하게 여겨지는 이론이나 내용들이 존재한다. 그리고 이러한 이론이나 내용들은 회를 걸쳐 반복적으로 시험에 출제되는 경향이 나타날 수밖에 없다. 따라서 모든 시험에 앞서 필수적으로 짚고 넘어가야 하는 것이 기출문제에 대한 파악이다.

한국사는 최근으로 올수록 주어진 사료를 바탕으로 역사적 사실을 유추해 내는 수능형 문제의 비중이 높아지고 있으며, 지엽적인 내용을 묻는 등 난도가 높아지고 있다. 따라서 한국사는 각 시행처별 기출문제를 통해 문제풀이에 대한 응용력을 길러야 하며, 고려와 조선의 정치 · 경제 · 사회사와 문화사 등은 출제 빈도가 높은 편으로 각별한 대비가 필요하다. 또한 최근 화제가 되고 있는 사회적 이슈와 결부 지을 수 있는 역사적 사실에 대한 꾸준한 관심도 필요하다. 보다 넓은 안목으로 한국사 학습에 임해야 할 것이다.

9급 공무원 최근 기출문제 시리즈는 기출문제 완벽분석을 책임진다. 그동안 시행된 국가직 · 지방직 및 서울시 기출문제를 연도별로 수록하여 매년 빠지지 않고 출제되는 내용을 파악하고, 다양하게 변화하는 출제경향에 적응하여 단기간에 최대의 학습효과를 거둘 수 있도록 하였다. 또한 상세하고 꼼꼼한 해설로 기본서 없이도 효율적인 학습이 가능하도록 하였으며, 모의고사 방식으로 구성하여 최종적인 실력점검이 될 수 있도록 하였다.

9급 공무원 시험의 경쟁률이 해마다 점점 더 치열해지고 있다. 이럴 때일수록 기본적인 내용에 대한 탄탄한 학습이 빛을 발한다. 수험생 모두가 자신을 믿고 본서와 함께 끝까지 노력하여 합격의 결실을 맺기를 희망한다.

STRUCTURE

이 책의 특징 및 구성

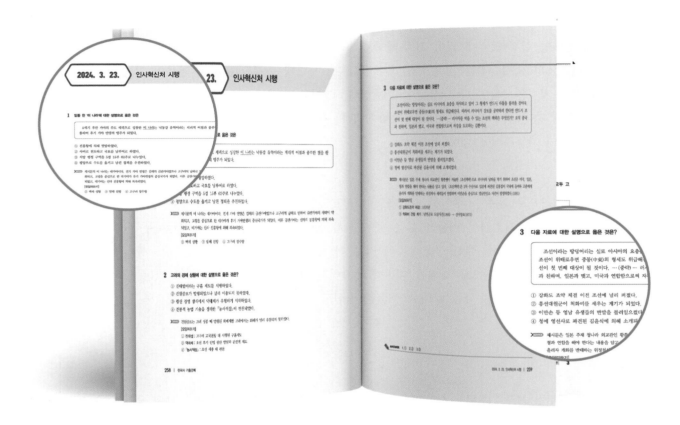

최신 기출문제분석

최신의 최다 기출문제를 수록하여 기출 동향을 파악하고, 학습한 이론을 정리할 수 있습니다. 기출문제들을 반복하여 풀어봄으로써 이전 학습에서 확실하게 깨닫지 못했던 세세한 부분까지 철저하게 파악, 대비하여 실전대비 최종 마무리를 완성하고, 스스로의 학습상태를 점검할 수 있습니다.

상세한 해설

상세한 해설을 통해 한 문제 한 문제에 대한 완전학습을 가능하도록 하였습니다. 정답을 맞힌 문제라도 꼼꼼한 해설을 통해 다시 한 번 내용을 확인할 수 있습니다. 틀린 문제를 체크하여 내가 취약한 부분을 파악할 수 있습니다.

한국사

기출문제 정복하기

한국사

1 다음의 유적지에 대한 설명으로 가장 옳은 것은?

① 사천 늑도 유적에서 반량이라는 글자가 새겨진 청동 화폐가 출토되었다.
② 부산 동삼동 패총에서는 주춧돌을 사용한 지상가옥이 발견 되었다.
③ 단양 수양개에서 발견된 아이의 뼈를 '흥수아이'라 부른다.
④ 울주 반구대에는 시각형 또는 방패 모양의 그림이 주로 새겨져 있다.

▶ADVICE ② 부산 동삼동 패총은 신석기 시대의 유적지이다. 주춧돌을 사용한 지상가옥은 청동기 시대의 주거 형태이다.
③ '흥수아이'는 청원 두루봉 동굴 유적에서 발굴된 구석기 시대의 인류 화석으로, 3∼4살쯤 되는 아이의 것으로 우리나라 구석기 시대의 사람 뼈로는 처음으로, 완전히 보존된 사람의 뼈가 발견되었다.
④ 울주 반구대 암각화에는 고래, 거북, 물고기, 사슴, 호랑이 등의 그림이 주로 새겨져 있다. 사각형 또는 방패 모양의 기하학적 그림이 새겨져 있는 것은 고령 양전동 장기리 바위 그림이다.

2 삼국시대 정치제도에 대한 설명으로 가장 옳은 것은?

① 신라 화백회의는 만장일치 원칙이며 회의의 의장은 상좌평이다.
② 백제는 관품 구별에 따라 자·단·비·녹색의 공복을 입었다.
③ 신라는 진덕여왕대 집사부와 창부를 통합해 정무기관인 품주를 설치하였다.
④ 국상, 대대로, 막리지 등은 고구려에서 재상의 직위를 지칭한다.

▶ADVICE ① 신라 화백회의의 의장은 상대등이다. 상좌평은 백제 정사암 회의의 의장이다.
② 관품 구별에 따라 자·단·비·녹색의 공복을 입은 것은 고려 광종 때이다. 백제는 16관등을 3등급으로 나누어 자·비·청색의 공복을 입었다.
③ 신라는 진덕여왕대 품주를 국가 기밀 담당인 집사부와 재정 담당인 창부로 개편하였다.

3 1898년 관민공동회에서 채택된 '헌의 6조'에 해당하지 않는 것은?

① 외국인에게 기대지 아니하고 관민이 동심 협력하여 전제 황권을 견고케 할 것
② 전국의 재정은 궁내부 내장원으로 이속하고 예산과 결산은 중추원의 승인을 거칠 것
③ 모든 중대 범죄는 공개 재판을 시행하되, 피고가 끝까지 설명하여 마침내 자복(自服)한 후에 시행할 것
④ 칙임관은 황제가 정부에 자문을 구하여 그 과반수에 따라 임명할 것

>ADVICE 헌의 6조
　　㉠ 외국인에게 의지하지 말고 관민이 한마음으로 힘을 합하여 전제 황권을 견고하게 할 것
　　㉡ 외국과의 이권에 관한 조약은 각 대신과 중추원 의장이 합동 날인하여 시행할 것
　　㉢ 국가 재정을 탁지부에서 전관하고 예산과 결산을 국민에게 공포할 것
　　㉣ 중대 범죄를 공판하되 피고의 인권을 존중할 것
　　㉤ 칙임관을 임명할 때는 정부의 자문을 받아 다수의 의견에 따를 것
　　㉥ 정해진 규칙을 실천할 것

4 밑줄 친 내용과 관련된 사실로 가장 옳지 않은 것은?

> 전일 ㉠세자가 심양에 있을 때 집을 지어 고운 빨간 빛의 흙을 발라서 단장하고, 또 ㉡포로로 잡혀간 조선 사람들을 모집하여 둔전을 경작해서 곡식을 쌓아 두고는 그것으로 진기한 물품과 무역을 하느라 ㉢관소의 문이 마치 시장 같았으므로, ㉣임금이 그 사실을 듣고 불평스럽게 여겼다.

① ㉠ 세자 - 북경에서 아담 샬과 만나 교류하였다.
② ㉡ 포로 - 귀국한 여성 중에는 가족들의 천대와 멸시를 받는 이도 있었다.
③ ㉢ 관소 - 심양관은 외교적 기능을 담당하기도 하였다.
④ ㉣ 임금 - 전쟁의 치욕을 벗기 위해 북벌론을 적극 추진하였다.

>ADVICE 제시문에서 밑줄 친 세자는 소현세자이고 임금은 인조이다.
　　④ 북벌론은 청에 포로로 잡혀갔다 돌아온 효종과 송시열 등 서인에 의해 제기되었다.

✎ **ANSWER** 1.① 2.④ 3.② 4.④

5 다음의 밑줄 친 주체에 대한 설명으로 가장 옳지 않은 것은?

> 운봉을 넘어온 ~중략~ 이 싸움에서 아군은 1,600여 필의 군마와 여러 병기를 노획하였고, <u>살아 도망간 자</u>는 70여 명 밖에 없었다고 한다.
>
> <고려사>에서 인용 · 요약

① <u>그들</u>로부터 개경을 수복한 정세운, 이방실, 김득배는 김용의 주도하에 살해되었다.
② 조운선이 <u>그들</u>의 목표물이 되어 국가 재정이 곤란해졌다.
③ <u>그들</u>의 소굴인 대마도가 정벌되어 그 기세가 꺾이게 되었다.
④ <u>그들</u>이 자주 출몰하자 수도를 옮기자는 주장이 제기되었다.

> ❯ADVICE 제시된 내용은 황산대첩에 대한 설명이다. 밑줄 친 살아 도망간 자는 왜적을 말한다.
> ①에서 밑줄 친 그들은 홍건적이다.

6 다음의 자료와 관련된 조약에 해당하는 것은?

> 1. 청 · 일 양국 군대는 4개월 이내에 조선에서 동시 철병할 것
> 2. 청 · 일 양국은 조선국왕의 군대를 교련하여 자위할 수 있게 하되, 외국 무관 1인 내지 여러 명을 채용하고 두 나라의 무관은 조선에 파견하지 않을 것
> 3. 장차 조선에서 변란이나 중대사로 두 나라 중 한 나라가 출병할 필요가 있을 때는 먼저 문서로 조회하고 사건이 진정된 뒤에는 즉시 병력을 전부 철수하여 잔류시키지 않을 것

① 한성 조약
② 제물포 조약
③ 시모노세키 조약
④ 톈진 조약

> ❯ADVICE 제시된 자료는 1885년에 청일 간에 체결된 톈진 조약과 관련된 내용이다. 톈진 조약 체결을 통해 일본은 조선에 대한 파병권을 얻게 되었다.

7 다음 중 「성학집요」의 저자에 대한 설명으로 옳지 않은 것은?

① 이기이원론적 이기론을 통하여 이(理)의 자발성이나 독자성을 강조하였다.
② 신하는 성학을 군주에게 가르쳐 기질을 변화시켜야 한다고 하였다.
③ 향약의 전국 시행, 수미법의 실시 등을 제시하였다.
④ 기자의 행적을 정리한 「기자실기」를 편찬했다.

>**ADVICE** 「성학집요」의 저자는 율곡 이이이다.
　　① 이기이원론적 이기론을 강조한 것은 이황이다. 이이는 이기일원론을 주장하였다.

8 다음은 정약용의 토지제도 개혁안의 일부이다. ㉠과 ㉡에 들어갈 말로 옳은 것은?

> (㉠)법은 시행할 수 없다. (㉠)은 모두 한전이었는데, 수리시설이 갖춰지고 메벼와 찰벼가 맛이 좋으니 수전을 버리겠는가. (㉠)이란 평평한 농지인데 나무를 베어 내노라 힘을 들였고 산과 골짜기가 이미 개간되었으니, 이러한 밭을 버리겠는가.
> (㉡)법은 시행할 수 없다. (㉡)은 농지와 인구를 계산하여 분배해 주는 것인데, 호구의 증감이 달마다 다르고 해마다 다르다. 금년에는 갑의 비율로 분배하였다가 명년에는 을의 비율로 분배해야 하므로 조그마한 차이는 산수에 능한 자라도 살필 수 없고 토지의 비옥도가 경마다 묘마다 달라 한정이 없으니, 어떻게 균등하게 하겠는가.

	㉠	㉡			㉠	㉡
①	한전	균전		②	정전	여전
③	여전	한전		④	정전	균전

>**ADVICE** ㉠ 정전, ㉡ 균전
　　제시된 내용은 정약용의 저서인 「경세유표」 중 토지제도 개혁에 대한 부분이다. 정약용은 초기에 주나라의 정전법을 우리나라에서 시행하는 것에 대한 가능성을 비판하며 여전제를 주장하였고, 이후 여전제를 수정한 정전제를 주장하였다.
　　※ 정약용의 여전제와 정전제
　　　㉠ 여전제 : 마을 단위의 공동 농장을 만들어 작물을 공동 생산하고, 노동력에 따라 수확량을 나누어 가지는 제도
　　　㉡ 정전제 : 국가는 백성들에게 일정한 토지를 나누어주며 자영농을 육성할 것을 주장

9 조선정부는 강화도 조약 체결 이후에 근대 문물을 살펴보고 국정 개혁의 자료를 모으기 위하여 여러 나라에 사절단을 파견하였다. 각 사절단의 파견 순서를 바르게 나열한 것은?

> ㉠ 1차 수신사절　　　　　　　㉡ 보빙사
> ㉢ 조사시찰단　　　　　　　　㉣ 영선사
> ㉤ 2차 수신사절

① ㉠ → ㉢ → ㉣ → ㉤ → ㉡
② ㉠ → ㉣ → ㉢ → ㉤ → ㉡
③ ㉠ → ㉤ → ㉢ → ㉣ → ㉡
④ ㉠ → ㉤ → ㉣ → ㉢ → ㉡

》ADVICE ㉠ 1차 수신사절(1876) → ㉤ 2차 수신사절(1880) → ㉢ 조사시찰단(1881.4) → ㉣ 영선사(1881.9) → ㉡ 보빙사(1883)

10 다음 지문이 가리키는 신문과 관련된 내용으로 옳은 것은?

> 그러므로 우리 조정에서도 박문국을 설치하고 관리를 두어 외국의 기사를 폭넓게 번역하고 아울러 국내의 일까지 기재하여 국중에 알리는 동시에 열국에까지 널리 알리기로 하고, 이름을 旬報라 하며…

① 우리나라 최초의 신문으로 1883년 창간되었으며, 한문체로 발간된 관보의 성격을 띠었다.
② 최초로 국한문을 혼용하였고, 내용에 따라 한글 혹은 한문만을 쓰기도 하며 독자층을 넓혀 나가고자 하였다.
③ 한글판, 영문판을 따로 출간하여 대중 계몽을 통한 근대화를 촉진하고, 외국인에게 조선의 실정을 제대로 홍보하여 조선이 국제사회에서 완전한 근대적 자주독립국가로 자리매김하는 것을 목표로 하였다.
④ 국한문 혼용체를 사용한 일간지로 주로 유학자층의 계몽에 앞장섰다.

》ADVICE 제시된 내용은 1883년 창간된 우리나라 최초의 신문인 한성순보에 대한 내용이다.
　　② 한성주보　③ 독립신문　④ 황성신문

11 다음 〈보기〉의 (   )에 들어갈 낱말을 바르게 나열한 것은?

〈보기〉

고려의 지배층과 피지배층 사이에는 중류층이 자리잡고 있었다. 중앙 관청의 말단 서리인 (㉠), 궁중 실무 관리인 (㉡), 직업 군인으로 하급 장교인 (㉢) 등이 있었다.

	㉠	㉡	㉢		㉠	㉡	㉢
①	잡류	역리	군반	②	남반	군반	역리
③	잡류	남반	군반	④	남반	군반	잡류

> **ADVICE** 고려의 지배층과 피지배층 사이에는 중류층이 자리 잡고 있었다. 중앙 관청의 말단 서리인 <u>잡류</u>, 궁중 실무 관리인 <u>남반</u>, 직업 군인으로 하급 장교인 <u>군반</u> 등이 있었다. 더하여 지방 행정 실무를 담당하는 향리도 중류층에 해당한다.

12 다음 중 고조선에 대한 설명으로 가장 옳지 않은 것은?

① 중국 측 기록인 「관자」나 「산해경」등에는 고조선과 관련된 기록이 등장한다.

② 「삼국지」〈동이전〉에 인용된 「위략」에 따르면 연나라가 강성해져 스스로 왕을 칭하자 조선후가 왕을 자칭하지 않았다는 기록이 있다.

③ 기원전 2세기 초, 위만은 고조선에 망명해 와 있다가 준왕을 몰아내고 왕이 되었다.

④ 위만조선은 기원전 108년 한나라의 침입에 의해 멸망했고, 이 지역에는 한의 군현이 설치되었다.

> **ADVICE** ② 「삼국지」〈동이전〉에 인용된 「위략」에 따르면 조선후 준(準)이 일찍이 왕을 칭하였는데 위만(衛滿)에게 공격받아 나라를 빼앗겼다고 언급하고 있다.

13 다음 지문과 관계있는 단체의 활동으로 옳은 것은?

> 이제 폭력의 목적물을 대략 열거하건대, 조선 총독 및 각 관공리, 일본 천황 및 각 관공리, 정탐노·매국적, 적의 일체 시설물, 이 밖에 각 지방의 신사나 부호가 비록 현저히 혁명운동을 방해한 죄가 없을지라도 언어 혹 행동으로 우리의 운동을 완화하고 중상하는 자는 폭력으로써 대응할지니라.

① 1932년 1월 이봉창은 도쿄에서 관병식을 마치고 돌아가는 일왕 히로히토를 저격하였다.
② 1932년 4월 윤봉길은 상하이 홍커우 공원에서 일제의 요인들을 폭살시키는 의거를 결행하였다.
③ 1920년 박재혁은 밀양 경찰서에 폭탄을 투척하는 의거를 결행하였다.
④ 1926년 나석주는 식민지 대표 착취 기관인 식산 은행과 동양 척식 주식회사에 들어가 폭탄을 던지고 권총으로 관리들을 저격하였다.

>ADVICE 제시된 지문은 신채호의 조선혁명선언(1923)으로 의열단의 독립운동이념과 방략을 이론화하여 천명한 선언서이다.
    ①② 한인애국단의 활동이다.
    ③ 박재혁은 부산 경찰서에 폭탄을 투척하였다. 밀양 경찰서에 폭탄을 투척한 것은 최수봉이다.

14 다음 중 통일신라시대의 사회와 경제 관련 내용으로 가장 옳지 않은 것은?

① 신문왕은 관료전을 지급하고 녹읍을 폐지하였다.
② 성덕왕대에는 일반 백성들에게 정전을 지급하였다.
③ 헌강왕대에 녹읍이 부활되고, 경덕왕대에 관료전이 폐지 되었다.
④ 일본 정창원에서 발견된 '신라 촌락 문서'는 서원경 부근의 4개 촌락을 대상으로 한 것이다.

>ADVICE ③ 귀족들의 반발로 경덕왕대에 관료전을 폐지하고 녹읍을 부활시켰다.

15 다음의 비문에 관한 설명으로 옳지 않은 것은?

> 오라총관 목극등은 국경을 조사하라는 교지를 받들어 이 곳에 이르러 살펴보고 서쪽은 압록강으로 하고 동쪽은 토문강으로 경계를 정해 강이 갈라지는 고개 위에 비석을 세워 기록하노라.

① 조선과 청의 대표는 현지 답사를 생략한 채 비를 세웠다.
② 토문강의 위치는 간도 귀속 문제와도 관련이 되었다.
③ 국경 지역 조선인의 산삼 채취나 사냥이 비 건립의 한 배경이었다.
④ 조선 숙종대 세워진 비석의 비문 내용이다.

> ﾠＡＤＶＩＣＥ 제시된 비문은 1712년에 세워진 백두산정계비에 새겨진 내용이다.
> ① 조선과 청의 대표는 현지를 답사하고 비를 세웠다.

16 조선시대의 교육제도에 관한 설명으로 옳지 않은 것은?

① 왕세자는 궁 안의 시강원에서 교육을 받았다.
② 성균관에는 생원이나 진사만 입학할 수 있었다.
③ 서울에는 서학, 동학, 남학, 중학이 설치되었다.
④ 향교의 교생 가운데 시험 성적이 나쁜 사람은 군역에 충정 되기도 하였다.

> ﾠＡＤＶＩＣＥ ② 생원이나 진사가 우선적으로 입학하고, 승보나 음서에 의해 입학하기도 하였다.

17 다음 저서에 대한 설명으로 옳지 않은 것은?

가. 「산림경제」   나. 「색경」
다. 「과농소초」   라. 「농가집성」

① 가 : 홍만선의 저술로 농업, 임업, 축산업, 식품가공 등을 망라하였다.
② 나 : 박세당의 저술로 과수, 축산, 기후 등에 중점을 두었다.
③ 다 : 정약용의 저술로 농업기술과 농업정책에 관하여 논하였다.
④ 라 : 신속의 저술로 이앙법을 언급하였다.

>ADVICE ③ 「과농소초」는 박지원의 저술이다.

18 모스크바 3국 외상 회의에서 결정한 한국정부 수립 방안을 순서대로 바르게 나열한 것은?

㉠ 미 · 소 공동위원회 개최
㉡ 미 · 소 공동위원회와 임시민주정부 협의하에 미, 영, 중, 소에 의한 신탁통치 방안 결정
㉢ 미 · 소 공동위원회와 한국의 정당 및 사회단체의 협의
㉣ 임시민주정부 수립

① ㉠ → ㉢ → ㉡ → ㉣
② ㉠ → ㉢ → ㉣ → ㉡
③ ㉢ → ㉠ → ㉣ → ㉡
④ ㉢ → ㉣ → ㉠ → ㉡

>ADVICE 모스크바 3국 외상
회의에서 결정된 한국정부 수립 방안은 ㉠ 미 · 소 공동위원회 개최→㉢ 미 · 소 공동위원회와 한국의 정당 및 사회단체의 협의→㉣ 임시민주정부 수립→㉡ 미 · 소 공동위원회와 임시민주정부 협의 하에 미, 영, 중, 소에 의한 통치 방안 결정 순이었다. 그러나 한국 내 신탁통치 반대 세력과 미 · 소의 대립 등으로 인해 미 · 소 공동위원회를 통한 임시민주정부 수립은 불발되었다.

19 고려시대 귀족의 특징에 대한 설명으로 옳은 것은?

① 귀족 세력은 왕족을 비롯하여 7품 이상의 고위 관료가 주류를 형성하였다.

② 귀족은 대대로 고위 관직을 차지하여 사림 세력을 형성하였다.

③ 귀족의 자제는 음서를 통해 관직에 진출할 수 있었다.

④ 향리의 자제는 과거를 통하여 귀족의 대열에 들 수 없었다.

> ADVICE ① 귀족 세력은 왕족을 비롯하여 5품 이상의 고위 관료가 주류를 형성하였다.
> ② 사림 세력은 조선 중기에 정치를 주도한 세력이다.
> ④ 향리의 자제들이 과거를 통해 관료로 진출하고 후에 귀족의 대열에 들기도 하였다.

20 다음의 ( ) 안에 들어갈 말을 바르게 나열한 것은?

일제의 민족분열정책과 자치운동론의 등장에 대응하여, 민족해방운동의 단결과 통일적 대응을 모색하던 사회주의 진영과 비타협적 민족주의 진영은 1926년 (㉠) 선언을 계기로, 1927년 1월 (㉡)를 발기하였다. 이어서 서울청년 회계 사회주의자와 물산장려운동계열이 연합한 (㉢)와도 합동할 것을 결의, 마침내 2월 15일 YMCA 회관에서 (㉡) 창립대회를 가졌다.

	㉠	㉡	㉢
①	북풍회	정우회	고려 공산 청년회
②	정우회	신간회	조선민흥회
③	정우회	근우회	고려 공산 청년회
④	북풍회	신간회	조선민흥회

> ADVICE 일제의 민족분열정책과 자치운동론의 등장에 대응하여, 민족 해방운동의 단결과 통일적 대응을 모색하던 사회주의 진영과 비타협적 민족주의 진영은 1926년 <u>정우회</u> 선언을 계기로, 1927년 1월 <u>신간회</u>를 발기하였다. 이어서 서울청년회계 사회주의자와 물산장려운동계열이 연합한 <u>조선민흥회</u>와도 합동할 것을 결의, 마침내 2월 15일 YMCA 회관에서 <u>신간회</u>창립대회를 가졌다.

1 ⊙과 ⓒ 두 인물의 공통된 신분상의 특징으로 옳은 것은?

> - ┌─── ⊙ ───┐ 은(는) 신문왕에게 화왕계를 통하여 조언하였다.
> - ┌─── ⓒ ───┐ 은(는) 진성여왕에게 시무책 10여 조를 올렸다.

① 왕이 될 수 있는 신분이었다.
② 자색(紫色)의 공복을 착용하였다.
③ 중앙 관부의 최고 책임자를 독점하였다.
④ 관등 승진에서 중위제(重位制)를 적용받았다.

> **ADVICE** ⊙ 설총, ⓒ 최치원으로 두 인물은 6두품이었다.
> ④ 중위제는 아찬 이상 승진할 수 없는 6두품의 불만을 해소하기 위한 조치였다. 6두품 아찬의 경우 4중, 5두품 대나마
> 의 경우에도 9중의 중위제를 적용받았다.
> ① 성골과 진골
> ②③ 진골

2 갑신정변 이후 국내외 정세로 옳지 않은 것은?

① 독일 부영사 부들러는 조선의 영세 중립국화를 건의하였다.
② 러시아의 남하정책에 대응하여 영국 함대가 거문도를 불법 점령하였다.
③ 조·청 상민수륙무역장정을 체결하여 청나라 상인에게 통상 특혜를 허용하였다.
④ 청·일 양국 군대가 조선에서 철수하는 것 등을 내용으로 하는 톈진조약이 체결되었다.

> **ADVICE** ③ 조·청 상민수륙무역장정은 1882년 임오군란을 계기로 체결되었다.

3 (가)~(다)는 고구려의 발전 과정을 시기 순으로 나열한 것이다. (나)에 들어갈 내용으로 옳은 것만을 〈보기〉에서 모두 고른 것은?

> (가) 낙랑군을 차지하여 한반도로 진출하는 발판을 마련하였다.
> (나)
> (다) 평양으로 도읍을 옮기고, 백제의 수도인 한성을 함락하였다.

> 〈보기〉
> ㉠ 태학을 설립하였다.
> ㉡ 진대법을 도입하였다.
> ㉢ 천리장성을 축조하였다.
> ㉣ 신라를 도와 왜를 격퇴하였다.

① ㉠, ㉡   ② ㉠, ㉣
③ ㉡, ㉢   ④ ㉢, ㉣

> ADVICE (가) 낙랑군 축출 – 미천왕 14년(313)
> (다) 평양 천도 – 장수왕 15년(427), 한성 함락 – 장수왕 63년(475)
> ㉠ 태학 설립 – 소수림왕 2년(372)
> ㉡ 진대법 도입 – 고국천왕 16년(194)
> ㉢ 천리장성 축조 – 보장왕 6년(647)
> ㉣ 신라의 왜구 격퇴 – 광개토대왕 10년(400)

ANSWER 1.④ 2.③ 3.②

4 다음 제도를 시행한 목적에 해당하는 것만을 〈보기〉에서 모두 고른 것은?

> • 무릇 민호(民戶)는 그 이웃과 더불어 모으되, 가족 숫자의 다과(多寡)와 재산의 빈부에 관계없이 다섯 집마다 한 통(統)을 만들고, 통 안에 한 사람을 골라서 통수(統帥)로 삼아 통 안의 일을 맡게 한다.
> • 1리(里) 마다 5통 이상에서 10통까지는 소리(小里)를 삼고, … (중략) … 리(里) 안에서 또 이정(里正)을 임명한다.
>
> — 「비변사등록」 —

> 〈보기〉
> ㉠ 농민들의 도망과 이탈 방지
> ㉡ 부세와 군역의 안정적인 확보
> ㉢ 재지사족 중심의 향촌 자치 활성화
> ㉣ 향권을 둘러싼 구향과 신향 간의 향전 억제

① ㉠, ㉡
② ㉠, ㉣
③ ㉡, ㉢
④ ㉢, ㉣

ADVICE 제시된 내용은 5가작통법에 대한 설명이다. 5가작통법은 농민의 도망과 이탈을 방지하여 부세와 군역을 안정적으로 확보하기 위해 시행하였다.

5 다음 발의로 개최된 ㉠에 대한 설명으로 옳은 것은?

> 베이징 방면의 인사는 분열을 통탄하며 통일을 촉진하는 단체를 출현시키고 상하이 일대의 인사는 이를 고려하여 개혁을 제창하고 있다. … (중략) … 근본적 대해결로써 통일적 재조를 꾀하여 독립운동의 신국면을 타개하려고 함에는 다만 민의뿐이므로 이에 [㉠   ]의 소집을 제창한다.

① 창조파와 개조파 등의 주장이 대립되었다.
② 한국국민당을 통한 정당정치 실시가 결정되었다.
③ 삼균주의를 바탕으로 한 건국강령이 채택되었다.
④ 파리강화회의에 김규식을 파견하는 것이 논의되었다.

ADVICE ㉠은 상하이 임시정부의 국민대표회의이다. 국민대표회의는 새 정부를 수립하자는 창조파와 임시정부 조직만을 개조하자는 개조파의 대립으로 결렬되었다.

6 (가)~(라) 시기에 있었던 사실로 옳은 것은?

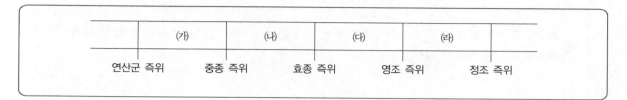

① (가) - 현량과를 실시하였다.
② (나) - 무오사화와 갑자사화가 일어났다.
③ (다) - 두 차례에 걸친 예송이 일어났다.
④ (라) - 신해통공으로 금난전권을 폐지하였다.

> ADVICE ① 현량과 실시(중종) → (나)
> ② 무오사화, 갑자사화(연산군) → (가)
> ④ 금난전권 폐지(정조) → (라) 이후

7 다음 자료에 나타난 나라에 대한 설명으로 옳은 것은?

> 해마다 10월이면 하늘에 제사를 지내는데, 밤낮으로 술을 마시고 노래 부르며 춤을 추니 이를 무천이라 한다. 또 호랑이를 신(神)으로 여겨 제사지낸다. 읍락을 함부로 침범하면 노비와 소, 말로 변상하는데, 이를 책화라 한다.

① 후 · 읍군 · 삼로 등이 하호를 통치하였다.
② 국읍마다 천신에 대한 제사를 주관하는 천군이 있었다.
③ 사람이 죽으면 가매장한 다음 뼈만 추려 목곽에 안치하였다.
④ 아이가 출생하면 돌로 머리를 눌러 납작하게 하는 풍습이 있었다.

> ADVICE 자료에 나타난 나라는 동예이다.
> ②④ 삼한 ③ 옥저

8 밑줄 친 '이 기구'가 설치된 왕 대에 있었던 사실로 옳은 것은?

> 조정은 중국의 화약 제조 기술을 터득하여 <u>이 기구</u>를 두고, 대장군포를 비롯한 20여 종의 화기를 생산하였으며, 화약과 화포를 제작하였다.

① 복원궁을 건립하여 도교를 부흥시켰다.
② 흥덕사에서 직지심체요절을 간행하였다.
③ 교장도감을 설치하여 속장경을 간행하였다.
④ 시무 28조를 수용하여 유교정치를 구현하였다.

>ADVICE 밑줄 친 이 기구는 고려 우왕 3년(1377)에 최무선의 건의에 따라 설치된 화통도감이다.
① 예종 ③ 선종~숙종 ④ 성종

9 다음 건의문이 결의된 이후에 일어난 사실로 옳은 것은?

> 1. 외국인에게 의지하지 말고, 관·민이 힘을 합하여 전제 황권을 견고하게 할 것
> 2. 외국과의 이권에 관한 조약은 각 대신과 중추원 의장이 합동 날인하여 시행할 것
> 3. 국가 재정은 탁지부에서 전관하고, 예산과 결산을 국민에게 공포할 것
> 4. 중대 범죄를 공판하되, 피고의 인권을 존중할 것
> 5. 칙임관을 임명할 때에는 정부의 자문을 받아 다수의 의견에 따를 것
> 6. 정해진 규정을 실천할 것

① 군국기무처를 중심으로 개혁이 추진되었다.
② 황제권 강화 작업의 일환으로 원수부가 설치되었다.
③ 고종이 러시아 공사관으로 거처를 옮기게 되었다.
④ 서재필을 중심으로 민중 계몽을 위한 독립신문이 창간되었다.

>ADVICE 제시된 건의문은 1898년 10월 관민공동회에서 독립협회가 채택한 헌의 6조이다. 그러나 보수파의 반발로 독립협회는 해산되었고 고종은 황제권 강화 작업의 일환으로 1899년 대한국국제를 선포하면서 원수부를 설치하였다.
① 1894년 1차 갑오개혁
③ 1896년 아관파천
④ 1896년 독립신문 창간

10 독도가 우리나라 영토임을 입증하는 근거로만 옳게 짝지어진 것은?

① 이범윤의 보고문 – 은주시청합기
② 대한제국 칙령 제41호 – 삼국접양지도
③ 미쓰야 협정 – 시마네 현 고시 제40호
④ 조선국교제시말내탐서 – 어윤중의 서북경략사 임명장

>ADVICE ② 대한제국 칙령 제41호에서는 울도 군수가 석도(오늘날의 독도)를 관장하도록 했다. 삼국접양지도에는 울릉도와 독도가
우리나라의 영토로 표기되어 있다.
① 이범윤의 보고문은 간도를 시찰한 후 작성된 것이다.
③ 미쓰야 협정은 만주의 독립군 근절을 위해 총독부 경무국장 미쓰야와 만주의 경무국장 간에 체결한 협정이다.
④ 어윤중은 서북경략사로 임명되어 간도에 파견되었다.

11 다음에서 설명하는 화폐가 사용된 시기의 경제 상황으로 옳은 것은?

> 초기에는 은 1근으로 우리나라 지형을 본떠 만들었는데 그 가치는 포목 100필에 해당하는 고액이었다.
> 주로 외국과의 교역에 사용되었으며 후에 은의 조달이 힘들어지고 동을 혼합한 위조가 성행하자, 크기를
> 축소한 소은병을 만들었다.

① 이앙법이 전국적으로 보급되었다.
② 책, 차 등을 파는 관영상점을 두었다.
③ 동시전이 설치되어 시장을 감독하였다.
④ 청해진이 설치되어 무역권을 장악하였다.

>ADVICE 제시문에서 설명하는 화폐는 고려 숙종 때 만들어진 활구(은병)이다.
① 조선 후기
③ 신라 지증왕
④ 신라 흥덕왕

✎ **ANSWER** 8.② 9.② 10.② 11.②

12 밑줄 친 '그'에 대한 설명으로 옳은 것은?

> 그는 이성계를 추대하여 조선 왕조를 개창한 공으로 개국 1등 공신이 되었으며, 의정부를 중심으로 하는 재상 중심의 관료정치를 주창하였다. 그리고 「불씨잡변」을 저술하여 불교의 사회적 폐단을 비판하였다.

① 왜구의 소굴인 쓰시마 섬을 정벌하였다.
② 백성들의 윤리서인 「삼강행실도」를 편찬하였다.
③ 여진족을 두만강 밖으로 몰아내고 6진을 개척하였다.
④ 「조선경국전」을 편찬하여 왕조의 통치 규범을 마련하였다.

> ⟩ADVICE 밑줄 친 그는 정도전이다.
> 　① 이종무
> 　② 세종의 명에 따라 설순 등
> 　③ 김종서

13 밑줄 친 '이곳'에서 전개된 민족운동으로 옳은 것은?

> 1903년에 우리나라 공식 이민단이 이곳에 도착하였다. 이주 노동자들은 사탕수수 농장, 개간 사업장, 철도 공사장 등에서 일하며 한인 사회를 형성하여 갔다. 노동 이민과 함께 사진 결혼에 의한 부녀자들의 이민도 이루어졌다. 또한 한인합성협회 등과 같은 한인 단체가 결성되었다.

① 독립운동 기지인 한흥동이 건설되었다.
② 독립운동 단체인 권업회가 조직되었다.
③ 자치 기관인 경학사와 부민단이 만들어졌다.
④ 군사 양성 기관인 대조선 국민군단이 창설되었다.

> ⟩ADVICE 밑줄 친 이곳은 하와이다.
> 　① 밀산부(러시아와 만주의 국경)
> 　② 연해주
> 　③ 서간도

14 다음과 같이 주장한 조선후기의 실학자에 대한 설명으로 옳은 것은?

> 천체가 운행하는 것이나 지구가 자전하는 것은 그 세가 동일하니, 분리해서 설명할 필요가 없다. 생각 건대 9만 리의 둘레를 한 바퀴 도는 데 이처럼 빠르며, 저 별들과 지구와의 거리는 겨우 반경(半徑)밖에 되지 않는데도 오히려 몇 천만 억의 별들이 있는지 알 수가 없다. 하물며 은하계 밖에도 또 다른 별들이 있지 않겠는가!

① 「북학의」에서 소비를 권장하여 생산을 촉진하자고 주장하였다.
② 「임하경륜」에서 성인 남자에게 2결의 토지를 나누어 주자고 주장하였다.
③ 「반계수록」에서 신분에 따라 토지를 차등 있게 재분배하자고 주장하였다.
④ 「우서」에서 상업적 경영을 통해 농업 생산성을 높여야 한다고 주장하였다.

> ⟩ADVICE 제시문은 지전설과 함께 홍대용이 주장한 무한우주론에 대한 설명이다. 홍대용은 「임하경륜」에서 성인 남자에게 2결의 토지를 나누어 주자는 균전제를 주장하였다.
> ① 박제가 ③ 유형원 ④ 유수원

15 국권이 침탈되기까지의 과정을 시기 순으로 바르게 나열한 것은?

> ㉠ 헤이그 특사 파견을 문제 삼아 고종 황제를 강제로 퇴위시켰다.
> ㉡ 일본인 메가타를 재정 고문으로, 미국인 스티븐스를 외교 고문으로 임명하도록 하였다.
> ㉢ 대한제국의 사법권을 빼앗고 감옥 사무를 장악하였다.
> ㉣ 통감이 추천한 일본인을 대한제국의 관리로 임명하도록 하였다.

① ㉠ → ㉡ → ㉢ → ㉣   ② ㉡ → ㉠ → ㉣ → ㉢
③ ㉡ → ㉢ → ㉠ → ㉣   ④ ㉣ → ㉡ → ㉠ → ㉢

> ⟩ADVICE ㉡ 제1차 한일협약(1904) → ㉠ 헤이그 특사로 고종 퇴위(1907) → ㉣ 순종 즉위 후 한일신협약(1907) → ㉢ 기유각서 (1909)

✎ **ANSWER** 12.④ 13.④ 14.② 15.②

16 다음 조칙이 발표된 이후의 상황에 대한 설명으로 옳은 것만을 〈보기〉에서 모두 고른 것은?

≪관보≫ 호외

    짐이 생각건대 쓸데없는 비용을 절약하여 이용후생에 응용함이 급무라. 현재 군대는 용병으로서 상하의 일치와 국가 안전을 지키는 방위에 부족한지라. 훗날 징병법을 발표하여 공고한 병력을 구비할 때까지 황실시위에 필요한 자를 빼고 모두 일시에 해산하노라.

〈보기〉
㉠ 신돌석과 같은 평민 출신의 의병장이 처음으로 등장하였다.
㉡ 단발령의 실시로 위정척사 사상에 바탕을 둔 의병 운동이 시작되었다.
㉢ 연합 의병 부대인 13도 창의군이 결성되어 서울 진공작전을 계획하였다.
㉣ 일본군의 '남한 대토벌 작전'으로 의병 부대의 근거지가 초토화되었다.

① ㉠, ㉡   ② ㉠, ㉣
③ ㉡, ㉢   ④ ㉢, ㉣

〉**ADVICE** 제시된 내용은 한일신협약(정미7조약) 체결 후 통감부의 대한제국 군대 해산과 관련된 것이다.
    ㉢ 정미의병 때 연합 의병 부대인 13도 창의군이 결성되어 서울 진공 작전을 계획하였으나 실패하였고 ㉣ 이에 일본은 남한 대토벌 작전으로 의병 부대의 근거지를 초토화하였다.
    ㉠ 을사의병 ㉡ 을미의병

17 다음의 자료에 보이는 시기의 경제 상황에 대한 설명으로 옳지 않은 것은?

> 황해도 관찰사의 보고에 따르면, 수안군에는 본래 금광이 다섯 곳이 있었다. 올해 여름에 새로 39개소의 금혈을 뚫었는데, 550여 명의 광꾼들이 모여들었다. 도내의 무뢰배들이 농사를 짓지 않고 다투어 모여들 뿐만 아니라 다른 지방에서 이익을 좇는 무리들도 소문을 듣고 몰려온다. … (중략) … 금점을 설치한 지 이미 여러 해가 된 곳에는 촌락이 즐비하고 상인들이 물품을 유통시켜 큰 도회지를 이루고 있다.

① 밭농사에서는 견종법이 보급되었다.
② 면화, 담배 등 상품 작물을 재배하였다.
③ 일부 지방에서 도조법으로 지대를 납부하였다.
④ 개간을 장려하기 위해 사패전을 부농층에 분급하였다.

>ADVICE 제시문은 조선 후기 광산 개발과 관련된 내용이다.
>   ④ 고려 말의 일이다.

18 다음에 나타난 사상에 대한 설명으로 옳지 않은 것은?

> 신(臣)들이 서경의 임원역 지세를 관찰하니, 이곳이 곧 음양가들이 말하는 매우 좋은 터입니다. 만약 궁궐을 지어서 거처하면 천하를 병합할 수 있고, 금나라가 폐백을 가지고 와 스스로 항복할 것이며, 36국이 모두 신하가 될 것입니다.

① 서경 천도 운동의 배경이 되었다.
② 문종 때 남경 설치의 배경이 되었다.
③ 하늘에 제사 지내는 초제의 사상적 근거가 되었다.
④ 공민왕과 우왕 때 한양 천도 주장의 근거가 되었다.

>ADVICE 제시문은 묘청의 풍수지리 사상에 따라 서경 천도를 주장하는 내용이다.
>   ③ 초제의 사상적 근거는 도교이다.

✎ **ANSWER** 16.④ 17.④ 18.③

19 다음 주장을 한 인물에 대한 설명으로 옳은 것은?

> 계급투쟁은 민족의 내부 분열을 초래할 것이며, 민족의 내쟁은 필연적으로 민족의 약화에 따르는 다른 민족으로부터의 수모를 초래할 것이다. 계급투쟁의 길은 우리가 반드시 취해야 할 필요는 없고, 민족 균등이 실현되는 날 그것은 자연 해소되는 문제다. … (중략) … 이 세계적 기운과 민족적 요청에서 민족사관은 출발하는 것이며, 민족사는 그 향로와 방법을 명백하게 과학적으로 지시하여야 할 것이다.
>
> ―「조선민족사 개론」―

① 「조선상고사」와 「조선사연구초」를 저술하였다.
② 대동사상을 수용한 유교 구신론을 주장하였다.
③ 「진단학보」를 발간한 진단학회의 발기인으로 활동하였다.
④ 「5천년간 조선의 얼」이라는 글을 동아일보에 연재하였다.

〉ADVICE 제시문은 손진태의 「조선민족사 개론」이다.
　　　① 신채호　② 박은식　④ 정인보

20 고려시대 의주에 대한 설명으로 옳지 않은 것은?

① 청천강변에 위치하며 도호부가 설치된 곳이다.
② 강동 6주 가운데 하나인 흥화진이 있던 곳이다.
③ 요(遼)와 물품을 거래하던 각장이 설치된 곳이다.
④ 효(遼)와 금(金)의 분쟁을 이용하여 회복하려고 시도한 곳이다.

〉ADVICE ① 의주는 압록강변에 위치하며 도호부가 설치되지 않았다.
　　　도호부 … 고려 · 조선시대 지방 행정기구로, 고려 초에는 군사적 요충지에 설치하였으나 점차 일반 행정기구로 변화하였다.

1 한반도 선사시대에 대한 설명으로 옳지 않은 것은?

① 구석기시대 전기에는 주먹도끼와 슴베찌르개 등이 사용되었다.
② 신석기시대 집터는 대부분 움집으로 바닥은 원형이나 모서리가 둥근 사각형이다.
③ 신석기시대 사람들은 조개류를 많이 먹었으며, 때로는 장식으로 이용하기도 하였다.
④ 청동기시대의 전형적인 유물로는 비파형동검 · 붉은간토기 · 반달돌칼 · 홈자귀 등이 있다.

> **ADVICE** ① 구석기시대 전기에는 주먹도끼와 찍개 등이 사용되었고, 슴베찌르개는 후기에 사용되었다.

2 다음 자료를 쓴 역사가의 활동으로 옳은 것은?

> 역사란 무엇이뇨. 인류 사회의 아와 비아의 투쟁이 시간부터 발전하며 공간부터 확대하는 심적 활동의 상태의 기록이니, 세계사라 하면 세계 인류의 그리되어 온 상태의 기록이며, 조선사라 하면 조선 민족의 그리되어 온 상태의 기록이니라.

① 「여유당전서」를 발간하여 조선후기 실학자들을 재평가하였다.
② 을지문덕, 최영, 이순신 등 애국명장의 전기를 써서 애국심을 고취하였다.
③ 「조선사회경제」를 저술하여 세계사적 보편성 속에서 한국사를 해석하였다.
④ '5천 년간 조선의 얼'이라는 글을 동아일보에 연재하여 민족정신을 고취하였다.

> **ADVICE** 제시된 사료는 신채호의 「조선상고사」 총론의 일부이다. 「조선상고사」는 단군시대로부터 백제의 멸망과 그 부흥운동까지를 주체적으로 서술하였다.
> ② 신채호는 「을지문덕전」, 「최도통전」, 「이순신전」 등을 저술하여 애국심을 고취하였다.
> ① 정약용 ③ 백남운 ④ 정인보

ANSWER 19.③ 20.① / 1.① 2.②

3 군사제도가 실시된 시기순으로 바르게 나열한 것은?

	중앙	지방
㉠	9서당	10정
㉡	5위	진관체제
㉢	5군영	속오군
㉣	2군과 6위	주현군과 주진군

① ㉠ → ㉡ → ㉢ → ㉣

② ㉠ → ㉣ → ㉡ → ㉢

③ ㉡ → ㉠ → ㉢ → ㉣

④ ㉡ → ㉣ → ㉠ → ㉢

> ADVICE

시기	중앙	지방
㉠ 통일신라	9서당	10정
㉡ 조선 전기	5위	진관체제
㉢ 조선 후기	5군영	속오군
㉣ 고려	2군과 6위	주현과 주진군

따라서 ㉠ → ㉣ → ㉡ → ㉢ 순이다.

4 (개), (내)의 특징을 가진 국가에 대한 설명으로 옳은 것은?

> (개) 옷은 흰색을 숭상하며, 흰 베로 만든 큰 소매 달린 도포와 바지를 입고 가죽신을 신는다.
> (내) 부여의 별종(別種)이라 하는데, 말이나 풍속 따위는 부여와 많이 같지만 기질이나 옷차림이 다르다.
> ─「삼국지」위서 동이전 ─

① (개) - 혼인풍속으로 민며느리제가 있었다.

② (내) - 제사장인 천군이 다스리는 소도가 있었다.

③ (개) - 남의 물건을 훔쳤을 때는 12배로 배상하게 하였다.

④ (내) - 단궁이라는 활과 과하마·반어피 등이 유명하였다.

> ADVICE (개)는 부여, (내)는 고구려이다.
>
> ① 옥저 ② 삼한 ④ 동예

5 다음 글을 지은 사람들의 공통점으로 옳은 것은?

> ㈎ 낭혜화상백월보광탑비문(朗慧和尙白月葆光塔碑文)
> ㈏ 대견훤기고려왕서(代甄萱寄高麗王書)
> ㈐ 낭원대사오진탑비명(郎圓大師悟眞塔碑銘)

① 골품제를 비판하고 호족 억압을 주장하였다.
② 국립 교육기관인 태학(太學)에서 공부하였다.
③ 신라뿐만 아니라 고려왕조에서도 벼슬하였다.
④ 당나라에 유학하여 빈공과(賓貢科)에 급제하였다.

> ⠕ADVICE ㈎ 최치원, ㈏ 최승우, ㈐ 최언위의 글이다.
>   ④ 최치원, 최승우, 최언위는 '신라 3최'로 6두품 출신의 학자이다. 당나라에 유학하여 빈공과에 급제하였다.

6 다음 밑줄 친 '대사'에 대한 내용으로 옳지 않은 것은?

> 이 엔닌은 <u>대사</u>의 어진 덕을 입었기에 삼가 우러러 뵙지 않을 수 없습니다. 저는 이미 뜻한 바를 이루기 위해 당나라에 머물러 왔습니다. 부족한 이 사람은 다행히도 <u>대사</u>께서 발원하신 적산원(赤山院)에 머물 수 있었던 것에 대해 감경(感慶)한 마음을 달리 비교해 말씀드리기가 어렵습니다.
> 　　　　　　　　　　　　　　　　　　　　　　 － 「입당구법순례행기」 －

① 법화원을 건립하고 이를 지원하였다.
② 당나라에 가서 서주 무령군 소장이 되었다.
③ 회역사, 견당매물사 등의 교역 사절을 파견하였다.
④ 웅주를 근거지로 반란을 일으켜 장안(長安)이라는 나라를 세웠다.

> ⠕ADVICE 지문에서 밑줄 친 '대사'는 장보고이다.
>   ④ 김헌창에 대한 설명이다.

7 다음 ㈎에서 이루어진 합의 제도를 시행한 국가의 통치체제로 옳은 것은?

> 호암사에는 ⟨㈎⟩ (이)라는 바위가 있다. 나라에서 장차 재상을 뽑을 때에 후보 3, 4명의 이름을 써서 상자에 넣고 봉해 바위 위에 두었다가 얼마 후에 가지고 와서 열어 보고 그 이름 위에 도장이 찍혀 있는 사람을 재상으로 삼았다.
>
> — 「삼국유사」 —

> ㉠ 중앙정치는 대대로를 비롯하여 10여 등급의 관리들이 나누어 맡았다.
> ㉡ 중앙관청을 22개로 확대하고 수도는 5부, 지방은 5방으로 정비하였다.
> ㉢ 16품의 관등제를 시행하고, 품계에 따라 옷의 색을 구별하여 입도록 하였다.
> ㉣ 지방 행정 조직을 9주 5소경 체제로 정비하였다.
> ㉤ 중앙에 3성 6부를 두고, 정당성을 관장하는 대내상이 국정을 총괄하도록 하였다.

① ㉠, ㉡   ② ㉡, ㉢
③ ㉢, ㉣   ④ ㉣, ㉤

⟩**ADVICE** ㈎는 정사암으로, 지문은 백제의 정사암 회의에 대한 설명이다.
　　　㉡ 6세기 백제 성왕의 업적이다.
　　　㉢ 3세기 백제 고이왕의 업적이다.
　　　㉠ 고구려 ㉣ 통일신라 ㉤ 발해

8 다음 상황이 나타난 시기에 볼 수 있는 모습으로 옳은 것은?

> 대외 무역이 발전하면서 예성강 어귀의 벽란도가 국제 무역항으로 번성했으며, 대식국(大食國)으로 불리던 아라비아 상인들도 들어와 수은·향료·산호 등을 팔았다.

① 해동통보와 은병(銀瓶) 같은 화폐를 만들어 사용하였다.
② 인구·토지면적 등을 기록한 장적(帳籍, 촌락문서)이 작성되었다.
③ 개성의 송상은 전국에 송방(松房)이라는 지점을 개설해서 활동하였다.
④ 지방 장시의 객주와 여각은 상품의 매매뿐 아니라 숙박·창고·운송 업무까지 운영하였다.

⟩**ADVICE** 제시된 내용은 고려 전기의 무역 상황이다. 고려 숙종대에는 화폐에 대하여 적극적인 정책을 채택하여 숙종 7년에는 해동통보 1만 5천 개를 발행하기도 하였다.
　　　② 통일신라 ③④ 조선 후기

9 다음 글을 쓴 사람에 대한 설명으로 옳은 것은?

> 오늘날 백성을 다스리는 자는 백성에게서 걷어들이는 데만 급급하고 백성을 부양하는 방법은 알지 못한다. …… '심서(心書)'라고 이름 붙인 까닭은 무엇인가? 백성을 다스릴 마음은 있지만 몸소 실행할 수 없기 때문에 그렇게 이름 붙인 것이다.

① 우리나라에서 처음으로 지전설을 주장하였다.
② 「농가집성」을 펴내 이앙법 보급에 공헌하였다.
③ 홍역 관련 의서를 종합해 「마과회통」을 저술하였다.
④ 조선시대의 역사를 서술한 「열조통기」를 편찬하였다.

⟩ADVICE 제시된 사료는 정약용의 「목민심서」의 일부이다.
　　① 김석문　② 신속　④ 안정복

10 조선시대 도성 한양에 대한 설명으로 옳지 않은 것은?

① 경복궁 근정전의 이름은 정도전이 지었다.
② 경복궁의 동쪽에 사직이, 서쪽에 종묘가 각각 배치되었다.
③ 유교사상인 인·의·예·지 덕목을 담아 도성 4대문의 이름을 지었다.
④ 도성 밖 10리 안에는 개인의 무덤을 쓰거나 벌채를 하지 못하도록 규제하였다.

⟩ADVICE ② 고대 도성의 주요시설을 배치하는 원칙의 하나인 좌묘우사의 원칙에 따라 경복궁의 동쪽에 종묘를, 서쪽에 사직을 배치하였다.

✎ **ANSWER** 7.②　8.①　9.③　10.②

11 ㈎와 ㈏의 인물에 대한 〈보기〉의 설명으로 옳은 것은?

> ㈎는 "교(敎)를 배우는 이는 대개 안의 마음을 버리고 외면에서 구하고, 선(禪)을 익히는 이는 인연을 잊고 안의 마음을 밝히기를 좋아하니, 모두 한쪽에 치우친 것으로 두 극단에 모두 막힌 것이다."라고 주장하였다.
>
> ㈏는 "정(定)은 본체이고 혜(慧)는 작용이다. 작용은 본체를 바탕으로 존재하므로 혜가 정을 떠나지 않고, 본체가 작용을 가져오게 하므로 정은 혜를 떠나지 않는다."라고 주장하였다.

> 〈보기〉
> ㉠ ㈎와 ㈏는 서로 다른 방법으로 교종과 선종의 통합을 시도하였다.
> ㉡ ㈎와 ㈏는 지방 호족과 연합하여 신라 정부의 권위를 약화시켰다.
> ㉢ ㈎는 불교와 유교 모두 도를 추구한다는 점에서 같다는 유·불 일치설을 주장하였다.
> ㉣ ㈏는 수선사 결성을 제창하여 불교계의 개혁을 추진하였다.

① ㉠, ㉡
② ㉠, ㉣
③ ㉡, ㉢
④ ㉡, ㉣

> **ADVICE** ㈎ 의천 : 교선일치를 역설하며 천태종을 개창하였다.
> ㈏ 지눌 : 정혜결사(定慧結社)를 조직해 불교의 개혁을 추진했으며, 돈오점수(頓悟漸修)와 정혜쌍수(定慧雙修)를 주장하며 선교일치를 추구하였다.
> ㉡ 선종 ㉢ 혜심

12 밑줄 친 제도에 대한 설명으로 옳은 것은?

> 국왕이 말했다. "나는 일찍부터 <u>이 제도</u>를 시행해 여러 해의 평균을 파악하고 답험(踏驗)의 폐단을 영원히 없애려고 해왔다. 신하들부터 백성까지 두루 물어보니 반대하는 사람은 적고 찬성하는 사람이 많았으므로 백성의 뜻도 알 수 있다."

① 토지의 비옥도에 따라 조세를 차등 징수하였다.
② 풍흉에 상관없이 1결당 4~6두를 조세로 징수하였다.
③ 토지 소유자에게 1결당 미곡 12두를 조세로 징수하였다.
④ 토지 소유자에게 수확량의 10분의 1을 조세로 징수하였다.

><small>ADVICE</small> 제시된 사료에서 '나'는 세종대왕으로 밑줄 친 '이 제도'는 공법이다.

①④ 공법은 토지가 비옥한가 메마른가에 따라 6개의 등급으로 나누고, 다시 그 해의 농사의 풍흉에 따라 9개의 등급으로 나누어 세율을 조정하여 1결당 20두에서 4두까지 차등있게 내도록 하였다.

② 영정법에 대한 설명이다.

③ 대동법에 대한 설명이다.

13 임진왜란의 전개 과정에 대한 설명으로 옳지 않은 것은?

① 휴전협상이 진행되는 동안 조선은 훈련도감을 설치해 군대의 편제를 바꾸었다.

② 조선군은 명나라 지원군과 연합하여 일본군에게 뺏긴 평양성을 탈환하였다.

③ 전세가 불리해지고 도요토미 히데요시가 죽자 일본군이 철수함으로써 전란이 끝났다.

④ 첨사 정발은 부산포에서, 도순변사 신립은 상주에서 일본군과 맞서 싸웠지만 패배하였다.

><small>ADVICE</small> ④ 상주에서 일본군과 맞서 싸운 인물은 이일이다. 조선은 북상하는 왜군에 맞서기 위해 이일을 순변사로 임명하였지만, 이일이 상주에 도착하였을 때 상주목사 김해는 이미 도주하였고 군사들도 달아난 상태로 결국에는 패배하였다.

14 다음 지시에 따라 실시된 제도로 옳은 것은?

> 왕이 양역을 절반으로 줄이라고 명령했다. "…… 호포(戶布)나 결포(結布) 모두 문제가 있다. 이제 1필을 줄이는 것으로 온전히 돌아갈 것이니 경들은 1필을 줄였을 때 생기는 세입 감소분을 보충할 방법을 강구하라."

① 지조법을 시행하고 호조로 재정을 일원화하였다.

② 토산물로 징수하던 공물을 쌀이나 무명, 동전 등으로 통일하였다.

③ 황폐해진 농지를 개간하도록 권장하고 전국적인 양전 사업을 시행하였다.

④ 일부 양반층에게 선무군관이라는 칭호를 주고 군포 1필을 납부하게 하였다.

><small>ADVICE</small> 영조 26년(1750) 종래 인정(人丁) 단위로 2필씩 징수하던 군포가 여러 폐단을 일으키고, 농민 경제를 크게 위협하자 2필의 군포를 1필로 감하기로 하는 한편, 균역청을 설치, 감포에 따른 부족재원을 보충하는 대책으로 어전세·염세·선세 등을 균역청에서 관장하여 보충한다는 등의 균역법이 제정되어 1751년 9월에 공포되었다.

④ 선무군관포는 양역의 부과 대상에서 빠져 있는 피역자를 선무군관으로 편성하여 다시 수포한 것이다.

✏ **ANSWER** 11.② 12.① 13.④ 14.정답없음

15 우리나라 족보에 대한 설명으로 옳지 않은 것은?

① 조선후기에 부유한 농민들은 족보를 사거나 위조하기도 하였다.

② 조선초기의 족보는 친손과 외손을 구별하지 않고 모두 수록하였다.

③ 현존하는 가장 오래된 족보는 성종 7년에 간행된 「문화류씨가정보」이다.

④ 조선시대에는 족보가 배우자를 구하거나 붕당을 구별하는 데 중요한 자료로 활용되기도 하였다.

>ADVICE ③ 현존하는 가장 오래된 족보는 성종 7년(1476)에 간행된 「안동권씨성화보」이다. 「문화류씨가정보」는 1562년에 간행되었다.

16 다음 (개) ~ (래)를 내용으로 하는 헌법이 적용되던 시기에 일어난 사건으로 바르게 연결한 것은?

> (개) 대통령의 임기는 7년이며 중임할 수 없다.
> (내) 대통령과 부통령은 국회에서 무기명 투표로 각각 선거한다.
> (대) 대통령과 부통령의 임기는 4년으로 하며, 1차 중임할 수 있다. 단, 이 헌법 공포 당시의 대통령에 대하여 중임 제한을 적용하지 아니한다.
> (래) 6년 임기의 대통령은 통일 주체 국민회의에서 선출된다.

① (개) - 남한과 북한은 함께 유엔에 가입하였다.

② (내) - 판문점에서 휴전 협정이 체결되었다.

③ (대) - 평화통일론을 주장한 진보당의 정당등록이 취소되었다.

④ (래) - 민족 통일을 위한 남북 공동 성명이 발표되었다.

>ADVICE (개) 1980년 10월 : 8차 개헌

(내) 1948년 7월 17일 : 제헌헌법

(대) 1954년 11월 : 2차 개헌(사사오입 개헌)

(래) 1972년 12월 : 7차 개헌(유신헌법)

③ 1958년 1월 진보당이 북한의 주장과 유사한 평화통일론을 주장하였다는 혐의로 정당등록이 취소되고 위원장 조봉암이 사형을 당했다.

① 남북 유엔 가입은 1991년 9월이다.

② 판문점에서 휴전 협정이 체결된 것은 1953년 7월이다.

④ 1972년 7월 4일 분단 이후 최초로 조국 통일과 관련한 남북 공동 성명을 발표하였다.

17 다음 자료가 조선 조정에 소개된 이후에 일어난 사건으로 옳지 않은 것은?

> 러시아를 막을 수 있는 조선의 책략은 무엇인가? 중국과 친하고 〔親中〕 일본과 맺고 〔結日〕 미국과 연합해 〔聯美〕 자강을 도모하는 길 뿐이다.

① 육영공원(育英公院)을 설립해 서양의 새 학문을 교육했다.
② 임오군란이 일어나고 제물포조약이 체결되어 일본에 배상금을 지불하였다.
③ 개화파가 우정총국 개국 축하연을 이용해 정변을 일으켜 정권을 장악하였다.
④ 최익현은 일본과 통상을 반대하는 「오불가소(五不可疏)」를 올렸다.

> ⬤ADVICE 제시된 사료는 1880년 수신사 김홍집이 일본에서 귀국하며 가져 온 「조선책략」의 일부이다.
> ④ 최익현이 「오불가소」를 올린 것은 강화도 조약 체결(1876)로 인한 개항에 반대한 것이다.
> ① 1886년 ② 1882년 ③ 1884년

18 다음 자료에 나타난 사상을 정립한 인물에 대한 설명으로 옳지 않은 것은?

> 우리나라의 건국정신은 삼균제도(三均制度)의 역사적 근거를 두었으니 선조들이 분명히 명한 바 「수미균평위(首尾均平位)하야 흥방보태평(興邦保泰平)하리라」 하였다. 이는 사회 각층 각급의 지력과 권력과 부력의 향유를 균평하게 하야 국가를 진흥하며 태평을 보유(保維)하려 함이니 홍익인간(弘益人間)과 이화세계(理化世界)하자는 우리 민족의 지킬 바 최고 공리(公理)임

① 한국독립당을 창당하였다.
② 임시정부의 국무위원이었다.
③ 제헌 국회의원에 당선되었다.
④ 정치 · 경제 · 교육의 균등을 주장하였다.

> ⬤ADVICE 제시된 사료는 대한민국 건국강령의 일부로 삼균제도는 조소앙에 의해 정립되었다.
> ③ 조소앙은 남한 단독 정부 수립에 반대하여 제헌 국회의원 선거에 불참하였다.

✎ **ANSWER** 15.③ 16.③ 17.④ 18.③

19 시대별 교육문화의 변화에 대한 설명으로 옳지 않은 것은?

① 미군정기 : 미국식 민주주의 교육과 6-3-3학제가 도입되었다.

② 1950년대 : 경제적 어려움 속에서도 초등학교 의무교육제가 시행되었다.

③ 1960년대 : 입시과열을 막기 위해 중학교 무시험 추첨제가 도입되었다.

④ 1970년대 : 국가주의 이념을 강조한 국민교육헌장이 제정되었다.

〉ADVICE ④ 국민교육헌장은 우리나라의 교육이 지향해야 할 이념과 근본 목표를 세우고, 민족중흥의 새 역사를 창조할 것을 밝힌 교육지표로, 1968년 12월 5일에 반포되었다.

20 다음 법령에 대한 설명으로 옳지 않은 것은?

> 제1조 일본 정부와 통모하여 한·일 합병에 적극 협력한 자, 한국의 주권을 침해하는 조약 또는 문서에 조인한 자와 모의한 자는 사형 또는 무기 징역에 처하고, 그 재산과 유산의 전부 혹은 2분의 1 이상을 몰수한다.
> 제2조 일본 정부로부터 작위를 받은 자 또는 일본 제국 의회의 의원이 되었던 자는 무기 또는 5년 이상의 징역에 처하고 그 재산과 유산의 전부 혹은 2분의 1 이상을 몰수한다.
> 제3조 일본 치하 독립운동자나 그 가족을 악의로 살상·박해한 자 또는 이를 지휘한 자는 사형, 무기 또는 5년 이상의 징역에 처하고 그 재산의 전부 혹은 일부를 몰수한다.

① 이 법령에 따라 특별 재판부가 설치되었다.

② 이 법령의 제정은 제헌헌법에 명시된 사항이었다.

③ 이 법령에 따라 반민족행위자들이 실형을 선고받았다.

④ 이 법령은 여수·순천 10·19 사건 직후에 국회에서 통과되었다.

〉ADVICE 제시된 사료는 1948년 9월 제정된 「반민족행위처벌법」이다.

④ 여수·순천 사건은 1948년 10월 19일 전라남도 여수에 주둔하던 국방경비대 제14연대 소속의 군인들이 제주 4·3 사건 진압을 거부하며 일으킨 반란 사건이다.

1 조선 후기에 전개된 국학 연구에 대한 설명으로 옳지 않은 것은?

① 유희는 「언문지」를 지어 우리말의 음운을 연구하였다.
② 이의봉은 「고금석림」을 편찬하여 우리의 어휘를 정리하였다.
③ 한치윤은 「기언」을 지어 토지제도의 개혁을 주장하였다.
④ 이종휘는 「동사」를 지어 고구려사에 대한 관심을 고조시켰다.

➤ADVICE ③ 「기언」은 허목의 시문집이다. 한치윤의 저서로는 「해동역사」가 있다.

2 조선 후기 경제 변화에 대한 설명으로 옳지 않은 것은?

① 소라 불리는 특수지역에서 수공업이 이루어졌다.
② 도고라 불리는 독점적 도매상인이 활동하였다.
③ 인삼·담배 등의 상품작물이 널리 재배되었다.
④ 금광·은광을 몰래 개발하는 잠채가 번창하였다.

➤ADVICE ① 고려시대의 소는 중앙정부에서 필요로 하는 각종 물품을 생산·공급하는 기구였으며, 주민의 신분은 공장(工匠)이었다.
자기소(磁器所)·철소(鐵所)·은소(銀所)·금소(金所)·동소(銅所)·사소(絲所)·지소(紙所)·주소(紬所)·와소(瓦所)·탄소(炭所)·염소(鹽所)·묵소(墨所) 등 수공업 생산의 중요 부분을 차지하였다.

3 다음 지도와 같이 영토 수복이 이루어진 왕대에 일어난 사실은?

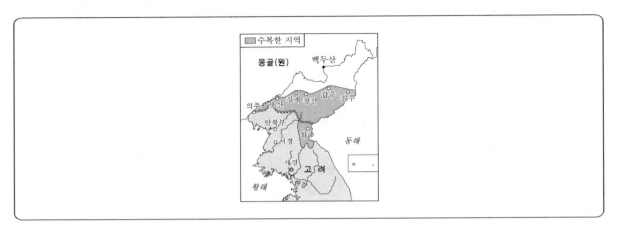

① 과전법의 시행   ② 철령위의 설치

③ 이승휴의 「제왕운기」 편찬   ④ 전민변정도감의 설치

>**ADVICE** 지도는 고려 공민왕대의 영토 수복을 보여주고 있다. 공민왕은 전민변정도감을 설치하여 권문세족이 부당하게 빼앗은 토지를 원래의 주인에게 돌려주고, 억울하게 노비가 된 양민을 해방시켰다.
① 공양왕 ② 우왕 ③ 충렬왕

4 고려시대 토지제도에 대한 설명으로 옳은 것은?

① 6품 이상의 관리는 전시과 이외에도 공음전을 받아 자손에게 물려줄 수 있었다.

② 전시과에서는 문무관리, 군인, 향리 등을 9등급으로 나누어, 토지를 주었다.

③ 후삼국을 통일한 태조 왕건은 공신, 군인 등을 대상으로 그들의 공로에 따라 차등을 두어 역분전을 지급하였다.

④ 국가는 왕실 경비를 마련하기 위해서 공해전을 지급하였다.

>**ADVICE** ① 공음전은 5품 이상의 관리에게 주었다.
② 전시과에서는 관등을 18품계로 나누어 그 고하에 따라 토지를 나누어 주었다.
④ 공해전은 경비 충당을 목적으로 중앙과 지방의 관아에 지급한 토지이다. 왕실 경비 마련을 위한 토지는 내장전이다.

5 (가), (나) 문서에 대한 설명으로 옳은 것은?

> (가) 조선 인민의 노예 상태에 유의하여 적당한 시기에 맹세코 조선을 자주 독립시킬 것을 결의한다.
>
> (나) 조선 임시 정부의 구성을 원조할 목적으로 먼저 그 적절한 방안을 마련하기 위하여 남조선 합중국 관구와 북조선 소련 관구의 대표자들로 공동위원회가 설치될 것이다.

① (가)는 포츠담 회담에서 발표되었다.
② (나)의 결정에는 미국, 영국, 소련이 참여하였다.
③ (나)의 결정에 따라 좌우합작위원회가 만들어졌다.
④ (가), (나)는 8 · 15 해방 직전에 발표되었다.

>**ADVICE** (가) 카이로 회담(1943. 11), (나) 모스크바 3상회의(1945. 12)
>
> ② 1945년 12월 소련 수도 모스크바에서 개최된 미국 · 영국 · 소련 3국의 외상회의로, 5년 동안 4개국(미국 · 영국 · 중국 · 소련)에 의한 신탁통치가 결정되었다.
>
> ① 포츠담 회담은 제2차 세계 대전 종결 직전인 1945년 7월에 연합국인 미국 · 영국 · 소련의 수뇌부가 독일 포츠담에 모여 개최한 회담이다. 이 회의에서 일본의 무조건 항복과 한국의 독립을 담은 포츠담 선언이 발표되었다.
>
> ③ 좌우합작위원회는 1946년 1차 미 · 소 공동위원회의 결렬 이후 만들어졌다.

6 거문도 사건이 전개된 동안, 당시 사람들이 볼 수 있었던 모습은?

① 당오전을 발행하는 기사
② 한성순보를 배포하는 공무원
③ 서유견문을 출간한 유길준
④ 일본과의 무관세 무역을 항의하는 동래 부민

>**ADVICE** 거문도 사건은 고종 22년(1885) 3월 1일부터 1887년 2월 5일까지 약 2년간 영국이 러시아의 조선 진출을 견제하기 위해 거문도를 불법 점령한 사건이다.
>
> ① 1883~1894년
> ② 1883~1884년
> ③ 1895년
> ④ 1876년 조 · 일 통상 장정

ANSWER 3.④ 4.③ 5.② 6.①

7 다음은 「고려사」에 나타난 고려 중기 두 세력의 대표적 인물의 주장이다. 이들에 대한 설명으로 옳은 것을 〈보기〉에서 고르면?

> (가) 제가 보건대 서경 임원역의 땅은 풍수지리를 하는 사람들이 말하는 아주 좋은 땅입니다. 만약 이곳에 궁궐을 짓고 전하께서 옮겨 앉으시면 천하를 다스릴 수 있습니다. 또한 금나라가 선물을 바치고 스스로 항복할 것이고 주변의 36나라가 모두 머리를 조아릴 것입니다.
>
> (나) 금년 여름 서경 대화궁에 30여 개소나 벼락이 떨어졌습니다. 서경이 만일 좋은 땅이라면 하늘이 이렇게 하였을 리 없습니다. 또 서경은 아직 추수가 끝나지 않았습니다. 지금 거동하시면 농작물을 짓밟을 것이니 이는 백성을 사랑하고 물건을 아끼는 뜻과 어긋납니다.

> 〈보기〉
> ㉠ (가) 국호를 대위, 연호를 천개로 정하고 반란을 일으켰다.
> ㉡ (가) 칭제 건원과 요나라 정벌을 주장하였다.
> ㉢ (나) 개경 중심의 문벌 귀족세력의 대표였다.
> ㉣ (나) 편년체 역사서인 「삼국사기」를 편찬하였다.

① ㉠, ㉢
② ㉠, ㉡, ㉢
③ ㉠, ㉢, ㉣
④ ㉠, ㉡, ㉢, ㉣

▶**ADVICE** (가) 묘청(서경파) (나) 김부식(개경파)
　　　㉡ 서경파는 칭제 건원과 금나라 정벌을 주장하였다.
　　　㉣ 김부식의 「삼국사기」는 기전체 역사서이다.

8 밑줄 친 '그'에 대한 설명으로 옳은 것은?

> 　그는 「묘종초」를 설법하기 좋아하여 언변과 지혜가 막힘이 없었고, 대중에게 참회를 닦기를 권하였다. …(중략)… 대중의 청을 받아 교화시키고 인연을 맺은 지 30년이며, 결사에 들어온 자들이 3백여 명이 되었다.

① 강진의 토호세력의 도움을 받아 백련사를 결성하였다.
② 불교계 폐단을 개혁하기 위해 9산 선문의 통합을 주장하였다.
③ 이론의 연마와 실천을 아울러 강조하는 교관겸수를 제창하였다.
④ 깨달은 후에도 꾸준한 실천이 필요하다는 돈오점수를 중시하였다.

▶**ADVICE** 밑줄 친 그는 요세이다. 요세는 강진의 토호세력의 도움을 받아 백련사를 결성하여 대중에게 참회를 닦기를 권하였다.
　　　② 보우 ③ 의천 ④ 지눌

9 다음과 같은 남북합의가 이루어진 정부에서 일어난 사실은?

> 제1조 남과 북은 서로 상대방의 체제를 인정하고 존중한다.
> 제2조 남과 북은 상대방의 내부 문제에 간섭하지 아니한다.
> 제3조 남과 북은 상대방에 대한 비방, 중상을 하지 아니한다.
> 제4조 남과 북은 상대방을 파괴, 전복하는 일체 행위를 하지 아니한다.

① 남북조절위원회 회담   ② 금융실명제 전면 실시
③ 남북정상회담 개최   ④ 북방외교의 적극 추진

> ⟩ADVICE 제시된 내용은 노태우 정부(1988~1993) 때 체결된 남북 기본합의서(1991. 12. 13)이다.
> ① 1972년 7 · 4 남북 공동 선언
> ② 1993년 김영삼 정부
> ③ 1차 2000년 김대중 정부, 2차 2007년 노무현 정부

10 다음 중 단군조선의 역사를 다룬 책으로 옳은 것은?

① 「삼국사기」   ② 「표제음주동국사략」
③ 「연려실기술」   ④ 「고려사절요」

> ⟩ADVICE ② 표제음주동국사략 : 조선 중종 때 유희령이 「동국통감」을 대본으로 하여 단군으로부터 고려시대까지를 간략히 줄여 찬술한 통사
> ① 삼국사기 : 1145년(인종 23)경에 김부식 등이 고려 인종의 명을 받아 편찬한 삼국시대의 정사로 기전체 역사서
> ③ 연려실기술 : 조선 후기의 학자 이긍익이 지은 조선시대 사서
> ④ 고려사절요 : 조선 전기 문종 2년 김종서 등이 편찬한 고려시대의 역사서

ANSWER 7.① 8.① 9.④ 10.②

11 삼국 통일 과정에서 나타난 사건을 순서대로 바르게 나열한 것은?

> (가) 나·당 연합군이 평양성을 함락시켰다.
> (나) 신라가 매소성에서 당군을 크게 물리쳤다.
> (다) 계백의 저항에도 불구하고 사비성이 함락되었다.
> (라) 백제·왜 연합군이 나·당 연합군과 백강에서 전투를 벌였다.

① (나) - (가) - (다) - (라)

② (나) - (다) - (가) - (라)

③ (다) - (라) - (가) - (나)

④ (라) - (다) - (가) - (나)

> **ADVICE** (다) 660년 백제 멸망→(라) 660년 백제 멸망 후→(가) 668년→(나) 675년

12 임진왜란으로 발생한 문제를 해결하기 위해 광해군 재위기간 중에 추진된 정책에 해당하지 않는 것은?

① 토지 대장과 호적을 새로 정비하였다.

② 공납제도의 문제점을 보완하기 위해 대동법을 실시하였다.

③ 임진왜란 때 활약한 충신과 열녀를 조사하여 추앙하였다.

④ 진관 체제에서 제승방략 체제로 변경하였다.

> **ADVICE** ④ 진관 체제는 각 요충지마다 진관을 설치하여 진관을 중심으로 독자적으로 적을 방어하는 체제로 작은 규모 전투에는 유리하지만 큰 규모의 적이 침입할 경우에는 문제점이 많다. 중종 때 삼포왜란, 명종 때 을묘왜변을 겪으며 각 지역의 군사를 한 곳에 집결시켜 한 사람의 지휘하에 두게 하는 제승방략 체제를 실시하였다.

13 ㈎의 사건에 대한 설명으로 옳은 것은?

> 심문자 : 작년 3개월간 무슨 사연으로 고부 등지에서 민중을 크게 모았는가?
> 답변자 : 고부 군수의 수탈이 심하여 민심이 억울하고 통한스러워 의거를 하였다.
> 심문자 : 흩어져 돌아간 후에는 무슨 일로 봉기하였는가?
> 답변자 : 안핵사 이용태가 의거 참가자 대다수를 동학도로 몰아 체포하여 살육하였기 때문이다.
> 심문자 : ㈎ 이후 다시 봉기를 일으킨 이유는 무엇인가?
> 답변자 : 일본이 군대를 거느리고 경복궁을 침범하였기 때문이다.

① 일본군이 풍도의 청군을 공격하면서 성립하였다.
② 법규교정소를 설치한다는 내용이 들어 있었다.
③ 집강소 및 폐정개혁에 관한 규정이 포함되었다.
④ 제물포 조약을 근거로 실행한 것이다.

❯ADVICE ㈎는 1894년 동학 농민 운동 당시 농민군이 전주를 점령하고 정부와 맺은 조약인 전주화약이다. 전주화약에서 전라도 지방의 개혁 사무를 담당할 자치 기구인 집강소의 설치와 농민군이 제시한 폐정 개혁안 실시가 합의되었다.

14 다음 자료와 관련된 사건을 순서대로 바르게 나열한 것은?

> ㉠ 무엇보다 우리는 이른바 4·13 대통령의 특별 조치를 국민의 이름으로 무효임을 선언한다.
> ㉡ 우리 시민군은 온갖 방해에도 불구하고 여러분의 안전을 끝까지 지킬 것입니다. 또한 협상이 올바른 방향대로 진행되면 우리는 즉각 총을 놓겠습니다.
> ㉢ 오늘의 이 시점에서 저는 사회적 혼란을 극복하고, 국민적 화해를 이룩하기 위하여 대통령 직선제를 택하지 않을 수 없다는 결론에 이르게 되었습니다.

① ㉠ - ㉡ - ㉢
② ㉡ - ㉠ - ㉢
③ ㉡ - ㉢ - ㉠
④ ㉢ - ㉡ - ㉠

❯ADVICE ㉡ 5·18 민주화운동(1980) → ㉠ 6·10 민주항쟁(1987) → ㉢ 6·29 민주화선언(1987)

15 다음의 협약 이후 일어난 일로 옳지 않은 것은?

> - 한국 정부는 시정 개선에 관하여 통감의 지도를 받을 것
> - 한국 정부의 법령 제정 및 중요한 행정상의 처분은 미리통감의 승인을 거칠 것
> - 한국 고등 관리의 임면은 통감의 동의로써 이를 행할 것
> - 한국 정부는 통감이 추천하는 일본인을 한국 관리에 임명할 것

① 13도 창의군의 서울진공작전　　　　② 고종의 헤이그 특사 파견
③ 대한제국 군대 해산　　　　　　　　④ 대한제국 경찰권 박탈

〉**ADVICE** 제시된 내용은 1907년 7월의 한·일신협약이다.
　　② 고종은 1905년 11월 제2차 한·일협약(을사조약)의 무효를 밝히기 위해 헤이그에 특사를 파견하였다.

16 밑줄 친 '왕'에 대한 설명으로 옳은 것은?

> 　왕은 왕권 강화를 위해 중앙집권체제를 강화하고, 변방중심에서 전국적인 지역 중심 방어체제로 바꾸는 등 국방을 강화하였다. 또 국가재정을 안정시키기 위해 과전을 현직 관료에게만 지급하기 시작하였다.

① 「경국대전」의 편찬을 마무리하여 반포하였다.
② 간경도감을 두어 「월인석보」를 언해하여 간행하였다.
③ 6조 직계제를 채택하고 사간원을 독립시켜 대신을 견제하였다.
④ 대마도주와 계해약조를 맺어 무역선을 1년에 50척으로 제한하였다.

〉**ADVICE** 밑줄 친 왕은 세조이다.
　　① 성종　③ 태종　④ 세종

17 밑줄 친 '이 책'의 저자에 대한 설명으로 옳은 것은?

> 이 책은 왕과 사대부를 위해 왕도정치의 규범을 체계화한 것으로 통설, 수기, 정가, 위정, 성현도통 등으로 구성되어 있다. 이 책은 성리학의 정치 이론서인 「대학연의」를 보완함으로써 조선의 사상계에 널리 영향을 미쳤다.

① 경과 의를 근본으로 하는 실천적 성리학풍을 강조하였다.
② 기대승과 8차례 편지를 통해 4단과 7정에 대한 논쟁을 벌였다.
③ 이보다 기를 중심으로 세계를 이해하고 노장사상에 개방적이었다.
④ 사림이 추구하는 왕도정치가 기자에서 시작되었다는 평가를 담은 「기자실기」를 저술하였다.

> **ADVICE** 밑줄 친 이 책은 율곡 이이의 「성학집요」이다. 이이는 사림이 추구하는 왕도정치가 기자에서 시작되었다는 평가를 담은 「기자실기」를 저술하였다.
> ① 조식 ② 이황 ③ 서경덕

18 밑줄 친 '그'의 활동에 대한 설명으로 옳은 것은?

> 그는 만동묘와 폐단이 큰 서원을 철폐하도록 명령을 내렸다. 선비들 수만 명이 대궐 앞에 모여 만동묘와 서원을 다시 설립할 것을 청하니, 그가 크게 노하여 병졸로 하여금 한강 밖으로 몰아내도록 하였다.

① 갑오개혁 당시 군국기무처의 총재관으로 활동하였다.
② 갑신정변 당시 청군의 원조를 요청하였다.
③ 임오군란 직후 통리기무아문을 폐지하였다.
④ 강화도 조약 체결 직전 화서학파의 적극적인 지지를 받았다.

> **ADVICE** 밑줄 친 그는 흥선대원군이다. 임오군란으로 재집권한 흥선대원군은 통리기무아문을 폐지하고 삼군부에 그 기능을 담당하도록 하였다.
> ① 김홍집
> ② 명성황후
> ④ 화서학파는 위정척사 운동을 주도하였지만, 흥선대원군의 서원 및 만동묘 철폐에 반대하였다.

ANSWER 15.② 16.② 17.④ 18.③

19 대한민국 임시 정부에 대한 설명으로 옳지 않은 것은?

① 국내 항일 세력들과 연락하기 위해 연통제를 운영하였다.
② 국외 거주 동포에게 독립 공채를 발행하였다.
③ 만주 지역의 무장 투쟁 세력들도 참여하였다.
④ 임시 정부 수립 직후 임시 의정원을 구성하였다.

>**ADVICE** ④ 임시 의정원은 대한민국 임시정부의 입법부 역할을 맡았던 기관으로 1919년 4월 10일 개원했으며 대한민국 임시정부의 사전조직이기도 했다. 우리나라 최초로 주권재민을 천명한 임시헌법을 제정, 의회 민주주의제도 성립의 기초가 되었다.

20 ㉠~㉢에 대한 설명이 바르게 연결된 것은?

> ㉠ 농경이 발달하였고, 어물과 소금 등 해산물이 풍부하였다.
> ㉡ 도둑질을 하면 물건 값의 12배를 변상하게 하였다.
> ㉢ 산과 내마다 각기 구분이 있어서 함부로 들어가지 못하였다.
> ㉣ 국읍에 각각 한 사람씩 세워 천신의 제사를 주관하게 하였다.

① ㉠ - 10월에 동맹이라는 제천 행사를 실시하였다.
② ㉡ - 형이 죽으면 형수를 아내로 삼는 풍습이 있었다.
③ ㉢ - 족내혼과 함께 민며느리제라는 혼인 풍속이 있었다.
④ ㉣ - 상가, 고추가 등이 제가회의를 열어 국가 대사를 결정하였다.

>**ADVICE** ㉠ 옥저, ㉡ 부여, ㉢ 동예, ㉣ 삼한
①④ 고구려 ③ 옥저

1 '신라촌락(민정)문서'를 통해서 알 수 있는 내용으로 옳지 않은 것은?

① 인구를 중시하여 소아의 수까지 파악했다.
② 내시령과 같은 관료에게 토지가 지급되었다.
③ 촌락의 경제력을 파악할 때 유실수의 상황을 반영했다.
④ 촌락을 통제하기 위해서 지방관으로 촌주가 파견되었다.

>ADVICE ④ 촌주는 중앙에서 파견된 지방관이 아니라 촌락의 토착민이다. 촌주는 변동사항을 조사하여 3년마다 문서를 다시 작성하였다.

2 다음과 같은 명을 내린 왕에 대한 설명으로 옳은 것은?

> 삼강은 인도의 근본이니, 군신·부자·부부의 도리를 먼저 알아야 할 것이다. 이제 내가 유신에게 명하여 고금의 사적을 편집하고 아울러 그림을 붙여 만들어 이름을 '삼강행실'이라 하고, 인쇄하게 하여 서울과 외방에 널리 펴고자 한다.

① 압록강과 두만강 지역에 4군 6진을 설치하였다.
② 훈구세력을 견제하기 위해 사림을 적극 중용하였다.
③ 『국조오례의』를 편찬하여 국가의 예법과 절차를 정하였다.
④ 토지 등급을 대부분 하등으로 정하여 전세를 경감해 주었다.

>ADVICE 다음과 같은 명을 내린 왕은 '세종'이다.
②③ 성종 ④ 인조

3 밑줄 친 '왕'의 재위 기간에 있었던 사실로 옳은 것은?

> 왕 30년, 달솔 노리사치계를 왜에 보내 석가여래상과 불경을 전했다.

① 불교를 공인하였다.
② 국호를 남부여로 고쳤다.
③ 평양성까지 진군하여 고국원왕을 전사시켰다.
④ 북위에 국서를 보내 고구려를 공격해줄 것을 요청했다.

> **ADVICE** 밑줄 친 왕은 '백제의 성왕'이다. 성왕은 도읍을 사비로 옮기고 국호를 남부여로 고쳤다.
> ① 침류왕 ③ 근초고왕 ④ 개로왕

4 고려시대 토지 종목 중 ㉠에 해당하는 것은?

> 원종 12년 2월에 도병마사가 아뢰기를, "근래 병란이 일어남으로 인해 창고가 비어서 백관의 녹봉을 지급하지 못하여 사인(士人)을 권면할 수 없었습니다. 청컨대 경기 8현을 품등에 따라 (㉠)으로 지급하소서."라고 하였다.
>
> ㅡ『고려사』ㅡ

① 공음전
② 구분전
③ 녹과전
④ 사패전

> **ADVICE** 고려의 토지제도인 전시과는 12세기 초부터 붕괴되기 시작하여 무신집권기에는 관리 등의 보편적 생활보장책으로서의 의미를 상실하게 되었다. 원종 12년(1271)에 도병마사의 건의로 녹봉을 제대로 받지 못하는 관리에게 경기 8현을 지급한다는 원칙을 마련하고, 이듬해에 녹과전을 시행하게 되었다.

5 다음 자료에 해당하는 나라에 대한 설명으로 옳지 않은 것은?

> • 대가(大家)들은 농사를 짓지 않고, 앉아서 먹는 자[坐食者]가 1만여 명이나 된다. 하호가 멀리서 쌀, 곡물, 물고기, 소금을 져서 날라 공급한다.
> • 큰 창고가 없고 집집마다 작은 창고가 있어 부경(桴京)이라고 부른다.
>
> —『삼국지』—

① 전쟁에 나갈 때 우제점(牛蹄占)을 쳐서 승패를 예측했다.
② 거처의 좌우에 큰 집을 지어 귀신을 제사하고, 영성과 사직에도 제사했다.
③ 금, 은의 폐물로써 후하게 장례를 치렀으며 돌무지무덤(적석총)을 만들었다.
④ 신랑은 처가 쪽에 머물며 자식이 장성한 다음에야 부인을 데리고 본가로 돌아왔다.

>ADVICE 제시된 자료에 해당하는 나라는 '고구려'이다.
>　　　① 부여에 대한 설명이다.

6 밑줄 친 '탑'에 대한 설명으로 옳은 것은?

> 　신인(神人)이 말하기를, "황룡사의 호법룡은 나의 아들로서 범왕(梵王)의 명을 받아 그 절을 보호하고 있으니, 본국에 돌아가 그 절에 탑을 세우시오. 그렇게 하면 이웃 나라가 항복하고 구한(九韓)이 와서 조공하여 왕업이 길이 태평할 것이오."라고 하였다. …… 백제에서 아비지(阿非知)라는 공장을 초빙하여 이 탑을 건축하고 용춘이 이를 감독했다.
>
> —『삼국유사』—

① 자장 율사가 건의하여 세워졌다.
② 돌을 벽돌 모양으로 다듬어 쌓았다.
③ 목조탑의 양식을 간직하고 있는 석탑이다.
④ 선종이 보급되면서 승려의 사리를 봉안하기 위해 세웠다.

>ADVICE 밑줄 친 탑은 '황룡사 9층 목탑'이다. 신라 삼보(三寶)의 하나로, 삼국유사에 의하면 643년(선덕여왕 12) 당나라에서 유학을 마치고 귀국한 자장(慈藏)의 요청으로 건조되었다.

7 다음 사건으로 즉위한 왕의 재위 기간에 있었던 사실로 옳지 않은 것은?

> 목종의 모후(母后)인 천추태후와 김치양이 불륜 관계를 맺고 왕위를 엿보자, 서북면도순검사 강조가 군사를 일으켜 김치양 일파를 제거하고 목종을 폐위시켰다.

① 대장경 조판 사업을 시작하였다.
② 지방관이 없는 속군에 감무를 파견하였다.
③ 부모의 명복을 빌고자 현화사를 창건하였다.
④ 개성부를 경중(京中) 5부와 경기로 구획하였다.

>**ADVICE** 제시된 사건은 강조의 정변으로 이 사건으로 즉위한 왕은 고려 제8대 왕인 '현종'이다.
>② 고려 초기 중앙집권체제에 의한 통치권의 범위가 점차 지방으로 확대되면서 아직 중앙의 관원을 파견하지 못했던 속군현과 향·소·부곡 등 말단 지방행정단위에 예종 1년(1106)부터 현령(縣令)보다 한층 낮은 지방관인 감무(監務)를 파견하였다.

8 『신편제종교장총록』을 편찬한 승려에 대한 설명으로 옳은 것은?

① 선종의 일파인 임제종을 들여와 전파하였다.
② 거조암, 길상사 등에서 정혜결사를 주도하였다.
③ 우리나라 천태교학의 전통을 원효에게서 찾았다.
④ 성속무애 사상을 주장하면서 종단을 통합하려 하였다.

>**ADVICE** 『신편제종교장총록』을 편찬한 승려는 '의천'이다.
>① 보우 ② 지눌 ④ 균여

9 발해의 통치 체제에 대한 설명으로 옳은 것은?

① 사정부를 두어 관리를 감찰하였다.
② 중앙의 핵심 군단으로 9서당이 있었다.
③ 정당성 아래에 있는 6부가 정책을 집행하였다.
④ 중앙과 지방에 각각 6부와 9주를 두어 다스렸다.

>**ADVICE** ① 통일신라에 대한 설명이다. 발해는 중정대를 두어 형법·전장에 관한 일과 모든 관료의 비위를 감찰하였다.
>② 통일신라에 대한 설명이다. 발해의 중앙 군사 조직은 10위이다.
>④ 통일신라에 대한 설명이다. 발해는 전국에 걸쳐 5경, 15부, 62주 및 다수의 현을 두었다.

10 밑줄 친 인물들이 속한 신분층에 대한 설명으로 옳은 것은?

> - 진덕여왕 2년, <u>김춘추</u>가 돌아오는 길에 고구려의 순라병을 만났는데, 종자인 온군해가 대신 피살되었고 그는 무사히 신라로 귀국했다.
> - 마침 알천의 물이 불어 <u>김주원</u>이 왕궁으로 건너오지 못하니, 상대등 <u>김경신</u>이 왕위에 올랐다.
>
> ―『삼국사기』―

① 관등과 상관없이 특정 색깔의 관복을 입었다.
② 골품제의 모순을 비판하며 과거제 도입을 주장하였다.
③ 죄를 지으면 본관지로 귀향시키는 형벌이 적용되었다.
④ 중앙 관부와 지방행정 조직의 장관직에 오를 수 있었다.

> ⟩ADVICE⟩ 밑줄 친 김춘추, 김주원, 김경신은 진골 출신이다. 진골은 성골 다음 계급으로, 왕족이었으나 성골에 밀려 왕위에 오르지 못하다가 진덕여왕을 끝으로 성골이 사라지자 태종무열왕(김춘추)이 즉위하면서 왕위에 오르게 되었다.

11 다음 사건에 대한 설명으로 옳은 것은?

> 미군이 제너럴셔먼호 사건을 구실로 광성보를 침공하였다. 어재연이 이끄는 조선군은 격렬히 항전했지만, 미군에 패하고 말았다. 그러나 조선 정부는 굴복하지 않았고, 결국 미군은 물러갔다.

① 『조선책략』에 대한 반발로 발생한 사건이었다.
② 전국 여러 곳에 척화비가 세워지는 계기가 되었다.
③ 오페르트가 남연군묘 도굴 사건을 일으킨 원인이 되었다.
④ 이 사건 당시 정족산성에서 양헌수 부대가 승리를 거두었다.

> ⟩ADVICE⟩ 제시된 사건은 '신미양요(1871)'이다. 신미양요를 계기로 흥선대원군은 서울의 종로와 전국 각지에 척화비를 세워 통상수교거부정책을 더욱 강화하였다.
> ① 영남만인소 사건(1881)
> ③ 오페르트 도굴 사건(1868)
> ④ 병인양요(1866)

 ANSWER 7.② 8.③ 9.③ 10.④ 11.②

12 다음 강령을 채택한 단체에 대한 설명으로 옳은 것은?

> • 우리는 정치적 경제적 각성을 촉구함
> • 우리는 단결을 공고히 함
> • 우리는 기회주의를 일체 부인함

① 조선 물산 장려회를 조직하였다.
② 한글 맞춤법 통일안을 제정하였다.
③ 암태도 소작 쟁의를 주도적으로 이끌었다.
④ 광주 학생 항일 운동의 진상 조사 활동을 펼쳤다.

> **ADVICE** 제시된 내용은 '신간회'의 강령이다.
>
> ④ 신간회는 1929년 11월 광주 학생 운동이 일어나자 진상조사단을 파견하고 일제에 대해 학생운동의 탄압을 엄중 항의했다.

13 다음 글의 ㉠에 해당하는 것은?

> 국내·외에서 줄기차게 전개된 독립 운동은 연합국이 한국의 독립을 약속하는 데에 영향을 미쳤다. 1943년에 미국의 루스벨트 대통령과 영국의 처칠 수상, 중국의 장제스 총통은 '한국인이 노예적 상태에 있음에 유의하여 적당한 절차(in due course)를 밟아 한국을 독립시키기로 결의한다'는 내용이 담긴 (㉠)을 발표하였다.

① 얄타 협정   ② 카이로 선언
③ 포츠담 선언   ④ 트루먼 독트린

> **ADVICE** ㉠은 '카이로 선언(1943)'이다. 카이로 선언은 한국에 대한 특별조항을 넣어 '한국인이 노예적 상태에 있음에 유의하여 적당한 절차를 밟아 한국을 독립시키기로 결의한다.'고 명시하여 처음으로 한국의 독립이 국제적으로 보장받았다.
>
> ① 얄타 협정(1945) : 제2차 세계대전 종반에 소련 얄타에서 미국·영국·소련의 수뇌들이 모여 독일의 패전과 그 관리에 대하여 의견을 나눈 회담
>
> ③ 포츠담 선언(1945) : 제2차 세계대전 종전 직전인 1945년 7월 26일 독일의 포츠담에서 열린 미국·영국·중국 3개국 수뇌회담의 결과로 발표된 공동선언
>
> ④ 트루먼 독트린(1947) : 미국 대통령 H. S. 트루먼이 의회에서 선언한 미국외교정책에 관한 원칙

14 밑줄 친 '시기'에 있었던 사실에 대한 설명으로 옳은 것은?

> 제1차 경제 개발 5개년 계획을 시행할 무렵에 우리나라 정부는 국내에서 산업 개발 자금을 확보하려 하였다. 이에 통화 개혁을 실시했으나 목적을 달성하지 못했고, 결국 외국 차관을 들여왔다. 이러한 배경 속에서 섬유·가발 등의 수출 산업이 육성되었다. 제2차 경제 개발 5개년 계획이 적용된 때에는 화학, 철강 산업에 대한 투자도 이루어졌다. 이 두 차례의 경제 개발 계획이 시행된 <u>시기</u>에 수출 주도 성장 전략이 자리를 잡았다.

① 경부 고속 국도가 건설되었다.
② 금융 실명제가 전격적으로 실시되었다.
③ 경제 협력 개발 기구(OECD)에 가입하였다.
④ 연간 수출 총액이 늘어나 100억 달러를 돌파하였다.

> ▷**ADVICE** 밑줄 친 시기는 박정희 정권의 제1~2차 경제 개발 5개년 계획 시기로, 1962년부터 1971년까지이다.
> ① 경부 고속 국도는 박정희 정권 때인 1968년 2월 1일에 공사를 시작해서 1970년 7월 7일에 완공되었다.
> ② 금융 실명제는 「금융실명거래 및 비밀보장에 관한 긴급명령」에 의거, 김영삼 정부 때인 1993년 8월 12일 이후 모든 금융거래에 도입되었다.
> ③ 경제 협력 개발 기구 가입은 1996년 김영삼 정부 때이다.
> ④ 연간 수출 총액이 늘어나 100억 달러를 돌파한 것은 박정희 정권 때인 1977년이다.

15 조선시대 의궤에 대한 설명으로 옳지 않은 것은?

① 가례도감의궤는 임진왜란 이후부터 편찬되기 시작하였다.
② 조선왕조의궤는 유네스코 세계기록유산으로 등재되었다.
③ 정조 때 화성 행차 일정, 참가자 명단, 행차 그림 등을 수록한 의궤가 편찬되었다.
④ 가례도감의궤의 말미에 그려진 반차도에는 당시 왕실 혼례의 행렬 모습이 담겨 있다.

> ▷**ADVICE** ① 「가례도감의궤」는 조선 국왕과 왕비, 왕세자와 왕세자빈의 가례(嘉禮)에 관한 사실을 그림과 문자로 정리한 의궤이다. 조선 왕실의 가례를 위해 가례도감(嘉禮都監)을 설치한 것은 1397년(태조 6)으로 이때부터 가례도감의궤를 작성한 것으로 추정되지만, 현존하는 것은 1627년(인조 5) 소현세자와 강빈의 가례에서부터 1906년(고종 33) 순종과 순정황후의 가례까지 총 20종뿐이다.

16 조선 후기 평안도에 대한 설명으로 옳지 않은 것은?

① 평안도 사람들은 서북인이라 하여 차별을 받았다.
② 두 차례의 호란 직후 사회가 불안정해져 인구가 급감하였다.
③ 영·정조 대에 들어서 문과 합격자 중 평안도 출신자의 비중이 높아졌다.
④ 중국과의 무역량이 증가하면서 의주, 평양, 정주 등지의 상인들이 많은 부를 축적하였다.

> **ADVICE** ② 두 차례의 호란 직후 조선의 인구가 전국적으로 급감하였지만, 평안도의 경우 호란 이후 유입된 여진족이나 한인들로 인해 다른 지역에 비해 급감하지는 않았다.

17 (가), (나) 시기에 있었던 사실에 대한 설명으로 옳은 것은?

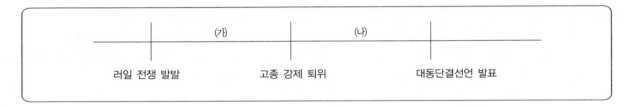

① (가) – 독립협회가 개최한 관민공동회에서 헌의 6조가 결의되었다.
② (가) – 독도를 울릉군 관할로 한다는 내용의 대한제국 칙령 제41호가 공포되었다.
③ (나) – 일제가 '105인 사건'을 일으켜 윤치호 등을 체포하였다.
④ (나) – 일본인 메가타가 재정 고문으로 부임하여 화폐 정리 사업을 시작하였다.

> **ADVICE** 러일 전쟁 발발(1904), 고종 강제 퇴위(1907), 대동단결선언 발표(1917)이다.
> ① 1898년 ② 1900년 ③ 1911년 ④ 1905년

18 조선 후기의 사상 동향에 대한 설명으로 옳은 것만을 모두 고른 것은?

> ㉠ 서울 부근의 일부 남인 학자는 천주교를 수용하였다.
> ㉡ 정조는 기존의 문체에 얽매이지 않는 신문체를 장려하였다.
> ㉢ 복상 기간에 대한 견해차로 인해 예송(禮訟)이 전개되었다.
> ㉣ 노론과 남인 간에 인성(人性)·물성(物性) 논쟁이 전개되었다.

① ㉠, ㉡   ② ㉠, ㉢
③ ㉡, ㉢   ④ ㉢, ㉣

> ⒶⒹⓋⒾⒸⒺ ㉡ 정조는 기존의 문체에 얽매이지 않는 신문체를 억압하고 고문체로 돌아갈 것을 주장하였다. → 문체반정
> ㉣ 인성과 물성에 대한 논쟁은 노론 내부에서 일어난 논쟁이다. → 호락논쟁(湖洛論爭)

19 밑줄 친 '단체'의 활동에 대한 설명으로 옳은 것은?

> 1919년 김원봉, 윤세주 등이 만주 지린성에서 조직한 이 <u>단체</u>는 일제(日帝)의 요인 암살과 식민 지배 기관 파괴를 목표로 삼았다. 이 <u>단체</u>는 신채호가 작성한 조선혁명선언을 이념적 지표로 내세웠다.

① 중국 충칭에서 한국광복군을 조직하였다.
② 대한민국 임시 정부를 주도한 한국 독립당을 결성하였다.
③ 중국 의용군과 힘을 합쳐 영릉가 전투에서 일본군을 물리쳤다.
④ 이 단체에 속한 김익상이 조선총독부에 폭탄을 투척하였다.

> ⒶⒹⓋⒾⒸⒺ 밑줄 친 단체는 '의열단'이다.
> ①② 대한민국 임시정부에 대한 설명이다.
> ③ 조선 혁명군에 대한 설명이다.

20 다음 사실들을 시기 순으로 바르게 나열한 것은?

> ㉠ 남북이 유엔에 동시 가입하였다.
> ㉡ 분단 후 처음으로 금강산 관광 사업이 실현되었다.
> ㉢ '남북 사이의 화해와 불가침 및 교류 · 협력에 관한 합의서'가 체결되었다.
> ㉣ 북한 핵시설 동결과 경수로 발전소 건설 지원 등을 명시한 '북 · 미 제네바 기본 합의서'가 채택되었다.

① ㉠ → ㉡ → ㉢ → ㉣   ② ㉠ → ㉢ → ㉣ → ㉡
③ ㉢ → ㉠ → ㉣ → ㉡   ④ ㉢ → ㉣ → ㉠ → ㉡

> ⒶⒹⓋⒾⒸⒺ ㉠ 남북 유엔 동시 가입(1991. 9) → ㉢ 남북 사이의 화해와 불가침 및 교류 · 협력에 관한 합의서 체결(1991. 12) → ㉣ 북 · 미 제네바 기본 합의서 채택(1994) → ㉡ 금강산 관광 사업 실현(1998)

✎ **ANSWER** 16.② 17.③ 18.② 19.④ 20.②

1 〈보기〉는 일제가 제정한 법령의 일부이다. 이 법령에 의해 처벌된 사건이 아닌 것은?

> 〈보기〉
>
> 　국체를 변혁하는 것을 목적으로 결사를 조직하는 자 또는 결사의 임원, 그의 지도자로서의 임무에 종사하는 자는 사형, 무기 또는 5년 이상의 징역 또는 금고에 처한다. (중략)
> 사유재산제도를 부인하는 것을 목적으로 결사를 조직하는 자, 결사에 가입하는 자, 또는 목적수행을 위한 행위를 돕는 자는 10년 이하의 징역 또는 금고에 처한다.

① 김상옥의 종로경찰서 폭탄투척 사건　　　　② 조선공산당 사건
③ 수양동우회 사건　　　　　　　　　　　　　④ 조선어학회 사건

>ADVICE 〈보기〉는 1925년에 일제가 제정한 「치안유지법」의 일부이다.
> 　① 의열단 소속의 김상옥이 종로경찰서에 폭탄을 투척한 것은 1923년으로 「치안유지법」이 제정되기 이전이다.
> 　② 1928년　③ 1937년　④ 1942년

2 〈보기〉의 유적들이 등장한 시대의 사회상에 대한 설명으로 가장 옳은 것은?

> 〈보기〉
>
> • 서울 암사동 유적　　　　　　• 제주 고산리 유적
> • 양양 오산리 유적　　　　　　• 부산 동삼동 유적

① 움집을 청산하고 지상 가옥에서 거주하기 시작하였다.
② 벼농사를 위하여 각종 수리시설이 축조되었다.
③ 조개무지(패총)를 많이 남겼다.
④ 마을을 보호하기 위한 방어시설이 발전하였다.

>ADVICE 〈보기〉는 신석기 시대의 유적지이다.
> 　①④ 청동기 시대　② 삼국시대

3 〈보기〉의 백과사전(유서)을 편찬한 순서대로 바르게 나열한 것은?

〈보기〉

⊙ 대동운부군옥   © 지봉유설
© 성호사설   ® 오주연문장전산고

① ⊙ → © → © → ®   ② © → © → ® → ⊙
③ ⊙ → © → © → ®   ④ ⊙ → ® → © → ©

>ADVICE ⊙ 대동운부군옥 : 1589년에 권문해가 편찬한 일종의 백과전서
© 지봉유설 : 1614년에 이수광이 편찬한 일종의 백과사전
© 성호사설 : 조선 후기 실학자 이익이 평소에 기록해 둔 글과 제자들의 질문에 답한 내용을 1740년경에 집안 조카들이 정리한 것
® 오주연문장전산고 : 19세기의 학자 이규경이 쓴 백과사전 형식의 책

4 〈보기〉는 일제강점기 당시 흥행에 성공하였던 영화의 줄거리이다. 이 영화가 상영되던 시기의 문화예술계에 대한 설명으로 가장 옳은 것은?

〈보기〉

영진은 전문학교를 다닐 때 독립만세를 부르다가 왜경에게 고문을 당해 정신이상이 된 청년이었다. 한편 마을의 악덕 지주 천가의 머슴이며, 왜경의 앞잡이인 오기호는 빚 독촉을 하며 영진의 아버지를 괴롭혔다. 더욱이 딸 영희를 아내로 준다면 빚을 대신 갚아줄 수 있다고 회유하기까지 하였다. (중략) 오기호는 마을 축제의 어수선한 틈을 타 영희를 겁탈하려 하고 이를 지켜보던 영진은 갑자기 환상에 빠져 낫을 휘둘러 오기호를 죽인다. 영진은 살인혐의로 일본 순경에게 끌려가고, 주제곡이 흐른다.

① 역사학 : 민족주의 역사가들 사이에서 이른바 '조선학' 운동이 시작되었다.
② 문학 : 민중생활에 관심을 기울인 신경향파 문학이 대두하여 식민통치에 대한 저항문학으로 발전했다.
③ 음악 : 일본 주류 대중음악의 영향을 받은 트로트 양식이 정립되었다.
④ 영화 : 일제는 조선영화령을 공포하여 영화를 전시체제의 옹호와 선전의 수단으로 사용하였다.

>ADVICE 〈보기〉는 1926년에 상영되었던 나운규의 '아리랑'이다.
① '조선학' 운동이 시작된 것은 1934년이다.
③ 1930년대의 일이다.
④ 「조선영화령」이 공포된 것은 1940년이다.

✎ **ANSWER** 1.① 2.③ 3.① 4.②

5 〈보기〉의 사건을 시간순으로 바르게 나열한 것은?

〈보기〉
㉠ 일본군이 인천항에 정박한 러시아군함 2척을 공격
㉡ 대한제국정부의 국외중립 선언
㉢ 일본군이 러시아에 선전포고
㉣ 한일의정서 체결

① ㉠ - ㉣ - ㉡ - ㉢
② ㉡ - ㉠ - ㉢ - ㉣
③ ㉠ - ㉢ - ㉣ - ㉡
④ ㉡ - ㉣ - ㉢ - ㉠

⟩ADVICE ㉡ 대한제국정부의 국외중립 선언(1904. 1) → ㉠ 일본군이 인천항에 정박한 러시아군함 2척을 공격(1904. 2. 9) → ㉢ 일본군이 러시아에 선전포고(1904. 2. 10) → ㉣ 한일의정서 체결(1904. 2. 23)

6 〈보기〉의 그에 대한 설명으로 가장 옳지 않은 것은?

〈보기〉
　그는 평안도 양덕 사람으로 (중략) 체격이 장대하고 지기가 왕성하였는데, 비록 글은 배우지 못하였으나 천성적인 의협심이 있어, 남을 돕는 일을 급무로 삼은 연유로 사람들이 많이 따랐다. 1907년 겨울에 차도선, 송상봉, 허근 등 여러 사람들과 의병을 일으켜 (중략) 전투를 벌였다.

① 산포수들을 모아 의병을 구성하였다.
② 주요 활동지는 함경도 삼수, 갑산 등지였다.
③ 1920년 청산리 전투에서 일본군을 격파하였다.
④ 13도창의군을 결성하고 서울진공작전을 개시하였다.

⟩ADVICE 〈보기〉의 그는 '홍범도'이다.
　　④ 이인영에 대한 설명이다.

7 〈보기〉의 선언문을 지침으로 삼은 단체의 활동에 대한 설명으로 가장 옳은 것은?

> 〈보기〉
>
>   강도 일본이 우리의 국호를 없이 하며, 우리의 정권을 빼앗으며, 우리의 생존적 필요조건을 다 박탈하였다. (중략)
>   혁명의 길은 파괴부터 개척할지니라. 그러나 파괴만 하려고 파괴하는 것이 아니라 건설하려고 파괴하는 것이니, 만일 건설할 줄을 모르면 파괴할 줄도 모를지며, 파괴할 줄을 모르면 건설할 줄도 모를지니라. 건설과 파괴가 다만 형식상에서 보아 구별될 뿐이요 정신상에서는 파괴가 곧 건설이니, 이를테면 우리가 일본세력을 파괴하려는 것이, (하략)

① 오성륜, 김익상, 이종암이 상해 황포탄에서 일본 육군대장 다나카 기이치를 저격하였다.
② 이봉창이 동경에서 일왕 히로히토에게 폭탄을 던졌다.
③ 백정기, 이강훈, 원심창이 상해 육삼정에서 일본공사 아리요시를 암살하려고 시도하였다.
④ 윤봉길이 상해 홍구공원에서 열린 일본의 천장절 행사에 폭탄을 던졌다.

> **ADVICE** 〈보기〉의 선언문은 김원봉의 요청으로 신채호가 작성한 '조선 혁명 선언'으로 의열단의 활동 지침이다.
> ②④ 이봉창과 윤봉길은 한인 애국단 소속이었다.
> ③ 조선무정부주의자 연맹의 활동이다.

8 고구려와 관련된 〈보기〉의 사건을 시간순으로 바르게 나열한 것은?

> 〈보기〉
>
> ㉠ 평양천도   ㉡ 관구검과의 전쟁
> ㉢ 고국원왕의 전사   ㉣ 광개토왕릉비 건립

① ㉢ - ㉠ - ㉣ - ㉡
② ㉠ - ㉢ - ㉡ - ㉣
③ ㉡ - ㉢ - ㉣ - ㉠
④ ㉣ - ㉡ - ㉠ - ㉢

> **ADVICE** ㉡ 관구검과의 전쟁(3세기 동천왕) → ㉢ 고국원왕의 전사(371) → ㉣ 광개토왕릉비 건립(414, 장수왕) → ㉠ 평양천도(427, 장수왕)

ANSWER 5.② 6.④ 7.① 8.③

9 조선시대에 편찬된 서적과 관련된 설명으로 옳은 것을 〈보기〉에서 모두 고른 것은?

> 〈보기〉
> ㉠『경국대전』: 조선의 통치 규범과 법을 정리하였다.
> ㉡『동문선』: 우리 풍토에 맞는 약재와 치료법을 정리하였다.
> ㉢『동의수세보원』: 중국과 일본의 자료를 참고하여 민족사 인식을 확대하였다.
> ㉣『금석과안록』: 북한산비가 진흥왕 순수비임을 밝혔다.

① ㉠, ㉡ ② ㉡, ㉢

③ ㉠, ㉣ ④ ㉡, ㉣

>**ADVICE** ㉡『동문선』: 1478년(성종 9) 성종의 명으로 서거정 등이 중심이 되어 편찬한 우리나라 역대 시문선집
> ㉢『동의수세보원』: 1894년에 이제마가 지은 의서로, '동의'는 중국의 의가(醫家)와 구별하기 위한 것이며, '수세'는 온 세상 인류의 수명을 연장시킴을 뜻한다.

10 〈보기〉는 개항 이후 각국과 맺은 조약이다. ㉠과 ㉡에 들어갈 용어로 옳은 것은?

> 〈보기〉
> (개) 조선국은 ___㉠___ 으로 일본국과 평등한 권리를 보유한다. 금 후 양국이 화친의 성의를 표하고자 할진대 모름지기 서로 동등한 예의로써 상대할 것이며 추호도 경계를 넘어 침입하거나 시기하여 싫어함이 있어서는 아니될 것이다.
> (내) 수륙무역장정은 중국이 ___㉡___ 을 우대하는 후의에서 나온 것인 만큼 다른 각국과 일체 균점하는 예와는 같지 않으므로 여기에 각항 약정을 한다.

① ㉠ 인근국 − ㉡ 속방

② ㉠ 자주국 − ㉡ 우방

③ ㉠ 인근국 − ㉡ 우방

④ ㉠ 자주국 − ㉡ 속방

>**ADVICE** (개) 강화도 조약(1876), (내) 조·청 상민 수륙 무역 장정(1882)
> ㉠ 일본은 조선을 '자주국'으로 명시하여 조선에 대한 청나라의 영향력을 약화시키고 침략을 꾀하였다.
> ㉡ 청나라는 조선을 청나라의 속방으로 명시하여 조선에 대한 영향력을 강화하였다.

11 〈보기〉의 단체가 존속한 기간에 발생한 사건이 아닌 것은?

> 〈보기〉
> • 사회주의계열과 비타협적 민족주의계열의 합작으로 구성되었다.
> • 설립 당시 회장은 이상재, 부회장은 홍명희가 맡았다.
> • 전국에 140여 개소의 지회를 두고, 약 4만 명의 회원을 확보하였다.

① 광주학생독립운동
② 원산총파업
③ 단천산림조합시행령 반대운동
④ 암태도소작쟁의

> **ADVICE** 〈보기〉의 단체는 '신간회'로 1927년에 조직되고 1931년까지 존속하였다.
> ①② 1929년 ③ 1930년 ④ 1923년

12 〈보기〉의 내용을 주장한 인물에 대한 설명으로 가장 옳은 것은?

> 〈보기〉
> 　국가는 마땅히 한 집의 생활에 맞추어 재산을 계산해서 토지 몇 부(負)를 한 호의 영업전으로 한다. 그러나 땅이 많은 자는 빼앗아 줄이지 않고 미치지 못하는 자도 더 주지 않으며, 돈이 있어 사고자 하는 자는 비록 천백 결이라도 허락해 주고, 땅이 많아서 팔고자 하는 자는 다만 영업전 몇 부 이외에는 허락한다.

① 『목민심서』를 저술하는 등 실학을 집대성하였다.
② 발해사를 우리나라 역사로 체계화할 목적으로 『발해고』를 저술하였다.
③ 전국의 자연환경과 인물, 풍속 등을 정리한 『택리지』를 저술하였다.
④ 천지 · 인사 · 만물 · 경사 · 시문 등 5개 부문으로 나누어 우리나라와 중국의 문화를 백과사전식으로 소개 · 비판한 『성호사설』을 저술하였다.

> **ADVICE** 〈보기〉의 내용을 주장한 인물은 '이익'이다.
> ① 정약용 ② 유득공 ③ 이중환

✎ **ANSWER** 9.③ 10.④ 11.④ 12.④

13 〈보기〉는 어느 책의 일부를 발췌한 것이다. 이 책을 저술한 사람은?

> 〈보기〉
>
> 하늘이 재능을 균등하게 부여하는데 관리의 자격을 대대로 벼슬하던 집안과 과거 출신으로만 한정하고 있으니 항상 인재가 모자라 애태우는 것은 당연한 일이다. 어느 시대, 어느 나라에서 노비나 서얼이어서 어진 인재를 버려두고, 어머니가 개가했으므로 재능을 쓰지 않는다는 것은 듣지 못했다.

① 이황 　　　　　　　　　　　　　② 이이
③ 허균 　　　　　　　　　　　　　④ 유형원

❯**ADVICE** 〈보기〉는 허균의 「유재론」의 일부이다. 허균은 「유재론」에서 조선 사회에서 널리 퍼져 있는 적서차별의 분위기를 비판하였다.

14 〈보기〉에서 조선 전기 건축물을 모두 고른 것은?

> 〈보기〉
>
> ㉠ 무위사 극락전 　　　　　　　　㉡ 법주사 팔상전
> ㉢ 금산사 미륵전 　　　　　　　　㉣ 해인사 장경판전

① ㉠, ㉣ 　　　　　　　　　　　　② ㉡, ㉣
③ ㉢, ㉣ 　　　　　　　　　　　　④ ㉠, ㉢

❯**ADVICE** ㉠ 무위사 극락전(세종 12년), ㉣ 해인사 장경판전(15세기)
법주사 팔상전(㉡)과 금산사 미륵전(㉢)은 17세기 건축물이다.

15 고려와 조선의 지방 행정 제도에 대한 설명으로 가장 옳지 않은 것은?

① 조선에서 지방관은 행정·사법권을, 별도로 파견된 진장·영장은 군사권을 보유하였다.
② 고려에서 상급 향리는 과거 응시에 제한을 두지 않아 고위 관리가 될 수 있었다.
③ 조선에서 지역 양반은 유향소를 구성하여 향리를 규찰하고 향촌 질서를 바로잡았다.
④ 고려의 지방은 지방관이 파견된 주현과 파견되지 않은 속현으로 구성되었다.

❯**ADVICE** ① 조선의 지방관은 행정·사법권 및 군사권을 포괄적으로 보유하였다.

16 〈보기〉의 선언에 대한 설명으로 가장 옳은 것은?

> 〈보기〉
>
> 각 군사 사절단은 일본국에 대한 장래의 군사행동을 협정하였다. (중략) 앞의 3대국은 조선인민의 노예
> 상태에 유의하여 적당한 시기에 맹세코 조선을 자주독립시킬 결의를 한다.

① 이 선언에서 연합국은 일본에 무조건 항복을 요구하였다.
② 미국, 영국, 중국의 정상이 모여 회담을 한 후 나온 선언이다.
③ 소련은 일본과의 전쟁에 참전할 것을 결정했다.
④ 미국의 루즈벨트 대통령이 20~30년간의 신탁통치안을 처음으로 제안하였다.

>**ADVICE** 〈보기〉의 선언은 '카이로 선언'으로, 카이로 회담은 미국(루즈벨트), 영국(처칠), 중국(장제스)의 정상이 이집트 카이로에서
> 회담을 한 후 나온 선언이다. 한국에 대한 특별조항을 넣어 '한국인이 노예적 상태에 있음에 유의하여 적당한 절차를 밟아
> 한국을 독립시키기로 결의한다.'고 명시하여 처음으로 한국의 독립이 국제적으로 보장받았다.

17 〈보기〉의 북한정권 수립 과정을 시간순으로 바르게 나열한 것은?

> 〈보기〉
>
> ㉠ 북조선임시인민위원회 성립　　　　㉡ 조선인민군 창설
> ㉢ 토지개혁 실시　　　　㉣ 최고인민회의 대의원 선거 실시
> ㉤ 북조선노동당 결성　　　　㉥ 조선민주주의인민공화국 성립

① ㉠ - ㉡ - ㉢ - ㉣ - ㉤ - ㉥
② ㉠ - ㉢ - ㉤ - ㉡ - ㉣ - ㉥
③ ㉠ - ㉤ - ㉢ - ㉣ - ㉡ - ㉥
④ ㉠ - ㉤ - ㉡ - ㉢ - ㉣ - ㉥

>**ADVICE** ㉠ 북조선임시인민위원회 성립(1946. 2) → ㉢ 토지개혁 실시(1946. 3) → ㉤ 북조선노동당 결성(1946. 8) → ㉡ 조선인민
> 군 창설(1948. 2) → ㉣ 최고인민회의 대의원 선거 실시(1948. 8) → ㉥ 조선민주주의인민공화국 성립(1948. 9)

ANSWER 13.③　14.①　15.①　16.②　17.②

18 〈보기〉의 왕 재위기간에 있었던 사실로 가장 옳은 것은?

> 〈보기〉
>
> 나라 안의 여러 주군에서 세금을 바치지 않으니, 창고가 비고 나라의 쓰임이 궁핍하였다. 왕이 독촉하자 곳곳에서 도적이 벌떼같이 일어났다. 이에 원종, 애노 등이 사벌주(상주)에 의거하여 반란을 일으키니, 왕이 나마 벼슬의 영기를 시켜 사로잡게 하였다.
>
> – 『삼국사기』 –

① 관직과 주현의 이름을 중국식 한자로 바꾸었다.
② 귀족과 관리에게 주던 녹읍을 폐지하였다.
③ 해적을 소탕하기 위해 청해진을 세웠다.
④ 위홍 등이 향가를 모아 『삼대목』을 편찬하였다.

》ADVICE 〈보기〉의 왕은 통일신라의 '진성여왕'이다.
　　① 경덕왕　② 신문왕　③ 흥덕왕

19 〈보기〉의 왕에 대한 설명으로 가장 옳은 것은?

> 〈보기〉
>
> 왕은 당이 내분으로 어지러워진 틈을 타서 영토를 넓히고, 수도를 중경에서 상경으로, 다시 동경으로 옮겼다. 또한 대흥, 보력 등 독자적인 연호를 사용하였다.

① 산동지방에 수군을 보내 당을 공격하였다.
② 당으로부터 해동성국이라 불렸다.
③ 전륜성왕을 자처하고 황상이라는 칭호를 사용하였다.
④ 동모산에 나라를 세웠다.

》ADVICE 〈보기〉의 왕은 발해의 '문왕'이다. 문왕은 전륜성왕을 자처하고 황상이라는 칭호를 사용하였다.
　　① 무왕　② 선왕　④ 대조영(고왕)

20 〈보기〉에서 설명하고 있는 기구에 대한 설명으로 가장 옳은 것은?

> 〈보기〉
>
>   재신(宰臣)으로서 이 일을 맡은 사람을 지변재상(知邊宰相)이라고 불렀습니다. 그러나 이것은 일시적인 전쟁 때문에 설치한 것으로 국가의 중요한 모든 일들을 참으로 다 맡긴 것은 아니었습니다. 오늘에 와서 큰 일이건 작은 일이건 중요한 것으로 취급되지 않는 것이 없는데, 정부는 한갓 헛이름만 지니고 육조는 모두 그 직임을 상실하였습니다. 명칭은 '변방의 방비를 담당하는 것'이라고 하면서 과거에 대한 판하(判下)나 비빈(妃嬪)을 간택하는 등의 일까지도 모두 여기를 경유하여 나옵니다.
>
> ― 『효종실록』 ―

① 대원군에 의해 기능이 강화되었다.
② 의정부의 기능을 약화시켰다.
③ 붕당정치의 폐단을 막기 위해 설치되었다.
④ 왜구의 침입에 대비하여 16세기 초 상설기구로 설치되었다.

⟩ADVICE 〈보기〉에서 설명하고 있는 기구는 '비변사'이다. 1592년(선조 25) 임진왜란이 일어나 국가의 모든 행정이 전쟁 수행에 직결되자, 비변사의 기구가 강화되고 권한도 크게 확대되면서 의정부의 기능을 약화시켰다.
① 대원군은 국정 의결권을 의정부에 이관하고 3군부 제도를 부활시켜 군무를 처리하게 함으로써 비변사를 혁파하였다.
③ 영·정조의 탕평책과 관련된 설명이다.
④ 비변사는 16세기 초 임시기구로 설치되었다가 16세기 중반 을묘왜란을 계기로 상설기구로 설치되었다.

✎ **ANSWER** 18.④ 19.③ 20.②

1 시대별 지방 행정 제도에 대한 설명으로 옳은 것은?

① 통일신라 – 촌의 행정은 촌주가 담당하였다.
② 발해 – 전국 330여 개의 모든 군현에 수령을 파견하였다.
③ 고려 – 촌락 지배 방식으로 면리제가 확립되었다.
④ 조선 – 향리 통제를 위하여 사심관을 파견하였다.

》ADVICE ② 조선 시대에 관한 설명이다.
③ 조선 시대에 관한 설명이다.
④ 고려 시대에 관한 설명이다.

2 다음 (갑)과 (을)의 담판 이후에 있었던 (을)의 활동으로 옳은 것은?

> (갑) 그대 나라는 신라 땅에서 일어났고 고구려 땅은 우리의 소유인데 그대들이 침범했다.
> (을) 아니다. 우리야말로 고구려를 이은 나라이다. 그래서 나라 이름도 고려라 했고, 평양에 도읍하였다.
> 만일 땅의 경계로 논한다면 그대 나라 동경도 모두 우리 강역에 들어 있는 것인데 어찌 침범이라 하
> 겠는가.

① 9성 설치   ② 귀주 대첩
③ 강동 6주 경략   ④ 천리장성 축조

》ADVICE (갑)은 소손녕, (을)은 서희로 거란의 1차 침임 당시의 담판 내용이다.
① 예종 때 윤관이 별무반을 이끌고 여진족을 정벌한 후 동북 지역에 9성을 설치하였다.
② 귀주 대첩은 거란의 3차 침입 때인 1019년의 일이다.
④ 천리장성은 거란과 여진의 침입을 방어하기 위한 것으로 1033년에 시작하여 1044년에 완공하였다.

3 밑줄 친 ㉠의 결과에 해당하는 사실로 옳은 것은?

> (영락) 6년 병신(丙申)에 왕이 직접 수군을 이끌고 백제를 토벌하였다. (백제왕이) 우리 왕에게 항복하면서 "지금 이후로는 영원히 노객(奴客)이 되겠습니다."라고 맹세하였다. … (중략) … ㉠10년 경자(庚子)에 왕이 보병과 기병 5만 명을 보내어 신라를 구원하게 하였다.

① 고구려가 신라 내정간섭을 강화하였다.
② 백제가 고구려의 평양성을 공격하였다.
③ 신라가 관산성 전투에서 백제 성왕을 살해하였다.
④ 금관가야가 가야 지역의 중심 세력으로 대두하였다.

> **ADVICE** 제시된 자료는 광개토대왕릉비문의 기록이다.
> ② 4세기 백제 근초고왕
> ③ 6세기 신라 진흥왕
> ④ 3세기 경

4 (가)와 (나)를 주장한 각 인물에 대한 설명으로 옳은 것은?

> (가) 우리는 남방만이라도 임시 정부 혹은 위원회 같은 것을 조직하여 38도선 이북에서 소련이 철퇴하도록 세계 공론에 호소해야 할 것이다.
> (나) 나는 통일된 조국을 달성하려다 38도선을 베고 쓰러질지언정 일신의 구차한 안일을 위하여 단독 정부를 세우는 데는 협력하지 아니하겠다.

① (가) – 5·10 총선거에 불참하였다.
② (가) – 좌우 합작 7원칙을 지지하였다.
③ (나) – 탁치 반대 국민 총동원 위원회를 조직하였다.
④ (나) – 남조선 과도 입법 의원의 의장을 역임하였다.

> **ADVICE** (가) 1946년 6월 이승만, 정읍발언
> (나) 1948년 2월 김구, 3천만 동포에게 읍고함
> ① 5·10 총선거에 불참한 것은 김구이다.
> ② 이승만은 좌우합작 운동을 지지하지 않았다.
> ④ 김규식에 관한 설명이다.

 **ANSWER** 1.① 2.③ 3.① 4.③

5 다음 (개)에 대한 설명으로 옳지 않은 것은?

> 예전에 성종이 [(개)] 시행에 따르는 잡기가 정도(正道)에 어긋나는데다가 번거롭고 요란스럽다 하여 이를 모두 폐지하였다. … (중략) … 이것을 폐지한 지가 거의 30년이나 되었는데, 이때에 와서 정당문학 최항이 청하여 이를 부활시켰다.

① 국제 교류의 장이었다.　　　　　　　② 정월 보름에 개최되었다.
③ 토속 신에게 제사를 지냈다.　　　　　④ 훈요 10조에서 시행할 것을 강조하였다.

>ADVICE (개) 팔관회
>　　　　② 연등회에 관한 설명이다.

6 다음과 같이 주장한 인물에 대한 설명으로 옳은 것은?

> 달은 하나이나 냇물의 갈래는 만 개가 된다. … (중략) … 나는 그 냇물이 세상 사람들이라는 것을 안다. 빛을 받아 비추어서 드러나는 것은 사람들의 상이다. 달이라는 것은 태극이요, 태극은 나이다.

① 『해동농서』를 편찬하도록 하였다.
② 갑인예송에서 왕권을 강조하며 기년복을 주장하였다.
③ 이순신에게 현충이라는 시호를 내리고 강감찬 사당을 건립하였다.
④ 민간의 광산개발 참여를 허용하는 설점수세제를 처음 실시하였다.

>ADVICE 제시된 글은 정조의 개인 문집인 '홍재전서'이다.
>　　　　② 현종 때의 일로, 남인은 기년복을 주장하였다.
>　　　　③ 숙종　④ 효종

7 밑줄 친 '국왕'의 재위 기간에 있었던 일로 옳은 것은?

> 지금 국왕께서 풍속을 바꾸려는 데에 뜻이 있으므로 신은 지극하신 뜻을 받들어 완악한 풍속을 고치고자 합니다. … (중략) … 『이륜행실(二倫行實)』로 말하면 신이 전에 승지가 되었을 때에 간행할 것을 청했습니다. 삼강이 중한 것은 아무리 어리석은 부부라도 모두 알고 있으나, 붕우·형제의 이륜에 이르러서는 평범한 사람들이 제대로 모르는 경우가 있습니다.

① 주세붕이 백운동 서원을 세웠다.
② 김시습이 『금오신화』를 저술하였다.
③ 『국조오례의』가 편찬되고 『동국여지승람』이 만들어졌다.
④ 문화와 제도를 유교식으로 갖추기 위해 집현전을 창설하였다.

> ADVICE 제시된 글은 '중종실록'의 기록이다.
> ① 중종 때 풍기군수 주세붕에 의해 백운동 서원이 최초로 건립되었다.
> ② 세조 ③ 성종 ④ 세종

8 다음의 법률에 근거하여 실시된 식민지 정책으로 옳지 않은 것은?

> 제4조 정부는 전시에 국가총동원상 필요하다고 인정될 때에는 칙령이 정하는 바에 따라서 제국 신민을 징용하여 총동원 업무에 종사하도록 할 수 있다.
> 제7조 정부는 칙령이 정하는 바에 따라 노동 쟁의의 예방 혹은 해결에 관한 명령, 작업소 폐쇄, 작업 혹은 노무의 중지 … (중략) … 등을 명할 수 있다

① 물자통제령을 공포하여 배급제를 확대하였다.
② 육군특별지원병령을 제정하여 지원병을 선발하였다.
③ 금속류회수령을 제정하여 주요 군수 물자를 공출하였다.
④ 국민징용령을 공포하여 강제적인 노무 동원을 실시하였다.

> ADVICE 제시된 글은 1938년에 4월에 공포되고, 5월 5일부터 시행된 제정된 「국가 총동원법」이다.
> ② 육군특별지원병제는 국가 총동원법 시행 이전인 1938년 2월에 공포되었다.

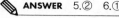
ANSWER 5.② 6.① 7.① 8.②

9 (가) 시기에 해당되는 사실로 옳은 것은?

> 방금 안핵사 이용태의 보고에 따르면 "죄인들이 대다수 도망치는 바람에 조사하지 못하였다."라고 하였다.
> — 『승정원일기』 —
>
> ↓
>
> (가)
>
> ↓
>
> 전봉준은 금구 원평에 앉아 (전라) 우도에 호령하였으며, 김개남은 남원성에 앉아 좌도를 통솔하였다.
> — 『갑오약력』 —

① 논산에서 남·북접의 동학군이 집결하였다.
② 우금치 전투에서 동학군이 일본군과 격전을 벌였다.
③ 동학교도가 궁궐 앞에서 교조 신원을 주장하는 집회를 열었다.
④ 백산에서 전봉준이 보국안민을 위해 궐기하라는 통문을 보냈다.

〉ADVICE 고부 민란(1894. 1) → (가) → 전주화약, 집강소 설치(1894. 5)
④ 백산에서 전봉준이 보국안민을 위해 궐기하라는 통문을 보낸 것은 1984년 3월의 일이다.
① 남·북접의 논산 집결(1894. 9)
② 우금치 전투(1894. 11)
③ 서울 복합 상소(1893. 2)

10 (가) 기구가 존속한 시기의 사람들이 볼 수 있었던 사실로 적절한 것은?

> 지주는 조선 총독이 정하는 기간 내에 ▢▢(가)▢▢ 혹은 그것의 출장소 직원에게 신고해야 한다. 만약 제출을 태만히 하거나 신고서를 제출하지 않을 시에는 당국에서 해당 토지에 대해 소유권의 유무 등을 조사하다가 소유자를 알지 못하는 경우에 지주가 없는 것으로 간주하여 국유지로 편입할 수 있다.

① 조선청년연합회에 출입하는 일본인 고문
② 신문에 연재 중인 소설 무정을 읽는 학생
③ 연초 전매 제도에 따라 조합에 수매되는 담배
④ 의열단에 가입하는 신흥 무관 학교 출신 청년

〉ADVICE (가) 토지조사국
토지조사국은 1910년부터 1918년까지 존속하여 토지 조사 사업을 추진했다.
① 1920년 ② 1917년 ③ 1921년 ④ 1919년

11 밑줄 친 '이 지도'에 대한 설명으로 옳지 않은 것은?

> 1402년 제작된 이 지도는 조선 학자들에 의해 제작된 세계 지도이다. 권근의 글에 의하면 중국에서 수입한 '성교광피도'와 '혼일강리도'를 기초로 하고, 우리나라와 일본의 지도를 합해서 제작하였다고 한다.

① 유럽과 아프리카 대륙까지 묘사하였다.
② 중국이 세계의 중심이라는 중화사상이 반영되었다.
③ 이 지도의 작성에는 이슬람 지도학의 영향이 있었다.
④ 우리나라에 해당하는 부분은 백리척을 사용하여 과학화에 기여하였다.

>ADVICE '이 지도'는 혼일강리역대국도지도이다.
>   ④ 조선 후기 '동국지도'에 대한 설명이다.

12 다음 왕의 재위 기간에 있었던 사실로 옳은 것은?

> • 왕 원년 : 소판 김흠돌, 파진찬 흥원, 대아찬 진공 등이 반역을 도모하다가 사형을 당하였다.
> • 왕 9년 : 달구벌로 서울을 옮기려다 실현하지 못하였다.
>
> ─『삼국사기』─

① 사방에 우역을 설치하였다.
② 수도에 서시와 남시를 설치하였다.
③ 국학을 설치하여 유학을 교육하였다.
④ 관료에게 지급하는 녹읍을 부활하였다.

>ADVICE 제시된 글의 왕은 신라 중대의 신문왕이다.
>   ① 소지왕 ② 효소왕 ④ 경덕왕

✎ **ANSWER** 9.④ 10.② 11.④ 12.③

13 다음은 발해사에 대한 중국과 러시아 입장이다. 한국사의 입장에서 이를 반박하는 증거로 적절한 것은?

> • 중국 : 소수 민족 지역의 분리 독립 의식을 약화시키려고, 국가라기보다는 당 왕조에 예속된 지방 민족 정권 차원에서 본다.
> • 러시아 : 중국 문화보다는 중앙 아시아나 남부 시베리아의 영향을 강조하여 러시아의 역사에 편입시키려 한다.

① 신라와의 교통로   ② 상경성 출토 온돌 장치
③ 유학 교육 기관인 주자감   ④ 3성 6부의 중앙 행정 조직

❯ADVICE 발해 건국 주도 세력이 고구려계 유민이며, 고구려 계승 의식을 표명한 것을 근거로 들어야 한다. 온돌 장치, 연화무늬와 당, 이불병좌상, 정혜공주묘, 모줄임천장 등이 있다.
③④ 당나라의 영향을 받았다.

14 신라 문무왕의 유언이다. 밑줄 친 ㉠ ~ ㉣의 내용과 부합하지 않는 것은?

> 　과인은 운수가 어지럽고 전쟁을 하여야 하는 때를 만나서 ㉠ 서쪽을 정벌하고 ㉡ 북쪽을 토벌하여 영토를 안정시켰고, ㉢ 배반하는 무리를 토벌하고 ㉣ 협조하는 무리를 불러들여 멀고 가까운 곳을 모두 안정시켰다.
> 　　　　　　　　　　　　　　　　　　　　　　　　　　　　　　 － 『삼국사기』 －

① ㉠ － 태자로서 참전하여 백제를 멸망시켰다.
② ㉡ － 당나라 군대와 함께 고구려를 멸망시켰다.
③ ㉢ － 백제 부흥 운동을 주도한 복신을 공격하였다.
④ ㉣ － 임존성에서 저항하던 지수신의 투항을 받아주었다.

❯ADVICE 제시된 자료는 '삼국사기'에 등장하는 문무왕의 유언이다.
④ 지수신은 고구려로 망명하였다.
① 백제 멸망(660년)
② 백제 멸망 이후(668년)
③ 백제 멸망 직후(660년)

15 다음은 대한제국 시기에 설립된 어느 회사에 관한 내용이다. 밑줄 친 '이 회사'에 대한 설명으로 옳은 것은?

> • 이 회사의 고금(股金, 주권)은 액면 50원씩이고, 총 1천만 원을 발행하고, 주당 불입금은 5년간 총 10회 5원씩 나눠서 낸다.
> • 이 회사는 국내 진황지 개간, 관개 사무와 산림천택(山林川澤), 식양채벌(殖養採伐) 등의 사무 이외에 금·은·동·철·석유 등의 각종 채굴 사무에 종사한다.

① 종로의 백목전 상인이 주도가 된 직조 회사였다.
② 역둔토나 국유 미간지를 약탈하려는 국책 회사였다.
③ 황무지 개간권 요구에 대응하여 설립된 특허 회사였다.
④ 외국 상인과의 상권 경쟁을 위해 시전 상인이 만든 척식 회사였다.

> 〉ADVICE '이 회사'는 1904년에 설립된 농광회사이다.
> ① 종로직조사(1900년)
> ② 동양 척식 주식 회사(1908년)
> ④ 황국 중앙 총상회(1898년)

16 조선 성리학의 학설이나 동향을 시기순으로 바르게 나열한 것은?

> ㉠ 현실세계를 구성하는 기를 중시하여 경장(更張)을 주장하였다.
> ㉡ 우주를 무한하고 영원한 기로 보는 '태허(太虛)설'을 제기하였다.
> ㉢ 정지운의 『천명도』 해석을 둘러싸고 사단칠정 논쟁이 시작되었다.
> ㉣ 향약 보급 운동과 함께 일상에서의 실천 윤리가 담긴 『소학』을 중시하였다.

① ㉡ → ㉠ → ㉣ → ㉢
② ㉡ → ㉣ → ㉠ → ㉢
③ ㉣ → ㉡ → ㉢ → ㉠
④ ㉣ → ㉢ → ㉡ → ㉠

> 〉ADVICE ㉣ 중종(16세기 초) → ㉡ 중종(1544년) → ㉢ 명종(1559년) → ㉠ 선조(16세기 후반)

17 일제강점기 조선인의 생활 모습으로 옳지 않은 것은?

① 도시 외곽의 토막촌에는 빈민이 살았다.
② 번화가에서 최신 유행의 모던걸과 모던보이가 활동하였다.
③ 몸뻬를 입은 여성들이 근로보국대에서 강제 노동을 하였다.
④ 상류층이 한식 주택을 2층으로 개량한 영단 주택에 모여 살았다.

》ADVICE ④ 영단 주택은 1940년대 노동자의 주택난을 해결하기 위해 보급한 주거지다.

18 (개)와 (내)는 외국과 맺은 각서이다. 두 각서 사이에 있었던 사실로 옳은 것은?

> (개) 일본 측은 한국 측에 무상원조 3억 달러, 유상원조(해외경제협력기금) 2억 달러, 그리고 수출입은행 차관 1억 달러 이상을 제공한다.
> (내) 미국 정부가 한국과 약속했던 1억 5천만 달러 규모의 차관 공여와 더불어 … (중략) … 한국의 경제 발전을 돕기 위한 추가 AID차관을 제공한다.

① 경부 고속 국도가 개통되었다.
② 마산에 수출 자유 지역이 건설되었다.
③ 국가 기간 산업인 울산 정유 공장이 가동되었다.
④ 유엔의 지원으로 충주에 비료 공장을 설립하였다.

》ADVICE (개) 1962년 김종필 · 오히라 메모
(내) 1966년 브라운 각서
①② 1970년 ③ 1964년 ④ 1950년대 후반

19 다음은 고려시대 진화의 시이다. 이 시인과 교류를 통해 자부심을 공유한 인물의 작품은?

> 서쪽 송나라는 이미 기울고 북쪽 오랑캐는 아직 잠자고 있네.
> 앉아서 문명의 아침을 기다려라, 하늘의 동쪽에서 태양이 떠오르네.

① 삼국사기   ② 동명왕편

③ 제왕운기   ④ 삼국유사

> ⟩**ADVICE** 제시된 글은 고려시대 문인인 진화가 금나라에 사신으로 가는 도중에 지은 한시다. 진화는 고려 무신집권기(12세기) 때 활동하였던 문신이다.
> ② 이규보는 무신집권기 때 활동한 문신이다.
> ① 인종 ③④ 충렬왕

20 다음 해외 견문 기록을 시기순으로 바르게 나열한 것은?

> ㉠『표해록』   ㉡『열하일기』
> ㉢『서유견문』   ㉣『해동제국기』

① ㉠ → ㉡ → ㉣ → ㉢   ② ㉠ → ㉣ → ㉢ → ㉡

③ ㉣ → ㉠ → ㉡ → ㉢   ④ ㉣ → ㉢ → ㉠ → ㉡

> ⟩**ADVICE** ㉣ 1471년 → ㉠ 1488년 → ㉡ 1780년 → ㉢ 1895년

✎ **ANSWER** 17.④ 18.③ 19.② 20.③

1 다음은 각 유물과 그것이 사용되던 시기의 사회 모습에 대한 설명이다. 옳은 것만을 모두 고르면?

> ㉠ 슴베찌르개 – 벼농사를 짓기 시작하였고 나무로 만든 농기구를 사용하였다.
> ㉡ 붉은 간토기 – 거친무늬거울을 사용하여 제사를 지내거나 의식을 거행하였다.
> ㉢ 반달 돌칼 – 농사를 짓기 시작했지만 아직 지배와 피지배 관계는 발생하지 않았다.
> ㉣ 눌러찍기무늬 토기 – 가락바퀴와 뼈바늘을 이용하여 옷이나 그물을 만들어 사용하였다.

① ㉠, ㉡   ② ㉠, ㉢
③ ㉡, ㉣   ④ ㉢, ㉣

>**ADVICE** ㉠ 슴베찌르개는 구석기 후기에 사용하였다. 벼농사가 시작된 것은 청동기 시대다.
> ㉢ 반달 돌칼은 청동기 시대에 사용하였다. 제시된 설명은 신석기 시대에 관한 설명이다.

2 다음과 같은 불교 사상의 영향을 받아 만들어진 문화재는?

> 이 불교 사상은 개인적 정신 세계를 추구하는 경향이 강하였기 때문에 지방에서 독자적인 세력을 이루어 성주나 장군을 자처하던 자들로부터 큰 호응을 받았다.

① 성덕대왕신종   ② 쌍봉사 철감선사탑
③ 경천사지 십층석탑   ④ 금동미륵보살 반가사유상

>**ADVICE** 제시된 글은 선종에 관한 설명이다.
> ① 신라 중대 경덕왕 때 주조를 시작해 혜공왕 때 완성되었다.
> ③ 고려 후기 충목왕 때 건립되었다.
> ④ 삼국 공통의 불상으로 세련된 귀족 문화를 엿볼 수 있다.

3 밑줄 친 '이곳'에서 일어난 일로 옳은 것은?

> 고려 정종 때 <u>이곳</u>으로 천도 계획을 세웠으나 실현되지 못했고, 문종 때 <u>이곳</u> 주위에 서경기 4도를 두 었다.

① 이곳에서 현존 세계 최고의 직지심체요절이 간행되었다.
② 지눌이 이곳을 중심으로 수선사 결사 운동을 전개하였다.
③ 조위총이 정중부 등의 타도를 위해 이곳에서 반란을 일으켰다.
④ 강조가 군사를 이끌고 이곳으로 들어와 김치양 일파를 제거하였다.

>ADVICE 밑줄 친 '이곳'은 서경이다.
  ① 우왕 때 청주 흥덕사에서 간행했다.
  ② 지눌은 공산에서 권수정혜결사문을 발표하고, 순천 송광사를 중심으로 수선사 결사 운동을 하였다.
  ④ 강조가 개경에서 군사를 이끌고 이곳으로 들어와 김치양 일파를 제거하고 목종을 폐위하고 현종을 즉위시켰다.

4 밑줄 친 '운동'에 대한 설명으로 옳은 것은?

> 조선 사람은 조선 사람이 만든 물건만 쓰고 살자고 하는 <u>운동</u>이 일어나고 있다. 그렇게 하면 조선인 자 본가의 공업이 일어난다고 한다. … (중략) … 이 <u>운동</u>이 잘 되면 조선인 공업이 발전해야 하지만 아직 그 렇지 않다. … (중략) … 이 <u>운동</u>을 위해 곧 발행된다는 잡지에 회사를 만들라고 호소하지만 말고 기업을 하는 방법 같은 것을 소개해야 한다.
>
> — 개벽 —

① 조선총독부가 회사령을 폐지하는 계기가 되었다.
② 원산총파업을 계기로 조직적으로 전개될 수 있었다.
③ 조만식 등에 의해 평양에서 시작되어 전국으로 확산되었다.
④ 조선노농총동맹의 적극적 참여로 대중적인 기반이 확충되었다.

>ADVICE 밑줄 친 '운동'은 물산장려운동(1922)이다. 물산장려운동은 3·1운동 후 개화한 근대 지식인층 및 대지주들이 중심이 되어 물자 아껴쓰기 및 우리 산업 경제를 육성시키자는 기치 아래 민족정신을 일깨우며 앞장서 벌여 나간 운동이다.

ANSWER 1.③ 2.② 3.③ 4.③

5 ㈎ 시기에 해당되는 사실로 옳은 것만을 〈보기〉에서 모두 고르면?

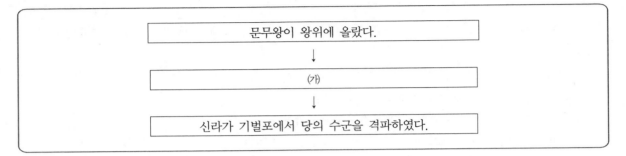

| 문무왕이 왕위에 올랐다. |
| ↓ |
| ㈎ |
| ↓ |
| 신라가 기벌포에서 당의 수군을 격파하였다. |

〈보기〉

㉠ 신라가 안승을 고구려왕에 봉했다.
㉡ 당나라가 신라를 계림대도독부로 삼았다.
㉢ 신라가 황산벌 전투에서 백제군을 무찔렀다.
㉣ 보장왕이 요동 지역에서 고구려 부흥을 꾀했다.

① ㉠, ㉡
② ㉠, ㉢
③ ㉡, ㉣
④ ㉢, ㉣

> **ADVICE** 문무왕 즉위(661년) → ㈎ → 기벌포 싸움(676년)
> ㉠ 674년 ㉡ 663년 ㉢ 660년 ㉣ 677년 이후

6 삼국 시대의 정치 제도에 대한 설명으로 옳은 것만을 모두 고르면?

㉠ 삼국의 관등제와 관직제도 운영은 신분제에 의하여 제약을 받았다.
㉡ 고구려는 대성(大城)에는 처려근지, 그 다음 규모의 성에는 욕살을 파견하였다.
㉢ 백제는 도성에 5부, 지방에 방(方)−군(郡) 행정제도를 시행하였다.
㉣ 신라는 10정 군단을 바탕으로 영역을 확장하고 삼국통일을 이룩하였다.

① ㉠, ㉡
② ㉠, ㉢
③ ㉡, ㉣
④ ㉢, ㉣

> **ADVICE** ㉡ 고구려의 대성에는 지방관으로 욕살을 두었다.
> ㉣ 지방군인 10정은 통일 신라 이후의 일이다.

7 성격이 유사한 것끼리 옳게 짝지은 것은?

① 대대로 – 대내상 ② 중정대 – 승정원
③ 2성 6부 – 5경 15부 ④ 기인 제도 – 녹읍 제도

> **ADVICE** ① 고구려의 최고 관등 – 발해의 정당성을 관장하는 관직
> ② 발해의 관리 감찰 기관 – 조선 시대의 국왕의 비서 기관
> ③ 고려의 중앙 통치 구조 – 발해의 지방 제도
> ④ 고려의 지방 호족 견제 제도 – 관직 복무의 대가인 녹봉 대신 지급된 토지

8 다음 각 문화재에 대한 설명으로 옳지 않은 것은?

① 화엄사 각황전은 다층식 외형을 지녔다.
② 수덕사 대웅전은 주심포 양식의 건물이다.
③ 부석사 무량수전은 배흘림 기둥을 갖고 있다.
④ 덕수궁 석조전은 서양 고딕 양식의 건물이다.

> **ADVICE** ④ 덕수궁 석조전의 기둥 윗부분은 이오니아식, 실내는 로코코 풍이다.

9 다음에서 설명하는 인물의 저술로 옳은 것은?

> • 종래의 조선 농학과 박물학을 집대성하였다.
> • 전국 주요 지역에 국가 시범 농장인 둔전을 설치하여 혁신적 농법과 경영 방법으로 수익을 올려서 국가 재정을 보충할 것을 제안했다.

① 색경 ② 산림경제
③ 과농소초 ④ 임원경제지

> **ADVICE** 제시된 글에서 설명하고 있는 인물은 서유구이다. 『임원경제지』는 홍만선의 『산림경제』를 토대로 한국과 중국의 저서 900여 종을 참고하여 엮어낸 백과전서다.
> ① 1676년 박세당이 지은 농서이다.
> ② 조선 숙종 때 실학자 홍만선이 엮은 농서 겸 가정생활서이다.
> ③ 조선 후기에 농업정책과 자급자족의 경제론을 편 실학적 농촌경제 정책서이다.

✎ **ANSWER** 5.① 6.② 7.① 8.④ 9.④

10 고려에서 행한 국가제사에 대한 설명으로 옳지 않은 것은?

① 태조 때에 환구단(圜丘壇)에서 풍년을 기원하는 제사를 올렸다.
② 성종 때에 사직(社稷)을 세워 지신과 오곡 신에게 제사를 지냈다.
③ 숙종 때에 기자(箕子) 사당을 세워 국가에서 제사하였다.
④ 예종 때에 도관(道觀)인 복원궁을 세워 초제를 올렸다.

>**ADVICE** ① 성종 때에 환구단에서 풍년을 기원하는 제사를 올렸다.

11 밑줄 친 '대의(大義)'를 이루기 위해 효종이 한 일로 옳은 것은?

> 병자년 일이 완연히 어제와 같은데, 날은 저물고 갈 길은 멀다고 하셨던 성조의 하교를 생각하니 나도 모르게 눈물이 솟는구나. 사람들은 그것을 점점 당연한 일처럼 잊어가고 있고 <u>대의(大義)</u>에 대한 관심도 점점 희미해져 북녘 오랑캐를 가죽과 비단으로 섬겼던 일을 부끄럽게 생각지 않고 있으니 그것을 생각한다면 그 아니 가슴 아픈 일인가.
>
> ─『조선왕조실록』─

① 남한산성을 복구하고 어영청을 확대하였다.
② 훈련별대를 정초군과 통합하여 금위영을 발족시켰다.
③ 명과 후금 사이에서 실리를 추구하는 중립외교 정책을 펼쳤다.
④ 호위청, 총융청, 수어청 등의 부대를 창설하여 국방력을 강화하였다.

>**ADVICE** 밑줄 친 '대의'는 효종의 북벌론이다.
> ① 효종은 서울 근처의 방어기지인 남한산성을 보강했으며 내부 방어체계를 재정비했다.
> ② 숙종 ③ 광해군 ④ 인조

12 대한제국 정부가 시행한 정책으로 옳은 것은?

① 별기군을 폐지하고 5군영을 복구하였다.
② 양전 사업을 시행하고자 양지아문을 설치하였다.
③ 통리기무아문을 설치하여 개화 정책을 추진하였다.
④ 화폐 제도를 은본위제로 개혁하고자 신식화폐발행장정을 공포하였다.

> ▶ADVICE ② 대한제국 정부는 조세 수입원을 정확히 파악하고 더불어 조세 수입을 증대시키기 위한 목적으로 1898년 양지아문을
> 설치하여 1899년부터 양전 사업을 실시하였다.
> ① 흥선대원군 ③ 1880년 ④ 제1차 갑오개혁

13 ㉠ 조직에 대한 설명으로 옳은 것은?

1922년 3월, 중국 상하이에서 (㉠)이/가 일본 육군대장 타나카 기이치(田中義一)를 암살하고자 한 사
건이 발생했다. 이때 체포된 독립운동가들은 일본 경찰에 인도되어 심문을 받게 되었는데, 그 심문 과정
에서 (㉠)에 속한 김익상이 1921년 9월 조선총독부 건물에 폭탄을 던진 의거의 당사자라는 사실이 밝혀
졌다.

---

① 공화주의를 주창하는 내용의 대동단결선언을 작성해 발표하였다.
② 이 조직에 속한 이봉창이 일왕이 탄 마차 행렬에 폭탄을 던졌다.
③ 일부 구성원을 황푸군관학교에 보내 군사 훈련을 받도록 하였다.
④ 새로 부임하는 사이토 조선 총독에게 폭탄을 투척하는 의거를 일으켰다.

> ▶ADVICE ㉠ 의열단(1919년)
> ① 신규식 등이 독립운동의 활로와 이론의 정립을 모색하기 위해 1917년에 제의 · 제정한 문서다.
> ② 한인 애국단(1931년)
> ④ 대한 노인단 소속의 강우규가 1919년에 일으켰다.

✎ **ANSWER** 10.① 11.① 12.② 13.③

14 다음과 같은 특징을 가진 조선 후기 역사서는?

> • 단군으로부터 고려에 이르기까지의 우리 역사를 치밀한 고증에 입각하여 엮은 통사이다.
> • 마한을 중시하고 삼국을 무통(無統)으로 보는 입장에서 우리 역사를 체계화하였다.

① 허목의 동사
② 유계의 여사제강
③ 한치윤의 해동역사
④ 안정복의 동사강목

>**ADVICE** ① 허목의 동사는 단군에서 삼국까지의 역사이다.
> ② 조선 후기의 학자 홍여하가 지은 고려의 사서이다.
> ③ 고조선에서 고려까지의 역사를 서술한 기전체이다.

15 다음 사건을 발생한 순서대로 바르게 나열한 것은?

> ㉠ 이순신이 명량에서 일본 수군을 격파하였다.
> ㉡ 의주로 피난했던 국왕 일행이 한성으로 돌아왔다.
> ㉢ 권율이 행주산성에서 일본군의 공격을 격파하였다.
> ㉣ 원균이 이끄는 조선 수군이 칠천량에서 크게 패배하였다.

① ㉡→㉢→㉠→㉣
② ㉡→㉢→㉣→㉠
③ ㉢→㉡→㉠→㉣
④ ㉢→㉡→㉣→㉠

>**ADVICE** ㉢ 1593년 2월→㉡ 1593년 10월→㉣ 1597년 7월→㉠ 1597년 9월

16 고려 전기의 문산계와 무산계에 대한 설명으로 옳지 않은 것은?

① 중앙 문반에게 문산계를 부여하였다.
② 성종 때에 문산계를 정식으로 채택하였다.
③ 중앙 무반에게 무산계를 제수하였다.
④ 탐라의 지배층과 여진 추장에게 무산계를 주었다.

>ADVICE ③ 중앙 무반에게 문산계를 부여하였다.

17 밑줄 친 '그'에 대한 설명으로 옳은 것은?

> 　그는 신민회 회원으로 활동하면서 해서교육총회에 가담해 교육 사업에 힘을 기울였으며, 안악사건에 연
> 루되어 일제 경찰에 체포되었다. 1923년에 열린 국민대표회의에서 창조파와 개조파가 대립했을 때, 그는
> 국민대표회의의 해산을 명하는 내무부령을 공포하였다. 그 뒤 그는 한국국민당을 조직하는 등 독립운동
> 정당을 만들기 위해 노력하였다.

① 평양에서 열린 남북 협상 회의에 참석하였다.
② 조선민족혁명당을 조직하고 조선의용대를 이끌었다.
③ 안재홍과 함께 조선건국준비위원회를 주도적으로 조직하였다.
④ 대통령 직선제를 골자로 하는 발췌 개헌안을 국회에 제출하였다.

>ADVICE 밑줄 친 '그'는 백범 김구이다.
　　　② 김원봉　③ 여운형　④ 이승만

✎ **ANSWER** 14.④　15.④　16.③　17.①

18 ㉠ 부대에 대한 설명으로 옳은 것은?

> (㉠)은/는 1933년에 중국인 부대와 연합하여 동경성 전투 등을 치르며 큰 전과를 올렸고, 대전자령에서는 일본군을 기습 공격하여 승리를 거두었다.

① 하와이에 대조선 국민군단을 창설하였다.
② 양세봉의 지휘하에 흥경성 전투에 참여하였다.
③ 만주 지역에서 활동했던 한국독립당의 산하 조직이었다.
④ 중국 의용군과 연합하여 영릉가 전투에서 일본군을 물리쳤다.

> **ADVICE** ㉠ 한국 독립군(1930년)
> ① 대조선 국민군단은 1914년에 박용만이 하와이에서 조직하였다.
> ②④ 조선 혁명군에 관한 설명이다.

19 밑줄 친 '이 협약'에 대한 설명으로 옳은 것은?

> 일제는 군대를 증강해 강압적 분위기를 조성한 다음 친일 내각과 <u>이 협약</u>을 체결했다. <u>이 협약</u>을 체결할 때, 일제는 대한제국 군대의 해산을 요구해 관철시켰다. 이때 해산된 군인의 상당수는 일본군과 격전을 벌인 후 의병 부대에 합류하였다.

① 고종이 헤이그에 특사를 파견하는 계기가 되었다.
② 최익현이 의병 운동을 처음 시작한 원인이 되었다.
③ 재정고문 메가타가 화폐정리사업을 실시하는 근거가 되었다.
④ 통감이 추천하는 일본인을 한국 관리에 임명한다는 내용을 담고 있다.

> **ADVICE** 밑줄 친 '이 협약'은 한·일 신협약(정미 7조약)이다.
> ①② 제2차 한·일 협약(을사조약)
> ③ 제1차 한·일 협약

20 다음 합의문에 대한 설명으로 옳은 것은?

쌍방은 오랫동안 서로 만나보지 못한 결과로 생긴 남북 사이의 오해와 불신을 풀고 긴장의 고조를 완화시키며 나아가서 조국 통일을 촉진시키기 위하여 다음과 같은 문제들에 완전한 견해의 일치를 보았다.
1. 쌍방은 다음과 같은 조국 통일 원칙들에 합의를 보았다.
   첫째, 통일은 외세에 의존하거나 외세의 간섭을 받음이 없이 자주적으로 해결하여야 한다.
   둘째, 통일은 서로 상대방을 반대하는 무력행사에 의거하지 않고 평화적 방법으로 실현하여야 한다.
   … (중략) …
4. 쌍방은 지금 온 민족의 거대한 기대 속에 진행되고 있는 남북적십자회담이 하루빨리 성사되도록 적극 협조하는 데 합의하였다.
   … (후략) …

① 남북기본합의서와 동시에 작성된 문서이다.
② 남북조절위원회를 구성하기로 합의한 내용이 담겨 있다.
③ 분단 후 최초로 열린 남북정상회담의 결과로 발표된 성명서이다.
④ 금강산 관광사업을 추진하기로 결정했다는 내용이 수록되어 있다.

>**ADVICE** 제시된 글은 7 · 4 남북공동성명(1972년)이다.
   ① 1991년 ③ 2000년 ④ 1998년

1 고려의 문화에 대한 설명 중 가장 옳은 것은?

① 고려의 귀족문화를 대표하는 백자는 상감기법을 이용한 것이다.
② 고려는 세계 최초로 금속활자를 발명하였다.
③ 팔만대장경판은 거란의 침입을 물리치기 위한 염원을 담아 만든 것이다.
④ 고려는 불교국가여서 유교문화가 발전하지 못하였다.

>ADVICE ② 고종 때의 금속활자로 『상정고금예문』(1234)을 인쇄했다.
  ① 고려의 귀족문화를 대표하는 것은 청자로, 상감기법을 이용하였다.
  ③ 팔만대장경은 몽골의 침입을 물리치기 위한 염원을 담아 만든 것이다. 거란의 침입을 물리치기 위한 염원을 담아 만든 것은 초조대장경이다.
  ④ 고려는 정치이념으로 유교를 채택하였다.

2 조선 전기에 편찬된 서적으로 가장 옳지 않은 것은?

① 『본조편년강목』   ② 『의방유취』
③ 『삼국사절요』   ④ 『농사직설』

>ADVICE ① 『본조편년강목』: 1317년(충숙왕 4) 민지가 저술한 고려왕조에 관한 역사책
  ② 『의방유취』: 조선 세종 때 왕명으로 편찬된 동양 최대의 의학사전
  ③ 『삼국사절요』: 1476년(성종 7) 노사신·서거정 등이 편찬한 단군조선으로부터 삼국의 멸망까지를 다룬 편년체의 역사서
  ④ 『농사직설』: 조선 세종 때의 문신인 정초·변효문 등이 왕명에 의하여 편찬한 농서

3 〈보기〉의 통일신라시대의 경제제도를 시간 순으로 바르게 나열한 것은?

〈보기〉

㉠ 중앙과 지방의 여러 관리에게 매달 주던 녹봉을 없애고 다시 녹읍을 주었다.
㉡ 중앙과 지방 관리들의 녹읍을 폐지하고 해마다 조(租)를 차등 있게 주었으며 이를 일정한 법으로 삼았다.
㉢ 처음으로 백성들에게 정전(丁田)을 지급하였다.
㉣ 교서를 내려 문무 관료들에게 토지를 차등 있게 주었다.

① ㉡→㉠→㉣→㉢
② ㉡→㉣→㉠→㉢
③ ㉣→㉢→㉡→㉠
④ ㉣→㉡→㉢→㉠

❯ADVICE ㉣ 신문왕 7년(687)→㉡ 신문왕 9년(689)→㉢ 성덕왕 21년(722)→㉠ 경덕왕 16년(757)

4 무신집권기 지방민과 천민의 동요에 대한 설명으로 가장 옳지 않은 것은?

① 조위총은 백제 부흥을 위해 봉기하였다.
② 망이·망소이의 난은 일반 군현이 아닌 소에서 일어났다.
③ 경주를 중심으로 한 지역에서는 신라부흥을 내걸고 반란이 일어나기도 했다.
④ 만적은 노비해방을 내세우며 반란을 모의하였다.

❯ADVICE ① 조위총은 고려시대의 문신으로 정중부·이의방 등이 정변을 일으키자 절령 이북 40여 성의 호응을 얻어 난을 일으켰다. 백제 부흥을 위해 봉기한 것은 이연년의 난이다.

5 〈보기〉의 사건을 시간 순으로 바르게 나열한 것은?

〈보기〉

㉠ 아관파천
㉡ 전주화약 체결
㉢ 홍범 14조 발표
㉣ 군국기무처 설치

① ㉠→㉢→㉡→㉣
② ㉡→㉣→㉢→㉠
③ ㉢→㉠→㉣→㉡
④ ㉣→㉡→㉠→㉢

❯ADVICE ㉡ 전주화약 체결(1894.5)→㉣ 군국기무처 설치(1894.7)→㉢ 홍범 14조 발표(1895.1)→㉠ 아관파천(1896)

✎ ANSWER 1.② 2.① 3.④ 4.① 5.②

6 1965년 6월 22일 체결된 한일기본조약에 대한 설명으로 가장 옳은 것은?

> 제2조 : 1910년 8월 22일 및 그 이전에 대한제국과 일본 제국 간에 체결된 모든 조약 및 협정이 이미 무
> 효임을 확인한다.
> 제3조 : 대한민국 정부가 국제연합 총회의 결의 제195(Ⅲ)호에 명시된 바와 같이 한반도에 있어서의 유일
> 한 합법정부임을 확인한다.

① 위안부 문제가 주요한 의제로 논의되었다.
② 조약에 반대하여 학생들이 6 · 10 민주 항쟁을 일으켰다.
③ 조약 협의를 위해 중앙정보부장 이후락이 특사로 파견되었다.
④ 재일 교포의 법적 지위 및 대우에 관한 협정도 함께 체결되었다.

>**ADVICE** ① 위안부 및 강제 징용에 대한 문제는 논의되지 않았다.
> ② 6 · 10 민주 항쟁(1987)은 박종철 고문치사 사건과 전두환의 4 · 13 호헌 조치를 계기로 발생하였다.
> ③ 7 · 4 남북 공동 성명(1972)에 대한 설명이다.

7 고려시대의 경제생활에 대한 설명으로 옳은 것을 〈보기〉에서 모두 고른 것은?

> 〈보기〉
> ㉠ 성종은 건원중보를 만들어 전국적으로 사용하게 하려 했으나 성공하지 못하였다.
> ㉡ 고려후기 관청수공업이 쇠퇴하면서 민간수공업이 발달하였다.
> ㉢ 예성강 어귀의 벽란도는 고려의 국제무역항이었다.
> ㉣ 원간섭기에는 원의 지폐인 보초가 들어와 유통되기도 하였다.

① ㉠, ㉡, ㉢
② ㉠, ㉢, ㉣
③ ㉡, ㉢, ㉣
④ ㉠, ㉡, ㉢, ㉣

>**ADVICE** 〈보기〉의 ㉠~㉣ 모두 옳은 설명이다.

8 〈보기〉의 조선시대의 국방정책을 시간 순으로 바르게 나열한 것은?

〈보기〉
㉠ 서울 주변의 네 유수부가 서울을 엄호하는 체제를 구축하였다.
㉡ 금위영을 발족시켜 5군영 제도가 성립되었다.
㉢ 하멜이 가져온 조총 기술을 도입하여 서양식 무기를 제조하였다.
㉣ 수도방어체계를 강화하고 『수성윤음』을 반포하였다.

① ㉠ → ㉡ → ㉢ → ㉣
② ㉡ → ㉣ → ㉠ → ㉢
③ ㉢ → ㉡ → ㉣ → ㉠
④ ㉣ → ㉢ → ㉠ → ㉡

>ADVICE ㉢ 효종 7년(1656) → ㉡ 숙종 8년(1682) → ㉣ 영조 27년(1751) → ㉠ 정조 17년(1793)

9 구석기시대 사람들의 생활상에 대한 설명으로 가장 옳은 것은?

① 대체로 동굴이나 바위그늘에서 생활하였으며 불을 사용할 줄 알았다.
② 단양 수양개, 연천 전곡리, 공주 석장리 등 강가에 살던 사람들은 주로 고기잡이와 밭농사를 하며 생활하였다.
③ 이 시기의 대표적인 무덤 형식은 고인돌과 돌널무덤이다.
④ 주먹도끼, 가로날도끼, 민무늬토기 등의 도구를 사용했다.

>ADVICE ② 밭농사를 한 것은 청동기 시대이다.
③ 청동기 시대에 대한 설명이다.
④ 민무늬토기는 청동기 시대의 대표적인 토기이다.

10 통일신라에 대한 설명으로 가장 옳은 것은?

① 통일 후에는 주로 진골귀족으로 구성된 9서당을 국왕이 장악함으로써 왕실이 주도하는 교육제도를 구축하였다.

② 불교가 크게 융성한 통일신라의 수도인 경주에서는 주로 천태종이 권력과 밀착하며 득세하였다.

③ 신라 중대 때는 주로 원성왕의 후손들이 즉위하면서 비교적 강력한 왕권을 행사하였다.

④ 넓어진 영토를 관리하기 위해 지방행정을 구획하였는데, 5소경도 이에 해당한다.

> **ADVICE** ① 9서당은 신라인, 고구려인, 백제인뿐만 아니라 말갈인 등 다양한 사람으로 구성되었다.
> ② 의천이 천태종을 창시한 고려 중기 이후, 수도인 개성을 중심으로 권력과 밀착하여 득세하였다.
> ③ 신라 중대 때는 무열왕의 직계 자손들이 즉위하면서 비교적 강력한 왕권을 행사하였다.

11 〈보기〉에서 제시된 인물의 공통점으로 가장 옳은 것은?

〈보기〉

⊙ 김운경　　　　　　　　　　　　　　　ⓒ 최치원
ⓒ 최언위　　　　　　　　　　　　　　　② 최승우

① 고려 출신으로 당나라에서 유학했다.

② 7세기와 8세기에 활약했던 신라의 대문장가이다.

③ 숙위학생으로 당 황제의 호위무사가 되었다.

④ 당나라의 빈공과에 급제한 후 귀국하였다.

> **ADVICE** 〈보기〉의 인물들은 6두품 출신으로 모두 당나라의 빈공과에 급제하였다.

12 〈보기〉의 어록을 남긴 인물의 활동으로 가장 옳은 것은?

> 〈보기〉
>
> "대전자령의 공격은 이천만 대한인민을 위하여 원수를 갚는 것이다. 총알 한 개 한 개가 우리 조상 수천 수만의 영혼이 보우하여 주는 피의 사자이니 제군은 단군의 아들로 굳세게 용감히 모든 것을 희생하고 만대 자손을 위하여 최후까지 싸우라."

① 화북 조선 독립동맹의 주석으로 선출되어 활동하였다.
② 조선 혁명군을 이끌고 영릉가 전투에서 대승을 거두었다.
③ 한국 독립군을 이끌고 쌍성보 전투에서 일본군을 격파하였다.
④ 조선 의용대를 결성하고 대적 심리전 등에서 크게 활약하였다.

>ADVICE 〈보기〉의 어록을 남긴 인물은 '지청천'이다. 지청천은 한국 독립당 창당에 참여하였고 한국 독립군 총사령관을 지냈다.
> ① 김두봉 ② 양세봉 ④ 김원봉

13 〈보기〉의 빈칸에 공통적으로 해당하는 국가와 관련하여 고려시대에 발생한 일로 가장 옳은 것은?

> 〈보기〉
>
> • 모든 관리들을 소집해 [____]을/를 상국으로 대우하는 일의 가부를 의논하게 하자 모두 불가하다고 했으나, 이자겸과 척준경만이 찬성하고 나섰다.
> • [____]은/는 전성기를 맞아 우리 조정이 그들의 신하임을 칭하도록 하고자 하였다. 여러 의견들이 뒤섞여 어지러운 가운데, 윤언이가 홀로 간쟁하여 말하기를 …… 여진은 본래 우리 조정 사람들의 자손이기 때문에 신하가 되어 차례로 우리 임금께 조공을 바쳐왔고, 국경 근처에 사는 사람들은 모두 우리 조정의 호적에 올라있는 지 오래 되었습니다. 우리 조정이 어찌 거꾸로 그들의 신하가 될 수 있겠습니까?

① 이 국가의 침입으로 인해 국왕은 나주로 피난하였다.
② 묘청 일파는 이 국가의 정벌을 주장하였다.
③ 이 국가와 함께 강동성에 포위된 거란족을 격파하였다.
④ 이 국가의 침략에 대비하여 광군을 설치하였다.

>ADVICE 〈보기〉의 빈칸에 공통적으로 해당하는 국가는 '금나라'이다.
> ①④ 거란 ③ 몽골, 동진국

✎ **ANSWER** 10.④ 11.④ 12.③ 13.②

14 〈보기 1〉의 ⑺와 ⑷가 발표된 시기의 사이에 있었던 사실을 〈보기 2〉에서 모두 고른 것은?

〈보기 1〉

⑺ 첫째, 통일은 외세에 의존하거나 외세의 간섭을 받음이 없이 자주적으로 해결하여야 한다.

둘째, 통일은 서로 상대방을 반대하는 무력행사에 의거하지 않고 평화방법으로 실현하여야 한다.

셋째, 사상과 이념, 제도의 차이를 초월하여 우선 하나의 민족으로서 민족적 대단결을 도모하여야 한다.

⑷ 1. 남과 북은 나라의 통일 문제를 그 주인인 우리 민족끼리 서로 힘을 합쳐 자주적으로 해결한다.

2. 남과 북은 남측의 연합제 안과 북측의 낮은 단계의 연방제 안이 서로 공통성이 있다고 인정한다.

〈보기 2〉

㉠ 금강산 관광이 시작되었다.　㉡ 남북 조절 위원회를 설치하였다.

㉢ 경의선과 동해선 철도가 연결되었다.　㉣ 남과 북이 동시에 유엔에 가입하였다.

① ㉠, ㉡, ㉢　② ㉠, ㉡, ㉣

③ ㉠, ㉢, ㉣　④ ㉡, ㉢, ㉣

> ◆ADVICE ⑺ 7 · 4 남북 공동 성명(1972), ⑷ 6 · 15 남북 공동 선언(2000)
> ㉠ 1998년　㉡ 1972년　㉢ 2000년 9월　㉣ 1991년

15 조선시대의 대외관계에 대한 설명으로 가장 옳은 것은?

① 태조는 북방의 여진족을 몰아내고 4군 6진을 개척하였다.

② 왜란이 끝난 후 조선은 일본에 통신사를 파견하여 국교 재개를 요청하였다.

③ 조선후기 북학운동의 한계를 느낀 지식인들은 북벌운동을 전개하였다.

④ 조선후기 중국과의 외교와 무역에 은이 대거 소비되면서 은광이 활발하게 개발되었다.

> ◆ADVICE ① 북방의 여진족을 몰아내고 4군 6진을 개척한 것은 세종 때이다.
> ② 왜란이 끝난 후 선조 40년에 일본의 요청으로 통신사를 파견하여 국교를 재개하였다.
> ③ 북학운동은 북벌운동 실패 이후 한계를 느낀 지식인들에 의해 주장되었다.

16 두 차례의 양요에 대한 설명으로 가장 옳은 것은?

① 어재연이 이끄는 조선군은 프랑스군을 상대로 승리를 거두었다.
② 미국 상선 제너럴 셔먼 호는 평양 주민을 약탈하였다.
③ 양헌수 부대는 광성보 전투에서 결사항전 하였으나 퇴각하였다.
④ 박규수는 화공작전을 펴서 프랑스 군대를 공격하였다.

>ADVICE ② 병인양요와 관련된 설명이다.
　　　① 어재연이 이끄는 조선군은 광성보와 갑곶 등에서 미군을 상대로 승리를 거두었다.
　　　③ 양헌수 부대는 정족산성에서 프랑스군에 대항하였다.
　　　④ 평양감사 박규수는 화공작전을 펴서 미국 상선 제너럴 셔먼 호를 불태우고 선원을 몰살하였다.

17 조선시대 신분제에 대한 설명으로 가장 옳지 않은 것은?

① 중앙관직에 진출할 수 있던 고려시대의 향리와 달리 조선의 향리는 수령을 보좌하는 아전으로 격하되었다.
② 유교의 적서구분에 의해 서얼에 대한 차별이 심했기 때문에 서얼은 관직에 진출하지 못하였다.
③ 뱃사공, 백정 등은 법적으로는 양인으로 취급되기도 했으나 노비처럼 천대받으며 특수직업에 종사하였다.
④ 순조는 공노비 중 일부를 양인으로 해방시켜 주었다.

>ADVICE ② 유교의 적서구분에 의해 서얼에 대한 차별이 있었으나 신분 상승 운동으로 정조 때부터 서얼들을 관리로 등용하기 시작했다.

18 근대 교육기관에 대한 설명으로 가장 옳지 않은 것은?

① 배재학당 : 선교사 아펜젤러가 서울에 설립한 사립학교이다.
② 동문학 : 정부가 설립한 외국어 교육 기관으로 통역관을 양성하였다.
③ 경신학교 : 고종의 교육 입국 조서에 따라 설립된 관립 학교이다.
④ 원산학사 : 함경도 덕원 주민들이 기금을 조성하여 설립한 학교이다.

>ADVICE ③ 경신학교는 1886년에 미국 초대 선교사 언더우드가 서울에 설립한 중등과정의 사립학교이다. 고종의 교육 입국 조서 (1895)에 따라 세워진 학교로는 한성중학교, 의학교, 상공학교, 광무학교 등이 있다.

ANSWER 14.② 15.④ 16.② 17.② 18.③

19 왕의 수신 교과서인 『성학십도』를 집필한 인물에 대한 설명으로 가장 옳은 것은?

① 아동용 수신서인 『동몽선습』을 편찬하였다.
② 그의 학설을 따르는 이들이 처음에는 서인을 형성하였다.
③ 기(氣)보다는 이(理)를 중시했고, 예안향약을 만들었다.
④ 『주자대전』의 중요 부분을 발췌하여 『주자문록』을 편찬하였다.

> **ADVICE** 『성학십도』를 집필한 인물은 '이황'이다. 이황은 이기이원론을 계승하여 기(氣)보다는 이(理)를 중시하였으며, 예안향약을
> 만들었다.
> ① 박세무 ② 이이 ④ 기대승

20 대한민국의 민주화 여정에 대한 설명으로 가장 옳은 것은?

① 1960년대 : 장기집권을 획책한 박정희의 사사오입개헌에 맞서 학생들과 재야인사들이 그 반대투쟁을 전개하
였다.
② 1970년대 : 유신개헌을 통해 평화적으로 민주화를 추진할 수 있는 법률적 기틀을 제공하였다.
③ 1980년대 : 6월 민주항쟁을 통해 군사정권을 종식시키고 선거를 통해 문민정부가 출범하였다.
④ 1990년대 : 대선결과에 따라 평화적 정권교체가 실현되었다.

> **ADVICE** ④ 대한민국의 제15대 대통령인 김대중은 헌정 사상 처음으로 대선결과에 따라 평화적인 정권교체를 실현하였다.
> ① 사사오입개헌(1954)은 이승만 정권이 장기 집권을 위해 초대에 한해 대통령의 중임 제한을 철폐하고자 한 것이다.
> ② 유신개헌(1972)에서는 박정희 정권이 장기 집권을 위해 대통령 선거를 직접 선거에서 간접 선거로 변경하였다.
> ③ 노태우 민정당 대표위원의 '6·29선언'으로 직선제 개헌 시국수습특별선언이 발표되었으며, 이후 선거를 통해 노태우
> 정부가 출범하였다.

1 청동기시대의 유적과 유물에 대한 설명으로 옳은 것은?

① 연천 전곡리에서는 사냥도구인 주먹도끼가 출토되었다.

② 창원 다호리에서는 문자를 적는 붓이 출토되었다.

③ 강화 부근리에서는 탁자식 고인돌이 발견되었다.

④ 서울 암사동에서는 곡물을 담는 빗살무늬토기가 나왔다.

> **ADVICE** 청동기 시대에는 일부 저습지에서 벼농사가 시작되면서 반달돌칼과 같은 정교해진 간석기를 생활용 도구로 활용하고 민무
> 늬 토기, 미송리식 토기 등도 제작되었다. 청동기가 무기와 의식용 도구로 사용되면서 비파형동검, 거친무늬 청동거울이
> 제작되었으며 계급의 분화로 지배층의 무덤으로 고인돌이 제작되었다.
> ① 구석기 시대
> ② 철기 시대
> ④ 신석기 시대

✎ **ANSWER** 19.③ 20.④ / 1.③

2 (가), (나)의 나라에 대한 설명으로 옳은 것은?

> (가) 음력 12월에 지내는 제천행사가 있는데, 이를 영고라고 한다. 이때에는 형옥을 중단하고 죄수를 풀어 주었다.
> (나) 해마다 10월 하늘에 제사를 지내는데, 밤낮으로 술마시며 노래부르고 춤추니 이를 무천이라고 한다.
>
> — 『삼국지』 —

① (가) − 5부가 있었으며, 계루부에서 왕위를 차지하였다.
② (가) − 정치적 지배자로 신지, 읍차 등이 있었다.
③ (나) − 죄를 지은 사람이 소도에 들어가면 잡아가지 못하였다.
④ (나) − 다른 부족의 영역을 침범하면 책화라 하여 노비나 소, 말로 변상하였다.

> ▶ADVICE (가)는 부여, (나)는 동예의 제천 행사이다. 부여는 5부족 연맹체로 이루어진 연맹 왕국으로 부족장인 제가(마가, 우가, 구가, 저가) 세력들이 사출도를 통치하였다. 왕 밑에는 대사자, 사자와 같은 관리를 두기도 했다. 동예는 군장 국가로 읍군, 삼로라는 군장이 통치하였으며 족외혼, 책화 등의 풍습이 있었고, 특산물로 단궁, 과하마, 반어피가 생산되었다.
> ① 초기 고구려 ②③ 삼한

3 (가) 왕의 시기에 일어난 사실로 옳은 것은?

> 이자겸, 척준경이 말하기를 "금이 예전에는 작은 나라여서 요와 우리나라를 섬겼으나, 지금은 갑자기 흥성하여 요와 송을 멸망시켰다. … (중략) … 작은 나라로서 큰 나라를 섬기는 것은 선왕의 도이니, 마땅히 우선 사절을 보내야 합니다."라고 하니   (가) 이/가 그 의견을 따랐다.
>
> — 『고려사』 —

① 도평의사사를 중심으로 정치를 주도하였다.
② 성리학을 수용하면서 『주자가례』를 보급하였다.
③ 서경에 대화궁을 짓게 하고 칭제건원을 주장하였다.
④ 몽골의 침략에 대응하기 위해 강화도로 도읍을 옮겼다.

> ▶ADVICE 제시된 사료는 고려 인종 4년(1126) 이자겸과 척준경의 주장에 따라 금의 사대 요구를 수용한 내용으로 고려 인종 때 발생한 이자겸의 난이다. 당시 고려는 금국의 사대 요구에 대하여 이자겸을 비롯한 중신들이 금국과의 사대관계 요구를 수용하자는 주장을 받아들였다. 이후 이자겸과 척준경에 의해 이자겸의 난이 발생하지만 실패로 끝나게 되었고, 금국과의 사대 관계 체결에 반대하면서 묘청, 정지상을 중심으로 한 서경 세력이 서경천도운동을 일으켰다. 서경파는 고구려 계승

정신을 표방하고 국호를 대위국으로 바꾸고 칭제건원을 할 것을 왕에게 건의하였다. 나아가 금국을 정벌하여 북진정책을 지속할 것을 주장하였지만 김부식을 중심으로 한 개경파에 의해 진압되면서 서경천도운동은 실패하였다. 이자겸의 난과 서경천도운동은 문벌귀족 사회 내부의 분열을 드러낸 대표적인 사건이었다.

① 원간섭기 권문세족
② 고려 말 신진사대부
④ 고려 고종(최씨 무신정권 말기)

4 밑줄 친 ⊙ 이후에 일어난 사실로 옳지 않은 것은?

> 상쾌한 아침의 나라라는 뜻을 지닌 조선은 일본의 총칼 아래 민족정신을 무참하게 유린당했다. … (중략) … 조선민족은 독립항쟁을 줄기차게 계속하였다. 그 중에서도 중요한 것은 ⊙1919년의 독립만세운동이었다.
>
> — 네루, 『세계사 편력』—

① '암태도 소작쟁의'가 일어났다.
② '정우회 선언'이 발표되었다.
③ 임병찬이 독립의군부를 조직하였다.
④ 조선 민립대학 기성회가 창립되었다.

> **ADVICE** 1919년 일제의 무단통치에 저항하며 전 민족적 운동으로 나타난 3.1 운동이다. 3.1 운동은 독립운동의 분수령 역할을 하면서 이후 대한민국 임시정부를 수립하는 계기가 되었다.
> ③ 고종의 밀지를 받아 조직된 독립운동 단체(1912)
> ① 전남 신안군에 발생한 대표적 소작쟁의(1923)이다.
> ② 정우회 선언(1926)을 계기로 신간회가 조직되었다.
> ④ 이상재를 중심으로 실력양성운동의 일환으로 조직(1922)

5 밑줄 친 '성상(聖上)'대에 편찬된 서적에 대한 설명으로 옳은 것은?

> 세조가 신하들에게 말씀하시기를, "법의 과목(科目)이 너무 번잡하고 앞뒤가 맞지 않았기 때문에 상세히 살펴 다듬어 자손만대의 성법(成法)을 만들고자 한다."라고 하셨다. 「형전(刑典)」과 「호전(戶典)」은 이미 반포되어 시행하고 있으나 나머지 네 법전은 미처 교정을 마치지 못했다. 이에 성상(聖上)께서 세조의 뜻을 받들어 여섯 권의 법전을 완성하게 하여 중외에 반포하셨다.

① 『동국병감』은 고조선에서 고려말까지의 전쟁을 정리한 병서이다.
② 『동몽선습』은 중국과 우리나라의 역사를 담은 아동교육서이다.
③ 『삼강행실도』는 모범적인 효자 · 충신 · 열녀를 다룬 윤리서이다.
④ 『국조오례의』는 국가의 여러 행사에 필요한 의례를 정비한 의례서이다.

> **ADVICE** 밑줄 친 성상은 조선 성종이다. 경국대전은 조선 세조 때 편찬되기 시작하여 성종 때 완성되었다.
> ④ 세종 때 편찬되기 시작하여 성종 때 완성
> ① 조선 문종 ② 조선 중종 ③ 조선 세종

6 ㈎ 토지제도에 대한 설명으로 옳은 것은?

> 비로소 직관(職官) · 산관(散官) 각 품(品)의 [㈎]을/를 제정하였는데, 관품의 높고 낮은 것은 논하지 않고 다만 인품만 가지고 그 등급을 결정하였다.
>   － 『고려사』 －

① 4색 공복을 기준으로 문반, 무반, 잡업으로 나누어 지급 결수를 정하였다.
② 산관이 지급 대상에서 제외되었으며 무반의 차별 대우가 개선되었다.
③ 전임 관료와 현임 관료를 대상으로 경기지방에 한하여 지급하였다.
④ 고려의 건국과정에서 충성도와 공로에 따라 차등 지급되었다.

> **ADVICE** 고려 경종 원년에 시행된 전시과 체제이다. 경종 원년에 시행된 전시과를 시정 전시과라 하는데 관품과 인품을 기준으로 관리들에게 차등적으로 전지와 시지를 나누어 지급하였다. 이후 목종 원년에는 전지와 시지 지급 기준에 인품은 사라지고 관직을 기준으로 지급하였다. 문종 30년에는 경정 전시과를 시행하면서 전체 지급액수를 축소시키는 반면 무신에 대한 차별을 완화하였다. 더불어 토지 지급 액수의 부족으로 현직 관리 위주로 지급하였다.
> ② 경정전시과(고려 문종. 1076)
> ③ 과전법(고려 공양왕. 1391)
> ④ 역분전(고려 태조. 940)

7 (개), (내) 시기에 있었던 사실로 옳은 것은?

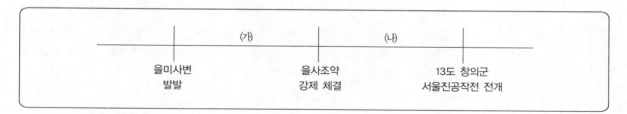

① (개) – 시전상인을 중심으로 황국중앙총상회가 조직되었다.
② (개) – 신민회는 일제가 날조한 105인 사건으로 와해되었다.
③ (내) – 함경도 관찰사 조병식이 곡물 수출을 막는 방곡령을 내렸다.
④ (내) – 일제의 황무지 개간권 요구를 반대하기 위해 보안회가 창설되었다.

> **ADVICE** 을미사변(1895)은 일제가 명성황후를 시해한 사건이다. 을사조약(1905)은 일제에 의해 대한제국의 외교권이 박탈된 사건으로 통감 정치가 시작되었다. 13도 창의군(1907)은 일제에 의한 한일신협약(정미조약)의 체결과 고종의 강제퇴위, 군대 해산에 반발하여 일어난 전국 단위 의병 조직으로 서울진공작전을 계획하고 실행하였으나 실패하였다.
> ① 황국중앙총상회 : 1898년
> ② 105인 사건 : 1911년
> ③ 방곡령 : 1889년
> ④ 보안회 : 1904년

8 단군에 대한 인식을 설명한 것으로 옳지 않은 것은?

① 이승휴의 「제왕운기」에서는 우리 역사를 단군부터 서술하였다.
② 홍만종의 「동국역대총목」은 단군 정통론의 입장에서 기술하였다.
③ 이규보의 「동명왕편」은 단군의 건국 과정을 다루고 있다.
④ 「기미독립선언서」에는 '조선건국 4252년'으로 연도를 표기하였다.

> **ADVICE** 동명왕편은 고려 후기 이규보가 지은 한문 서사시로 고구려 동명왕(주몽)과 관련된 사실을 서술하고 있다. 고조선의 역사를 기록한 고려 후기의 작품으로는 일연의 삼국유사와 이승휴의 제왕운기가 있으며, 동명왕편과 더불어 고려 후기 자주적인 역사 인식을 보여주는 대표적인 역사서들이다.

ANSWER 5.④ 6.① 7.① 8.③

9 (가) 왕대의 사실에 대한 설명으로 옳은 것은?

> ☐(가)☐은/는 흑수말갈이 당과 통하려고 하자 군사를 동원하여 흑수말갈을 치게 하였다. 또한 일본에 사신 고제덕 등을 보내 "여러 나라를 관장하고 여러 번(蕃)을 거느리며, 고구려의 옛 땅을 회복하고 부여의 옛 습속을 지니고 있다."라고 하여 강국임을 자부하였다.

① 국호를 진국에서 발해로 바꾸었다.
② 신라는 급찬 숭정을 발해에 사신으로 보냈다.
③ 대흥이라는 독자적인 연호를 사용하였다.
④ 장문휴가 당의 등주를 공격하였다.

〉ADVICE 발해 무왕은 대조영의 아들로 대조영의 뒤를 이어 왕위를 계승하고 대외적으로 영토를 확장하고 일본과 교류하였다. 동북방 말갈족을 복속시켜 만주 북부 지역 일대를 장악하고, 장문휴로 하여금 당의 산동반도 등주를 공격하게 하였다. 인안(仁安)이라는 독자적 연호를 사용하였다.
　　① 발해 고왕(대조영)
　　② 발해 희왕(신라 헌덕왕 때 812)
　　③ 발해 문왕

10 다음 전투를 이끈 한국인 부대에 대한 설명으로 옳은 것은?

> 아군은 사도하자에 주둔 병력을 증강시키면서 훈련에 여념이 없었다. 새벽에 적군은 황가둔에서 이도하 방면을 거쳐 사도하로 진격하여 왔다. 그런데 적군은 아군이 세운 작전대로 함정에 들어왔고, 이에 일제히 포문을 열어 급습함으로써 적군은 응전할 사이도 없이 격파되었다.

① 양세봉이 총사령관이었다.
② 미쓰야 협정이 체결되기 직전까지 활약하였다.
③ 한국독립당의 산하부대로 동경성 전투도 수행하였다.
④ 조선민족전선연맹이 중국 국민당의 지원을 받아 창설하였다.

〉ADVICE 한국 독립군에 대한 내용으로 1931년 일제가 만주사변을 일으킨 후 한중연합작전이 본격화되기 시작하였다. 남만주 일대에서는 조선혁명당 산하 양세봉이 이끄는 조선혁명군이 중국 의용군과 연합하여 흥경성, 영릉가 전투에서 일본군을 격파하였다. 북만주 일대에서는 한국독립당 산하 지청천이 이끄는 한국독립군이 중국 호로군과 연합하여 쌍성보, 사도하자, 동경성, 대전자령 전투에서 대승을 거두었다.
　　① 조선혁명군
　　② 대한독립군단
　　④ 조선의용대

11 밑줄 친 ㉠ ~ ㉣과 관련된 임란 이후 경제에 대한 설명으로 옳지 않은 것은?

- ㉠서울 안팎과 번화한 큰 도시에 파·마늘·배추·오이 밭 따위는 10묘의 땅에서 얻은 수확이 돈 수만을 헤아리게 된다. 서도 지방의 ㉡담배 밭, 북도 지방의 삼밭, 한산의 모시밭, 전주의 생강 밭, 강진의 ㉢고구마 밭, 황주의 지황 밭에서의 수확은 모두 상상등전(上上等田)의 논에서 나는 수확보다 그 이익이 10배에 이른다.
- 작은 보습으로 이랑에다 고랑을 내는데, 너비 1척, 깊이 1척이다. 이렇게 한 이랑, 즉 1묘 마다 고랑 3개와 두둑 3개를 만들면, 두둑의 높이와 너비는 고랑의 깊이와 너비와 같아진다. 그 뒤 ㉣고랑에 거름재를 두껍게 펴고, 구멍 뚫린 박에 조를 담고서 파종한다.

---

① ㉠ – 신해통공을 반포하여 육의전의 금난전권을 폐지하였다.
② ㉡ – 인삼과 더불어 대표적인 상업작물로 재배되었다.
③ ㉢ – 『감저보』, 『감저신보』에서 재배법을 기술하였다.
④ ㉣ – 밭농사에서 농업 생산력의 발전을 가져온 농법이었다.

>ADVICE 신해통공(1791)은 정조 때 시행된 정책으로 육의전을 제외한 모든 시전에서의 금난전권을 폐지하였다. 조선 전기에는 시전에서 불법으로 상행위를 하는 난전을 단속하고 시전 상인들의 상권을 보호하기 위해 금난전권을 시행하였으나, 물가 상승과 사상들의 지속적인 반발로 금난전권을 폐지하였다.

12 우리나라 문화유산에 대한 설명으로 옳지 않은 것은?

① 개성 경천사지 10층 석탑은 원의 석탑을 본떠 만들어졌다.
② 영주 부석사 무량수전은 주심포식 목조 건물이다.
③ 부여 정림사지 5층 석탑에서는 백제 무왕의 왕후가 넣은 사리기가 발견되었다.
④ 김제 금산사 미륵전은 다층 건물이나 내부가 하나로 통한다.

>ADVICE ③ 부여 정림사지 5층 석탑이 아닌 익산 미륵사지 석탑에서 발견되었다.

✎ **ANSWER** 9.④ 10.③ 11.① 12.③

13 다음 내용이 실린 사서에 대한 설명으로 옳은 것은?

> 제왕이 장차 일어날 때는 하늘의 명령과 상서로운 기운을 받아서 반드시 보통 사람과는 다른 점이 있으니, 그런 뒤에야 능히 큰 변화를 타서 제왕의 지위를 얻고 대업을 이루었다. … (중략) … 삼국의 시조들이 모두 신이(神異)한 일로 탄생했음이 어찌 괴이하겠는가. 이것이 책 첫머리에 「기이(紀異)」편이 실린 까닭이며, 그 의도도 여기에 있는 것이다.

① 불교 승려의 전기를 수록한 고승전이다.
② 불교 중심의 고대 민간 설화를 수록하였다.
③ 고조선부터 고려 말까지의 역사를 정리하였다.
④ 유교적 사관에 기초하여 기전체로 서술하였다.

> **ADVICE** 삼국유사는 고려 후기 충렬왕 때 승려 일연이 저술하였다. 삼국유사는 기사본말체 사서로서 고조선부터 삼국시대의 여러 사건을 순서에 맞게 배열하였다. 특히 고조선의 역사를 다루고 있다는 점에서 민족적, 자주적 의식을 고취시킨 점에서 그 의의가 있다.
> ① 각훈의 〈해동고승전〉 (고려 고종)
> ③ 서거정의 〈동국통감〉 (조선 성종)
> ④ 김부식의 〈삼국사기〉 (고려 인종)

14 (개)의 체결 이후에 일어난 사실로 옳은 것은?

> 청군과 일본군의 개입으로 사태가 악화되자 농민군은 폐정개혁을 제시하며 정부와 ☐(개)☐ 을/를 맺었다. 이에 따라 농민군은 해산하였다.

① 농민군이 황토현에서 감영군을 격파하였다.
② 고부군수 조병갑이 만석보를 쌓아 수세를 강제로 거두었다.
③ 안핵사 이용태가 농민을 동학도로 몰아 처벌하였다.
④ 남접군과 북접군이 논산에서 합류하여 연합군을 형성하였다.

> **ADVICE** (개)는 전주화약이다.
> 동학농민운동은 1894년 고부민란에서 시작되었다. 고부 군수 조병갑의 횡포에 저항하여 전봉준을 중심으로 한 농민세력의 반발로 일어났고, 이에 정부는 안핵사 이용태를 파견하여 진상 조사를 하였지만 제대로 이루어지지 않았다. 동학농민군은 다시 백산에서 재봉기하여 관군을 상대로 황토현 전투에서 승리하여 전주성을 점령하였다. 전주성 점령 이후 폐정개혁안 12개조를 요구하였으나 이를 전부 관철하지는 못하고 정부와 전주화약을 체결하였다. 이 과정에서 농민 자치 기구인 집강소가 설치되었다. 그 사이 일본이 경복궁을 무단으로 점령하자 동학 남접과 북접은 논산에 집결하여 일본군을 몰아내기 위해 서울로 진격하던 중 공주 우금치 전투에서 일본군에게 패하여 동학농민운동은 실패로 끝나고 말았다.

15 ㈎ 시기의 경제 상황에 대한 설명으로 옳은 것은?

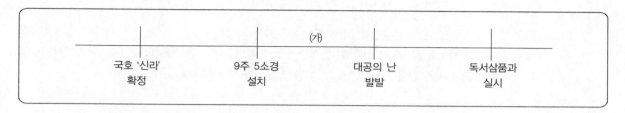

① 백성에게 정전을 처음으로 지급하였다.
② 시장을 감독하는 관청인 동시전을 신설하였다.
③ 백성의 구휼을 위하여 진대법을 제정하였다.
④ 청주(菁州)의 거로현을 국학생의 녹읍으로 삼았다.

> **ADVICE** 국호를 신라로 정한 것은 지증왕(500~514) 때이다. 지방 행정 구역을 9주 5소경으로 확정한 것은 신문왕(681~692) 때이다. 대공의 난은 혜공왕(765~780) 때 발생한 반란이다. 독서삼품과는 원성왕(785~798) 때 시행되었다.
>
> ① 신라 성덕왕(722)
> ② 신라 지증왕(509)
> ③ 고구려 고국천왕(194)
> ④ 신라 소성왕(799) → 경덕왕 때 녹읍이 부활한 것과 관련

16 (가) 교육기관에 대한 설명으로 옳은 것은?

> 주세붕이 비로소 ___(가)___ 을/를 창건할 적에 세상에서 자못 의심했으나, 그의 뜻은 더욱 독실해져 무리들의 비웃음을 무릅쓰고 비방을 극복하여 전례 없던 장한 일을 이루었습니다. … (중략) … 최충, 우탁, 정몽주, 길재, 김종직, 김굉필 같은 이가 살던 곳에 ___(가)___ 을/를 건립하게 될 것입니다.
>
> —『퇴계집』—

① 지방의 군현에 있던 유일한 관학이다.
② 선비와 평민의 자제에게 『천자문』 등을 가르쳤다.
③ 성적 우수자는 문과의 초시를 면제해 주었다.
④ 학문 연구와 선현의 제사를 위해 설립된 사설 교육기관이다.

> **ADVICE** (가) 교육기관은 서원이다.
> 조선 중종 때 풍기군수 주세붕이 건립한 백운동 서원이 우리나라 서원의 효시이다. 서원은 선현에 대한 제사와 학문 연구를 위해 설립된 기관으로 조광조가 사림의 지방 세력 기반을 확립하기 위해 전국에 서원과 향약을 보급하려 하였고, 명종 때 이황이 풍기군수로 임명되면서 서원에 대한 국가의 지원이 증가하게 되었다. 후에 서원을 중심으로 향촌 지배세력의 권한이 강화되면서 강력한 중앙집권체제를 시도한 흥선대원군에 의해 전국의 서원은 47개소만 남기고 모두 철폐되었다.
> ① 향교 ② 서당 ③ 성균관

17 (가), (나)가 설명하는 조약을 옳게 짝 지은 것은?

> (가) 강화도 조약에 이어 몇 달 뒤 체결되었다. 양곡의 무제한 유출을 가능하게 한 규정과 일본정부에 소속된 선박은 항세를 납부하지 않는다는 규정이 들어 있었다.
> (나) 김홍집이 일본에서 황준헌의 『조선책략』을 가져 오면서 그 내용의 영향으로 체결되었으며, 청의 적극적인 알선이 있었다. 거중조정 조항과 최혜국 대우의 규정이 포함되어 있었다.

	(가)	(나)
①	조 · 일무역규칙	조 · 미수호통상조약
②	조 · 일무역규칙	조 · 러수호통상조약
③	조 · 일수호조규부록	조 · 미수호통상조약
④	조 · 일수호조규부록	조 · 러수호통상조약

ADVICE (개) 조일무역규칙, (내) 조미수호통상조약

조일무역규칙(1876)은 쌀과 잡곡에 대한 일본으로의 무제한 유출을 허용한 불평등 조약이다. 조미수호통상조약(1882)은 2차 수신사로 파견된 김홍집이 황쭌셴의 〈조선책략〉을 도입하면서 러시아의 침략을 막기 위해 조선이 일본, 청, 미국과 연합해야 한다는 내용을 근거로 하여 체결되었다.

④ 조일수호조규부록(1876)은 강화조약 체결 직후 강화도 조약을 보완하기 위한 것으로 일본 관리의 조선내 여행의 자유 보장, 개항장에서 일본인 거주지역 설정 및 일본 화폐 사용을 허가하는 내용이 포함되었다. 조러수호통상조약(1884)은 임오군란 이후 청나라의 내정 간섭이 심해지자 이를 견제하고자 체결하였다.

18 다음은 어떤 인물에 대한 연보이다. 밑줄 친 ㉠~㉣의 설명으로 옳은 것은?

1566년(31세) ㉠사간원 정언에 제수되다.
1568년(33세) ㉡이조좌랑이 되었으나 외할머니 이씨의 병환 소식을 듣고 사퇴하다.
1569년(34세) 동호독서당에 머물면서 『동호문답』을 찬진하다.
1574년(39세) ㉢승정원 우부승지에 제수되어 「만언봉사」를 올리다.
1575년(40세) ㉣홍문관 부제학에서 사퇴하고 『성학집요』를 편찬하다.

① ㉠ – 왕명을 출납하면서 왕의 비서기관의 업무를 하였다.
② ㉡ – 삼사의 관리를 추천하는 권한이 있었다.
③ ㉢ – 왕의 정책을 간쟁하고 관원의 비행을 감찰하였다.
④ ㉣ – 서적 출판 및 간행의 업무를 전담하였다.

ADVICE 제시된 자료는 율곡 이이에 대한 연보이다.

이조전랑은 행정부 기능을 담당하는 6조 중 이조의 하급 관직으로 정5품 정랑과 정6품 좌랑을 합쳐 부르는 말이다. 비록 관직은 낮지만 삼사 관리 임명과 후임자 추천권을 가지고 있어 권한이 막강하였다. 동인과 서인으로 대비되는 붕당정치의 계기가 되기도 하였다.

① 승정원
③ 왕의 정책을 간쟁하는 기관은 사간원, 관원의 비행을 감찰하는 기관은 사헌부이다.
④ 궁중의 서적을 관리하고 경연 기능을 수행하였다. 서적 출판 및 간행의 업무를 전담한 기구는 교서관이다.

ANSWER 16.④ 17.① 18.②

19 다음 글의 저자에 대한 설명으로 옳은 것은?

> 무릇 동양의 수천 년 교화계(敎化界)에서 바르고 순수하며 광대 정밀하여 많은 성현들이 전해주고 밝혀 준 유교가 끝내 인도의 불교와 서양의 기독교와 같이 세계에 큰 발전을 하지 못함은 어째서이며 … (중략) … 유교계에 3대 문제가 있는지라. 그 3대 문제에 대하여 개량하고 구신(求新)을 하지 않으면 우리 유교는 흥왕할 수가 없을 것이다.

① '조선얼'을 강조하며 '조선학 운동'을 펼쳤다.
② '나라는 형(形)이고 역사는 신(神)'이라고 주장하였다.
③ 주석·부주석 체제하의 대한민국 임시정부에서 주석을 역임하였다.
④ 「독사신론」에서 민족을 역사서술의 주체로 설정하고 사대주의를 비판하였다.

>**ADVICE** 제시된 자료는 박은식이 저술한 〈유교구신론〉 중 일부이다.
> 박은식은 〈유교구신론〉을 통해 유학 사상이 시대적 흐름에 역행한다는 것을 비판하며 보다 실천적인 유학 사상으로 재정립되어야 함을 강조했다. 그는 일제강점기 대표적인 민족주의 역사학자로서 민족 혼(정신)을 강조하면서 〈한국통사〉, 〈한국독립운동지혈사〉를 저술하기도 하였다.
> ① 정인보 ③ 김구 ④ 신채호

20 (개) ~ (래)를 시기순으로 바르게 나열한 것은?

> (개) 좌우합작 7원칙이 발표되었다.
> (내) 조선 건국 준비 위원회가 결성되었다.
> (대) 모스크바 3국 외상 회의가 개최되었다.
> (래) 김구와 김규식이 남북협상을 제의하였다.

① (내) → (개) → (래) → (대)　　　　　② (내) → (대) → (개) → (래)
③ (대) → (개) → (내) → (래)　　　　　④ (대) → (내) → (개) → (래)

>**ADVICE** (내) 조선 건국 준비 위원회(1945) : 광복 직후 여운형, 안재홍을 중심으로 조직된 대표적 건국 준비 단체
> (대) 모스크바 3국 외상 회의(1945) : 1945년 12월 한반도 문제를 놓고 미국, 영국, 소련의 대표가 모스크바에 모여 회의
> (개) 좌우합작 7원칙(1946) : 여운형과 김규식을 중심으로 좌우합작위원회 결성
> (래) 남북협상(1948) : UN소총회의에서 남한만의 단독 총선거가 결정되자 김구와 김규식이 남한만의 단독 정부 수립을 반대하고 통일 정부 수립을 위해 북과 연석 회의를 제의

1 **(개), (내) 국가에 대한 설명으로 옳은 것은?**

> (개) 그 나라의 혼인풍속에 여자의 나이가 열 살이 되면 서로 혼인을 약속하고, 신랑 집에서는 (그 여자를) 맞이하여 장성하도록 길러 아내로 삼는다. (여자가) 성인이 되면 다시 친정으로 돌아가게 한다. 여자의 친정에서는 돈을 요구하는데, (신랑 집에서) 돈을 지불한 후 다시 신랑 집으로 돌아온다.
>
> (내) 은력(殷曆) 정월에 하늘에 제사를 지내며 나라에서 대회를 열어 연일 마시고 먹고 노래하고 춤추는데, 영고(迎鼓)라고 한다. 이때 형옥(刑獄)을 중단하여 죄수를 풀어 주었다.

① (개) - 무천이라는 제천행사가 있었다.
② (개) - 계루부집단이 권력을 장악하였다.
③ (내) - 사출도라는 구역이 있었다.
④ (내) - 철이 많이 생산되어 낙랑과 왜에 수출하였다.

> **ADVICE** (개)는 옥저의 민며느리제, (내)는 부여의 제천 행사인 영고이다. 부여는 5부족 연맹체로 구성된 연맹 왕국으로 마가, 우가, 구가, 저가를 비롯한 제가 세력들이 사출도를 통치하였다.
> ① 동예 ② 고구려 ④ 변한

2 ㈏ 시기에 발생한 사건으로 옳은 것은?

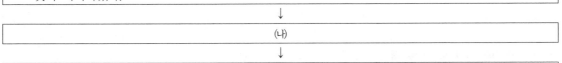

㈎ 백제왕이 병력 3만 명을 거느리고 평양성을 공격해 왔다. 왕이 출병하여 막다가 날아오는 화살에 맞아 서거하였다.

↓

㈏

↓

㈐ 왕이 보병과 기병 5만 명을 보내 신라를 구원하게 하였다. (고구려군이) 남거성을 통해 신라성에 이르렀는데 그곳에 왜가 가득하였다. 관군이 도착하자 왜적이 퇴각하였다.

① 태학을 설립하고 율령을 반포하였다.
② 평양으로 도읍을 옮기고 한성을 함락하였다.
③ 관구검이 이끄는 위나라 군대의 침략을 받았다.
④ 왕이 직접 말갈 병사를 거느리고 요서지방을 공격하였다.

> **ADVICE** ㈎는 4세기 중반 백제 근초고왕(346~375), ㈐는 4세기 말 광개토대왕(391~413) 때이다. 근초고왕은 안정된 체제를 바탕으로 대외 영토 확장을 시도하였고, 이 과정에서 고구려 평양성을 공격하여 고구려 고국원왕을 살해하였다. 고국원왕 사후 집권한 소수림왕(371~384)은 불교를 수용하고 율령 정비, 태학을 설립하여 중앙집권 체제를 마련하였다. 안정된 체제를 기반으로 4세기 말 광개토대왕은 대외 영토 확장을 시도하였다.
> ② 고구려 장수왕(413~491)
> ③ 고구려 동천왕(227~248)
> ④ 고구려 영양왕(590~618)

3 통일신라의 경제상황에 대한 설명으로 옳지 않은 것은?

① 왕경에 서시전과 남시전이 설치되었다.
② 어아주, 조하주 등 고급비단을 생산하여 당나라에 보냈다.
③ 촌락의 토지 결수, 인구 수, 소와 말의 수 등을 파악하였다.
④ 시비법과 이앙법 등의 발달로 농민층에서 광작이 성행하였다.

> **ADVICE** 시비법과 이앙법의 발달로 광작이 성행한 시기는 조선 후기이다. 광작의 유행은 농민층의 분화를 심화시켜 조선 후기 신분제를 동요시키는 계기가 되었다.

4 다음 서적을 편찬된 시기순으로 바르게 나열한 것은?

> ㉠『의방유취』　　　　　　　　㉡『동의보감』
> ㉢『향약구급방』　　　　　　　　㉣『향약집성방』

① ㉠ → ㉡ → ㉢ → ㉣　　　　② ㉠ → ㉢ → ㉡ → ㉣
③ ㉢ → ㉠ → ㉣ → ㉡　　　　④ ㉢ → ㉣ → ㉠ → ㉡

> **ADVICE** ㉠ 의방유취 : 조선 세종(1445)
> ㉡ 동의보감 : 조선 광해군(1610)
> ㉢ 향약구급방 : 고려 고종(1236)
> ㉣ 향약집성방 : 조선 세종(1433)

5 삼국시대 문화에 대한 설명으로 옳지 않은 것은?

① 선덕여왕 때에 첨성대를 세웠다.
② 목탑 양식의 미륵사지석탑이 건립되었다.
③ 가야 출신의 우륵에 의해 가야금이 신라에 전파되었다.
④ 사신도가 그려진 강서대묘는 돌무지무덤으로 축조되었다.

> **ADVICE** 강서대묘는 굴식돌방무덤으로 고구려 후기 무덤 양식이다. 고분 벽화가 그려질 수 있는 무덤은 굴식돌방무덤이다. 돌무지 무덤은 고구려 초기 무덤 양식으로 장군총이 대표적이다.

ANSWER 2.① 3.④ 4.④ 5.④

6 다음과 같은 글을 남긴 국왕의 업적에 해당하는 것은?

> 우리 동방은 옛날부터 중국의 풍속을 흠모하여 문물과 예악이 모두 그 제도를 따랐으나, 지역이 다르고 인성도 각기 다르므로 꼭 같게 할 필요는 없다. 거란은 짐승과 같은 나라로 풍속이 같지 않고 말도 다르니 의관제도를 삼가 본받지 말라.
>
> — 『고려사』에서 —

① 물가조절을 위해 상평창을 설치하였다.
② 기인 · 사심관제와 함께 과거제를 실시하였다.
③ 혼인정책과 사성정책을 통해 호족을 포섭하였다.
④ 광군 30만을 조직하여 거란의 침략에 대비하였다.

>**ADVICE** 고려 태조 왕건은 후삼국을 통일한 후 민생 안정을 위해 취민유도 정책과 흑창을 설치했다. 한편 호족 세력을 통합하여 왕권을 강화하고자 혼인정책과 사성정책, 기인 제도, 사심관 제도를 실시했다.
> ① 고려 성종
> ② 기인제도와 사심관 제도는 고려 태조, 과거제는 고려 광종 때 시행되었다.
> ④ 고려 정종

7 다음 ⑦ ~ ㉣에 들어갈 인물을 바르게 연결한 것은?

> • (⑦)는/은 『신편제종교장총록』을 편찬하였다.
> • (㉡)는/은 원의 불교인 임제종을 들여와서 전파시켰다.
> • (㉢)는/은 강진에 백련사를 결사하여 법화신앙을 내세웠다.
> • (㉣)는/은 『목우자수심결』을 지어 마음을 닦고자 하였다.

	⑦	㉡	㉢	㉣		⑦	㉡	㉢	㉣
①	수기	보우	요세	지눌	②	의천	각훈	요세	수기
③	의천	보우	요세	지눌	④	의천	요세	각훈	수기

>**ADVICE** ⑦ 의천 : 고려 전기 승려로 중국, 일본의 불교자료를 종합하여 '신편제종교장총록'을 간행하였다.
> ㉡ 보우 : 고려 말 공민왕 때 불교 개혁 운동을 전개하였다.
> ㉢ 요세 : 고려 후기 백련사를 중심으로 신앙 결사 운동을 전개하였다.
> ㉣ 지눌 : 고려 후기 수선사를 중심으로 신앙 결사 운동을 전개하면서 조계종을 창시하고, '돈오점수', '정혜쌍수'를 주장했다.

8 다음 정책을 추진한 국왕 대에 있었던 사실로 옳은 것은?

> 옛적에 관가의 노비는 아이를 낳은 지 7일 후에 입역(立役)하였는데, 아이를 두고 입역하면 어린 아이에게 해로울 것이라 걱정하여 100일간의 휴가를 더 주게 하였다. 그러나 출산에 임박하여 일하다가 몸이 지치면 미처 집에 도착하기 전에 아이를 낳는 경우가 있다. 만일 산기에 임하여 1개월간의 일을 면제하여 주면 어떻겠는가. 가령 저들이 속인다 할지라도 1개월까지야 넘길 수 있겠는가. 상정소(詳定所)로 하여금 이에 대한 법을 제정하게 하라.

① 사형의 판결에는 삼복법을 적용하였다.
② 주자소를 설치하여 계미자를 주조하였다.
③ 국방력 강화를 위해 진관체제를 실시하였다.
④ 도평의사사를 개편하여 의정부를 설치하였다.

> **ADVICE** 조선 세종에 관한 내용이다. 세종은 노비들에 대한 처우를 개선하려 노력하였고, 사형수에 대해 3심제를 적용하는 금부삼복법을 제정하였다.
> ②④ 조선 태종
> ③ 조선 세조

9 밑줄 친 '그'에 대한 설명으로 옳은 것은?

> 그는 중국 유학을 마치고 귀국한 다음, 국왕에게 황룡사에 9층탑을 세울 것을 건의했다. 그가 9층탑 건립을 건의한 데에는 주변 나라의 침입을 막고자 하는 호국정신이 담겨 있다.

① 화랑이 지켜야 할 세속오계를 지었다.
② 대국통으로 있으면서 계율을 지키는 일에 힘을 보탰다.
③ 통일 이후의 사회갈등을 통합으로 이끄는 화엄사상을 강조하였다.
④ 일심(一心) 사상을 주장하여 불교 교리의 대립을 극복하고자 하였다.

> **ADVICE** 신라 선덕여왕 때 자장율사이다. 자장율사는 당에 들어가 구법수도한 이후 귀국하여 선덕여왕에게 황룡사 9층 목탑 건립을 제안하였다. 선덕여왕은 자장을 대국통에 임명하여 모든 승려들의 규범에 관한 일을 주관하도록 위임하였다. 이후 자장은 오대산 월정사를 창건하였다.
> ① 원광 ③ 의상 ④ 원효

 ANSWER 6.③ 7.③ 8.① 9.②

10 다음 자료에 나타난 상황과 관련 있는 사건은?

> 경성에는 종묘, 사직, 궁궐과 나머지 관청들이 또한 하나도 남아 있는 것이 없으며, 사대부의 집과 민가들도 종루 이북은 모두 불탔고 이남만 다소 남은 것이 있으며, 백골이 수북이 쌓여서 비록 치우고자 해도 다 치울 수 없다. 경성의 수많은 백성들이 도륙을 당했고 남은 이들도 겨우 목숨만 붙어 있다. 굶어 죽은 시체가 길에 가득하고 진제장(賑濟場)에 나아가 얻어먹는 자가 수천 명이며 매일 죽는 자가 60~70명 이상이다.
>
> — 성혼, 『우계집』에서 —

① 병자호란   ② 임진왜란
③ 삼포왜란   ④ 이괄의 난

> **ADVICE** 성혼(1535~1598)은 이이와 함께 서인의 학문적 원류를 형성한 인물이다. 임진왜란(1592) 당시 수도 한양이 왜적에게 점령당하여 선조가 의주로 피난 간 이후의 상황을 나타내고 있다.
> ① 병자호란 : 조선 인조(1636)
> ③ 삼포왜란 : 조선 중종(1510)
> ④ 이괄의 난 : 조선 인조(1624)

11 밑줄 친 '그'에 대한 설명으로 옳지 않은 것은?

> 그와 남은이 임금을 뵈옵고 요동을 공격하기를 요청하였고, 그리하여 급하게 「진도(陣圖)」를 익히게 하였다. 이보다 먼저 좌정승 조준이 휴가를 받아 집에 있을 때, 그와 남은이 조준을 방문하여, "요동을 공격하는 일은 지금 이미 결정되었으니 공(公)은 다시 말하지 마십시오." 라고 말하였다.

① 만권당에서 원의 학자들과 교류하였다.
② 맹자의 역성혁명론을 조선건국에 적용하였다.
③ 한양 도성의 성문과 궁궐 등의 이름을 지었다.
④ 『경제문감』을 저술하여 재상 중심의 정치를 주장하였다.

> **ADVICE** 고려 말 정도전이다. 정도전, 조준, 남은 등은 고려 말 혁평파 신진사대부로 전면적인 토지 개혁과 역성혁명을 주장하였다. 길재, 정몽주를 비롯한 온건파 사대부와 대립하였으며, 이성계와 손을 잡고 조선을 건국하는 일등 공신이 되었다. 강력한 중앙집권적 통치 체제보다 재상 중심의 정치를 주장하였으며 이후 이방원에 의해 제거되었다.
> ① 고려 말 성리학적 유교사관에 입각한 역사서 '사략'을 저술한 이제현이다.

12 조약 (가), (나) 사이 시기의 경제 상황으로 옳은 것은?

(가)	(나)
• 조선국 항구에 머무르는 일본은 쌀과 잡곡을 수출·수입할 수 있다. • 일본국 정부에 소속된 모든 선박은 항세(港稅)를 납부하지 않는다.	• 입항하거나 출항하는 각 화물이 세관을 통과할 때에는 세칙에 따라 관세를 납부해야 한다. • 조선 정부가 쌀 수출을 금지하고자 할 때에는 반드시 먼저 1개월 전에 지방관이 일본 영사관에게 통고해야 한다.

① 메가타 재정고문이 화폐정리사업을 시도하였다.
② 혜상공국의 폐지 등을 주장한 정변이 발생하였다.
③ 양화진에 청국인 상점을 허용하는 조약이 체결되었다.
④ 함경도 방곡령 사건으로 일본과 외교적 마찰이 일어났다.

>**ADVICE** (가)는 강화도 조약(1876) 체결 당시 규정한 조일무역규칙, (나)는 조일무역규칙 이후 개정된 조일통상장정(1883)이다. 조일무역규칙에서 일본은 조선에서 양곡의 무제한 유출과 일본 상품에 대한 무관세 조항을 규정하였다. 하지만 임오군란(1882) 이후 조선과 청 사이에 조청상민수륙무역장정이 체결되어 청 상인의 내지 통상권(한성 양화진)이 인정되자, 일본의 조일무역규칙을 개정한 조일통상장정을 체결한다. 조일통상장정에서는 관세권 설정, 방곡령 규정, 최혜국 대우 인정 등의 내용이 포함되어 있다.
① 화폐정리사업(1905)
② 갑신정변(1884)
④ 방곡령(1889)

13 대한제국 시기에 추진된 정책으로 옳지 않은 것은?

① 시위대와 진위대를 증강하였다.
②『독립신문』의 창간을 지원하였다.
③ 화폐제도의 개혁과 중앙은행의 창립을 추진하였다.
④ 황실 재정을 담당하는 내장원의 기능을 확대하였다.

>**ADVICE** 대한제국(1897~1910)이 선포되면서 광무개혁을 추진하였다. 광무개혁은 황제권을 강화하는 것을 목적으로 시행되어 군사적으로 원수부 설치, 시위대와 진위대를 대폭 증강했다. 경제적으로는 금본위 화폐제 개혁, 양전 사업을 통한 지계를 발급했으며, 황실 재정 담당 기구인 궁내부 내장원의 기능을 확대하였다.
② 독립신문은 독립협회가 창간했으며, 대한제국은 입헌군주제를 지향하는 독립협회를 해체하고자 하였다.

✎ **ANSWER** 10.② 11.① 12.③ 13.②

14 조선후기 서학과 관련한 설명으로 옳지 않은 것은?

① 이승훈이 북경에서 영세를 받았다.
② 윤지충 사건을 계기로 하여 기해박해가 일어났다.
③ 안정복이 천주교를 비판하는 『천학문답』을 저술하였다.
④ 최초의 한국인 신부 김대건이 귀국하여 포교 중 순교하였다.

>**ADVICE** ② 윤지충으로 인해 발생한 천주교 탄압 사건은 정조 때 일어난 신해박해(1791)이다. 신해박해는 최초의 카톨릭 교도 탄압 사건이다. 기해박해(1839)는 조선 헌종 때 발생한 사건이다.

15 다음과 같은 강령을 발표한 조직의 활동으로 옳은 것은?

> 건국 시기의 헌법상 경제체계는 국민 각개의 균등생활 확보 및 민족 전체의 발전 그리고 국가를 건립 보위함과 연환(連環)관계를 가진다. 그러므로 다음에 나오는 기본 원칙에 따라서 경제 정책을 집행하고자 한다.
> 가. 규모가 큰 생산기관의 공구와 수단 … (중략) … 은행·전신·교통 등과 대규모 농·공·상 기업 및 성시(城市)공업 구역의 주요한 공용 방산(房産)은 국유로 한다.
> 나. 적이 침략하여 점령 혹은 시설한 일체 사유자본과 부역자의 일체 소유자본 및 부동산은 몰수하여 국유로 한다.

① 이승만을 대통령, 이시영을 부통령으로 선출하였다.
② 자유시 참변을 겪고 러시아 적군에 무장해제를 당하였다.
③ 좌우합작위원회를 구성하고 좌우합작 7원칙을 발표하였다.
④ 미군전략정보국(OSS) 지원 아래 국내 진공작전을 준비하였다.

>**ADVICE** 대한민국 임시정부는 조소앙의 삼균주의를 건국 강령으로 채택하였다. 조소앙의 삼균주의는 정치, 경제, 교육의 균등을 실현하고자 하였다. 대한민국 임시정부는 한국광복군을 조직하여 연합군에 가담하여 대일 항쟁에 나섰고, 동시에 미국 정보기관인 OSS로부터 훈련을 받으며 국내 진공 작전을 준비하였다.
> ① 대한민국 정부 수립(1948)
> ② 대한독립군단(1921)
> ③ 좌우합작위원회(1946)

16 다음 선언문의 강령에 따라 활동한 단체에 대한 설명으로 옳은 것은?

> 민중은 우리 혁명의 대본영(大本營)이다. 폭력은 우리 혁명의 유일한 무기이다. 우리는 민중 속으로 가서 민중과 손을 맞잡아 끊임없는 폭력─암살, 파괴, 폭동─으로써 강도 일본의 통치를 타도하고 우리 생활에 불합리한 일체의 제도를 개조하여 인류로써 인류를 압박하지 못하며, 사회로써 사회를 박탈하지 못하는 이상적 조선을 건설할지니라.

① 임시정부 활동에 활기를 불어넣고자 결성하였다.
② 청산리 지역에서 일본군과 접전을 벌여 대승을 거두었다.
③ 한국독립당, 조선혁명당 등과 함께 민족혁명당을 결성하였다.
④ 원산에서 일본인이 한국인 노동자를 구타한 사건을 계기로 총파업을 일으켰다.

> **ADVICE** 의열단 선언문인 신채호의 '조선독립선언'(1923)이다. 의열단은 1919년 김원봉이 조직하였으며 나석주, 김상옥 등을 중심으로 항일 무장 활동을 전개하였다. 이후 의열 조직 투쟁의 한계를 느낀 김원봉은 중국 황포군관학교에 입학하여 군사 훈련을 받고 조선혁명간부학교를 설립하였다. 1935년에는 민족혁명당을 조직하여 항일 투쟁을 전개하였다.
> ① 한인 애국단
> ② 북로군정서
> ④ 원산노동자 총파업

17 밑줄 친 ㉠, ㉡에 대한 설명으로 옳은 것은?

> 신고산이 우르르 함흥차 가는 소리에
> ㉠지원병 보낸 어머니 가슴만 쥐어뜯고요
>
> … (중략) …
>
> 신고산이 우르르 함흥차 가는 소리에
> ㉡정신대 보낸 어머니 딸이 가엾어 울고요

① ㉠ - 학생들도 모집 대상이었다.
② ㉠ - 처음에는 징병제에 따라 동원되기 시작하였다.
③ ㉡ - 국민징용령에 근거한 조직이었다.
④ ㉡ - 물자 공출 장려를 목표로 결성하였다.

> **ADVICE** 일제는 1930년대 전시 체제를 대비하고 부족한 전쟁 물자를 보충하기 위해 국가총동원법(1938)을 선포하였다. 이후 강제 징용과 징병, 공출제가 실시되었다. 군대 보충을 위한 징병제는 지원병제도(1938), 징병제도(1943), 학도지원병제도(1943)으로 시행되었다. 정신대는 여자정신대근로령(1944)을 제정해 강제 동원하였다.

 ANSWER 14.② 15.④ 16.③ 17.①

18 밑줄 친 '이때' 재위한 국왕 대에 있었던 사실로 옳은 것은?

> 　　<u>이때</u> 거두어들인 돈을 '스스로 내는 돈'이라는 뜻에서 원납전이라 하였다. 그런데 백성들은 입을 삐쭉거리면서 '원납전 즉 원망하며 바친 돈이다.' 라고 하였다.
>
> 　　　　　　　　　　　　　　　　　　　　　　　　　　　－『매천야록』에서 －

① 세한도가 제작되었다.
② 삼정이정청이 설치되었다.
③ 삼군부가 부활되고 삼수병이 강화되었다.
④ 비변사 당상들이 중요한 권력을 장악하였다.

>ADVICE 고종 때 흥선대원군에 의해 이루어진 경복궁 중건 사업이다. 흥선대원군은 왕실의 권위를 회복하기 위해 경복궁을 중건하였고 부족한 재정은 원납전 징수와 당백전 발행을 통해 해결하고자 하였다. 또한 세도정치의 폐단을 개혁하기 위해 비변사를 철폐하고 의정부와 삼군부의 기능을 강화하였다.
> ① 조선 후기 정조, 순조 때의 문인 김정호의 작품이다.
> ② 조선 후기 철종 때 삼정의 폐단을 시정하기 위해 설치되었다.
> ④ 임진왜란 이후이다.

19 다음 법령과 관련한 설명으로 옳은 것은?

> 제5조 정부는 다음에 의하여 농지를 취득한다.
> 　　1. 다음의 농지는 정부에 귀속한다.
> 　　　　㈎ 법령 및 조약에 의하여 몰수 또는 국유로 된 토지
> 　　　　㈏ 소유권의 명의가 분명하지 않은 농지

① 농지 이외 임야도 포함되었다.
② 신한공사가 보유하던 토지를 분배하였다.
③ 중앙토지행정처가 분배 업무를 주무하였다.
④ 분배받은 농민은 평년 생산량의 30%를 5년간 상환하였다.

>ADVICE 대한민국 정부 수립 이후 제정된 농지개혁법(1949)이다. 토지의 유상매입, 유상분배를 원칙으로 정부가 매입한 농경지는 3정보를 상한선으로 농민에 분배하여, 해당 토지 생산량의 30%를 5년 기한으로 곡물이나 금전으로 상환하게 하였다.

20 다음은 1960년대 어느 일간지에 실린 사설이다. 밑줄 친 '파병'에 대한 설명으로 옳은 것만을 모두 고르면?

> 우리는 원했든 원하지 안했든 이미 이 전쟁에 직접적인 관계를 맺었고 <u>파병</u>을 찬반(贊反)하던 국민이 이젠 다 힘과 마음을 합해서 <u>파병</u>된 용사들을 성원하고 있거니와 근대 전쟁이 전투하는 사람만의 전쟁이 아니라 온 국민이 참가하는 '총력전'이라는 것을 알고 이 전쟁의 승리를 위해 모든 국민의 단합을 호소하는 바이다.

> ㉠ 발췌개헌안 통과에 영향을 주었다.
> ㉡ 브라운 각서를 체결하는 이유가 되었다.
> ㉢ 1960년대 경제개발계획의 추진에 기여하였다.
> ㉣ 한·미 상호방위원조협정을 체결하는 계기가 되었다.

① ㉠, ㉡

② ㉠, ㉢

③ ㉡, ㉢

④ ㉢, ㉣

> **ADVICE** 1960년대 박정희 정부는 경제 개발을 위한 자본 마련을 위해 베트남 파병을 결정하였다. 한국과 미국은 국군을 베트남에 파병하는 조건으로 미국의 경제적, 군사적 원조를 약속받는 조건으로 브라운 각서를 체결하였다. 이는 1960년대 경제개발계획을 추진하는 데 기여하였다.
> ㉠ 발췌개헌안(1952) : 이승만 정권 당시 이루어진 대통령 직선제 개헌안이다.
> ㉣ 한·미 상호방위원조협정 : 1950년에 체결되었다.

1 고조선을 주제로 한 학술 대회를 개최할 경우, 언급될 내용으로 가장 적절하지 않은 것은?

① 위만의 이동과 집권 과정
② 진대법과 빈민 구제
③ 범금 8조(8조법)에 나타난 사회상
④ 비파형 동검 문화권과 국가의 성립

>**ADVICE** ② 진대법은 고구려 고국천왕 때 시행된 빈민 구휼 제도이다.

2 〈보기〉에서 백제의 발전 과정을 순서대로 바르게 나열한 것은?

〈보기〉
㉠ 6좌평제와 16관등제 및 백관의 공복을 제정하였다.
㉡ 고구려의 평양성을 공격하였다.
㉢ 지방에 22담로를 설치하였다.
㉣ 불교를 받아들여 통치이념을 정비하였다.

① ㉠→㉡→㉢→㉣
② ㉠→㉡→㉣→㉢
③ ㉡→㉣→㉢→㉠
④ ㉣→㉡→㉢→㉠

>**ADVICE** ㉠ 6좌평제와 16관등제 및 백관의 공복 제정 : 고이왕(234~286)
㉡ 고구려 평양성을 공격 : 근초고왕(346~375)
㉢ 지방에 22담로 설치 : 무령왕(501~523)
㉣ 불교 수용 : 침류왕(384~385)

3 〈보기〉에서 밑줄 친 '이 나라'에 대한 설명으로 가장 옳은 것은?

> 〈보기〉
>
> 　천지가 개벽한 뒤로 이곳에는 아직 나라가 없고 또한 왕과 신하도 없었다. 단지 아홉 추장이 각기 백성을 거느리고 농사를 지으며 살았다. …… 아홉 추장과 사람들이 노래하고 춤추면서 하늘을 보니 얼마 뒤 자주색 줄이 하늘로부터 내려와서 땅에 닿았다. 줄 끝을 찾아보니 붉은 보자기에 금빛 상자가 싸여 있었다. 상자를 열어 보니 황금색 알 여섯 개가 있었다. …… 열 사흘째 날 아침에 다시 모여 상자를 열어 보니 여섯 알이 어린아이가 되어 있었다. 용모가 뛰어나고 바로 앉았다. 아이들이 나날이 자라 십수 일이 지나니 키가 9척이나 되었다. 얼굴은 한고조, 눈썹은 당의 요임금, 눈동자는 우의 순임금과 같았다. 그달 보름에 맏이를 왕위에 추대하였는데, 그가 곧 <u>이 나라</u>의 왕이다.
>
> － 삼국유사 －

① 중국 동진으로부터 불교를 받아들여 왕실의 권위를 높였다.
② 재상을 뽑을 때 정사암에 후보 이름을 써서 넣은 상자를 봉해두었다.
③ 큰일이 있을 때에는 반드시 화백제도를 통해 여러 사람의 의견을 따랐다.
④ 철기를 만들 때 사용하는 덩이쇠를 화폐와 같은 교환 수단으로 이용하기도 하였다.

> ⟩**ADVICE** 금관가야의 시조인 김수로왕에 관한 삼국유사의 내용이다. 가야는 6가야 연맹으로 이루어진 연맹왕국으로 고대 국가로 발전하지는 못하였으나, 철 생산이 풍부하여 중계무역의 이익을 독점하였다.
> 　① 백제 침류왕
> 　② 백제 정사암 회의
> 　③ 신라 화백회의

4 발해의 사회 모습에 대한 설명으로 가장 옳지 않은 것은?

① 주민은 고구려 유민과 말갈인으로 구성되었다.
② 중앙 문화는 고구려 문화를 바탕으로 당의 문화가 가미된 형태를 보였다.
③ 당, 신라, 거란, 일본 등과 무역하였는데, 대신라 무역의 비중이 가장 컸다.
④ 유학 교육기관인 주자감을 설치하여 귀족 자제에게 유교 경전을 가르쳤다.

> ⟩**ADVICE** ③ 발해의 대외 무역에 있어 가장 비중이 큰 나라는 당이었다. 발해 건국 초기에는 일본과 교류하며 신라를 견제하고자 하였다. 하지만 이후 발해는 신라도를 통해 신라와 교류하였다.

 ANSWER 1.② 2.② 3.④ 4.③

5 삼국의 사회 · 문화에 관한 설명으로 가장 옳지 않은 것은?

① 고구려는 영양왕 때 이문진이 유기를 간추려 신집 5권을 편찬했다.
② 백제의 승려 원측은 당나라에 가서 유식론(唯識論)을 발전시켰다.
③ 신라의 진흥왕은 두 아들의 이름을 동륜 등으로 짓고 자신은 전륜성왕으로 자처했다.
④ 백제 말기에는 미래에 중생을 구제한다는 미륵신앙이 유행하기도 하였다.

> **ADVICE** ② 원측은 7세기 신라의 승려이다.

6 고려시대 군사제도에 대한 설명으로 가장 옳지 않은 것은?

① 북방의 양계지역에는 주현군을 따로 설치하였다.
② 2군(二軍)인 응양군과 용호군은 왕의 친위부대였다.
③ 6위(六衛) 중의 감문위는 궁성과 성문수비를 맡았다.
④ 직업군인인 경군에게 군인전을 지급하고 그 역을 자손에게 세습시켰다.

> **ADVICE** 고려 지방 행정 체계는 5도 양계로 5도는 일반 행정 구역으로 안찰사를 임명하고 주현군을 설치하였다. 하지만 북방의 군
> 사적 요충지인 양계에는 병마사를 임명하고 그 특수성을 반영하여 주진군을 별도로 설치하였다.
> ②③④ 고려의 중앙군은 2군 6위로 구성되어 있고, 이들은 모두 직업 군인으로 군인전을 지급받았으며, 직역은 세습되었다.

7 〈보기〉의 (개), (내)와 같은 건의를 받은 국왕에 대한 설명으로 가장 옳은 것은?

〈보기〉

(개) 우리 태조께서는 나라를 통일한 뒤에 외관을 두고자 하였으나, 대개 초창기이므로 일이 번거로워 겨를
이 없었습니다. 이제 가만히 보건대, 향호가 매양 공무를 빙자하여 백성을 침해하여 횡포를 부리어 백
성이 견디지 못하니, 청컨대 외관을 두도록 하십시오.
(내) 겸손한 마음을 가지고 항상 조심하고 두려워하며 신하를 예로써 대우할 때 신하는 충성으로써 임금을
섬기는 것입니다.

① 호족과의 혼인정책을 적극적으로 추진하였다.
② 노비안검법을 실시하여 호족의 경제력을 약화시켰다.
③ 양현고를 설치하고 보문각과 청연각을 세워 유학을 진흥시켰다.
④ 연등회를 축소하고 팔관회를 폐지하여 국가적인 불교행사를 억제하였다.

⟩ADVICE 고려 성종은 최승로가 건의한 '시무 28조'를 토대로 유교 정치이념에 입각한 중앙집권체제를 정비하였다. 전국에 12목을 설치하여 지방관을 파견하고, 중앙 정치 조직을 정비하였다. 특히 유교 정치이념에 따라 유교 이외의 사상과 종교를 배제하고자 하였다. 그 일환으로 불교와 도교 관련 행사인 연등회와 팔관회를 축소시켰다.

① 고려 태조   ② 고려 광종   ③ 고려 예종

8 고려시대 불교계의 동향과 관련된 설명으로 가장 옳지 않은 것은?

① 백련결사를 제창한 요세는 참회와 수행에 중점을 두는 등 복잡한 이론보다 종교적 실천을 강조했다.

② 재조대장경은 고려 전기에 만들어졌던 대장경 판목이 거란의 침입으로 불타버렸기 때문에 무신집권기에 다시 만든 것이다.

③ 각훈은 삼국시대 이래 승려들의 전기를 정리하여 해동고승전을 지었다.

④ 지눌은 깨달음과 더불어 실천을 강조하는 돈오점수를 주장했다.

⟩ADVICE 재조대장경은 무신집권기인 고려 고종 때 최우가 대장도감을 설치하여 완성하였다. 당시 몽고의 침입으로 전기에 제작된 초조대장경이 불타자 불교의 힘으로 외세의 침입을 막아내고자 만들었다. 초조대장경의 소실은 거란이 아닌 몽고의 침입으로 발생했다.

9 조선 태종 대의 주요 정책에 대한 설명으로 가장 옳은 것은?

① 사섬서를 두어 지폐인 저화를 발행하였다.

② 상평통보를 발행하여 화폐경제를 촉진하였다.

③ 지계를 발급하여 토지소유권을 공고히 하였다.

④ 연분 9등법과 전분 6등법을 시행하여 조세제도를 개편하였다.

⟩ADVICE 조선 태종은 저화의 유통과 보급을 위해 사섬서를 설치하였다. 하지만 저화에 대한 백성들의 불신 때문에 제대로 유통되지 못하였고, 이후 조선통보(1425)가 발행되면서 저화의 유통량은 더욱 줄어들게 되었다.
② 숙종
③ 고종(대한제국 광무개혁)
④ 세종

✏ **ANSWER** 5.② 6.① 7.④ 8.② 9.①

10 〈보기〉에서 밑줄 친 '그'가 활동하던 시대상황에 대한 설명으로 가장 옳지 않은 것은?

〈보기〉

그가 북산에서 나무하다가 공, 사노비를 불러 모아 모의하기를, "나라에서 경인, 계사년 이후로 높은 벼슬이 천한 노비에게서 많이 나왔으니, 장수와 재상이 어찌씨가 따로 있으랴. 때가 오면 누구나 할 수 있는데, 우리들이 어찌 고생만 하면서 채찍 밑에 곤욕을 당해야 하겠는가?"라고 하니, 여러 노비들이 모두 그렇게 여겼다.

– 고려사 –

① 최충의 9재 학당을 비롯한 사학 12도가 융성하였다.
② 경주 일대에서 고려 왕조를 부정하는 신라부흥운동이 일어났다.
③ 정혜쌍수와 돈오점수를 주장하는 수선결사운동이 전개되었다.
④ 소(所)의 거주민은 금, 은, 철 등 광업품이나 수공업 제품을 생산하여 바치기도 하였다.

▶**ADVICE** 고려 최씨 무신집권 초기(고려 신종, 1198) 최충헌의 노비였던 만적이 일으킨 난이다. 무신집권기에는 하극상이 빈번하여 사회가 극도로 혼란하였고, 만적을 비롯한 사노비들이 이 틈을 이용해 신분 해방 운동을 전개했지만 실패하였다. 이 외에도 무신집권기에는 농민들에 대한 무신의 수탈 강화와 집권 세력의 일탈로 민생이 불안정해지자 전국에서 각종 민란이 발생하였다. 공주 명학소의 망이·망소이의 난, 운문·초전의 김사미·효심의 난 등이 대표적이다.
① 고려 문종(1046~1083)

11 〈보기〉와 같은 폐단을 해결하기 위해 실시한 제도에 대한 설명으로 가장 옳지 않은 것은?

〈보기〉

각 고을에서 공물을 상납하려 할 때 각 관청의 사주인들이 여러 가지로 농간을 부려 좋은 것도 불합격 처리를 하기 때문에 바칠 수가 없게 되었습니다. 이리하여 사주인은 자기가 갖고 있는 물품으로 관청에 대신 내고 그 고을 농민들에게는 자기가 낸 물건 값을 턱없이 높게 쳐서 열 배의 이득을 취하니, 이것은 백성의 피와 땀을 짜내는 것입니다.

– 선조실록 –

① 광해군 시기에 실시하였다.
② 토지 결수를 기준으로 1결당 쌀 12두를 납부하게 하였다.
③ 왕실과 관청에서 필요한 수요품을 구해 납품하는 덕대가 등장하였다.
④ 물품 구매와 상품 수요가 증가하면서 상품 화폐 경제가 한층 발전하였다.

12 〈보기〉의 토지 개혁안을 주장한 조선 후기 실학자를 옳게 짝지은 것은?

〈보기〉

㉠ 지금 농사를 하고자 하는 사람은 토지를 얻고, 농사를 하지 않는 사람은 토지를 얻지 못하도록 한다. 즉 여전(閭田)의 법을 시행하면 나의 뜻을 이룰 수 있을 것이다. … 무릇 1여의 토지는 1여의 사람들로 하여금 공동으로 경작하게 하고, 내 땅 네 땅의 구분 없이 오직 여장의 명령만을 따른다. 매 사람마다 의 노동량은 매일 여장이 장부에 기록한다. 가을이 되면 무릇 오곡의 수확물을 모두 여장의 집으로 보내어 그 식량을 분배한다. 먼저 국가에 바치는 공세를 제하고, 다음으로 여장의 녹봉을 제하며, 그 나머지를 날마다 일한 것을 기록한 장부에 의거하여 여민들에게 분배한다.

㉡ 국가는 마땅히 한 집의 재산을 헤아려 전(田) 몇 부(負)를 한정하여 1호(戶)의 영업전(永業田)을 삼기를 당나라의 조제(租制)처럼 해야 한다. 그렇다고 해서 많이 소유한 자의 것을 줄이거나 빼앗지 않고, 모자라게 소유한 자라고 해서 더 주지 않는다. 돈이 있어 사고자 하는 자는 비록 천백 결(結)이라도 모두 허가하고, 토지가 많아 팔고자 하는 자도 단지 영업전 몇 부 이외에는 역시 허가한다.

	㉠	㉡		㉠	㉡
①	정약용	이익	②	박지원	유형원
③	정약용	유형원	④	이익	박지원

ANSWER 10.① 11.③ 12.①

13 〈보기〉의 의서(醫書)를 편찬된 순서대로 바르게 나열한 것은?

〈보기〉

㉠ 동의보감(東醫寶鑑)　　　　　　㉡ 마과회통(麻科會通)

㉢ 의방유취(醫方類聚)　　　　　　㉣ 향약구급방(鄕藥救急方)

---

① ㉠ - ㉡ - ㉢ - ㉣　　　　　　　② ㉢ - ㉣ - ㉡ - ㉠

③ ㉣ - ㉢ - ㉠ - ㉡　　　　　　　④ ㉣ - ㉢ - ㉡ - ㉠

> **ADVICE** ㉠ 동의보감 : 조선 광해군(1610)
> ㉡ 마과회통 : 조선 정조(1798)
> ㉢ 의방유취 : 조선 세종(1445)
> ㉣ 향약구급방 : 고려 고종(1236)

14 조선 후기 지도 편찬에 대한 설명으로 가장 옳지 않은 것은?

① 김정호는 대동여지도를 편찬하기 이전에 이미 청구도 등을 제작하였다.

② 정상기는 백리척을 이용하여 동국지도를 제작하였다.

③ 모눈종이를 이용한 정밀한 지도도 제작되었다.

④ 대동여지도가 완성되자 나라의 기밀을 누설시킬 우려가 있다고 하여 판목은 압수 소각되었다.

> **ADVICE** 대동여지도는 철종 때 김정호에 의해 제작된 지도이다. 김정호는 기존의 청구도를 수정 및 보완하여 대동여지도를 완성했고, 목판본으로 제작하였고 현재 그 일부는 남아있다.

15 위정척사 운동에 대한 설명으로 가장 옳지 않은 것은?

① 최익현은 왜양일체론을 내세우며 개항 반대 운동을 전개하였다.

② 이항로는 척화주전론을 주장하며 통상 반대 운동을 전개하였다.

③ 기정진 등 영남 유생들이 만인소를 올려 조선책략을 들여온 김홍집의 처벌을 요구하였다.

④ 홍재학은 주화매국의 신료를 처벌하고 서양물품과 서양서적을 불태울 것을 주장하였다.W

> **ADVICE** 위정척사운동은 개항을 반대하고 성리학적 질서를 회복하고자 양반 유생들을 중심으로 전개된 운동이다. 기정진과 이항로를 중심으로 통상반대 운동(1860년대), 최익현 중심의 개항반대 운동(1870년대), 이만손, 홍재학(영남만인소)을 중심으로 개화반대 운동(1880년대)이 전개되었다. 이후 위정척사 운동은 의병 운동으로 이어졌다.

16 〈보기〉의 밑줄 친 ㈎국가에 대한 설명으로 가장 옳은 것은?

> 〈보기〉
>
> 정부는 ㈎ 공사의 서울 부임에 답례할 겸 서구의 근대 문물을 시찰하기 위해 1883년 ㈎에 보빙사를 파견하였다. 보빙사의 구성원은 민영익, 홍영식, 서광범 등 11명이었다.

① 삼국 간섭에 참여하였다.
② 용암포를 강제 점령하고 조차를 요구하였다.
③ 거문도를 불법으로 점령하였다.
④ 운산 금광 채굴권을 차지하였다.

》ADVICE 보빙사(1883)는 조미수호통상조약 체결 이후 미국을 시찰하기 위해 파견된 사절단이다. 조미수호통상조약 체결 이후 조선은 다른 서구 열강들과 불평등 조약을 연이어 체결하였다. 이후 열강들은 불평등 조약을 빌미로 각종 이권을 강탈하였다. 미국은 평안북도 운산·수안 금광 채굴권을 강탈했다.
① 청일전쟁에서 승리한 일본이 청으로부터 랴오둥 반도를 할양받자 이에 러시아, 독일, 프랑스가 반대한 사건
② 러시아 ③ 영국

17 〈보기〉에서 일제강점기의 사건을 발생한 순서대로 바르게 나열한 것은?

> 〈보기〉
>
> ㉠ 물산장려운동   ㉡ 3·1 운동
> ㉢ 광주학생항일운동   ㉣ 6·10 만세운동

① ㉠ → ㉡ → ㉢ → ㉣   ② ㉠ → ㉢ → ㉡ → ㉣
③ ㉡ → ㉠ → ㉣ → ㉢   ④ ㉡ → ㉣ → ㉢ → ㉠

》ADVICE ㉠ 물산장려운동 : 1923년
㉡ 3·1 운동 : 1919년
㉢ 광주학생항일운동 : 1929년
㉣ 6·10 만세운동 : 1926년

✎ **ANSWER** 13.③ 14.④ 15.③ 16.④ 17.③

18 〈보기〉의 협약 이후 일어난 사실로 가장 옳지 않은 것은?

> 〈보기〉
> 제1조 한국정부는 시정 개선에 관하여 통감의 지도를 받는다.
> 제2조 한국의 법령 제정 및 중요한 행정상의 처분은 미리 통감의 승인을 거친다.
> 제4조 한국 고등 관리의 임면은 통감의 동의로써 이를 시행한다.
> 제5조 한국정부는 통감이 추천하는 일본인을 한국 관리에 임명한다.

① 각 부의 차관에 일본인이 임명되어 이른바 차관정치가 시작되었다.

② 대한제국 군대가 해산되었다.

③ 사법권과 경찰권을 빼앗겼다.

④ 만국평화회의에 이상설 등이 파견되었다.

> ❯ADVICE 1907년에 체결된 한일신협약(정미 7조약)이다. 초대 통감이었던 이토 히로부미는 을사늑약 체결 이후 정미조약을 체결하
> 면서 대한제국의 외교권과 행정권을 장악하고 차관 정치를 시행하였다. 당시 헤이그 특사 파견을 빌미로 일제는 고종을
> 강제 퇴위시키고, 군대를 해산하였다.
> ④ 헤이그 만국평화회의에 특사를 파견한 것은 정미조약 체결 이전이다.

19 〈보기〉 선언문의 발표 후에 있었던 사건으로 가장 적합하지 않은 것은?

> 〈보기〉
> 　　상아의 진리탑을 박차고 거리에 나선 우리는 질풍과 같은 역사의 조류에 자신을 참여시킴으로써 이성과
> 진리, 그리고 자유의 대학정신을 현실의 참담한 박토에 뿌리려 하는 바이다. 〈중략〉 무릇 모든 민주주의 정
> 치사는 자유의 투쟁사다. 그것은 또한 여하한 형태의 전제로 민중 앞에 군림하든 '종이로 만든 호랑이'같
> 이 헤슬픈 것임을 교시한다. 〈중략〉 근대적 민주주의의 근간은 자유다. 〈하략〉
> 　　　　　　　　　　　　　　　　　　　　　　　　　　　　　－ 서울대학교 문리과대학 학생 일동 －

① 이승만 대통령이 하야하였다.

② 장면 정권이 수립되었다.

③ 민족자주통일중앙협의회가 조직되었다.

④ 조봉암이 진보당을 결성하였다.

> **ADVICE** 1960년에 발생한 4.19혁명이다. 4.19혁명은 자유당의 3.15 부정선거를 계기로 일어난 민주화 운동으로 그 결과 이승만 대통령이 하야하고, 자유당 정권을 무너뜨렸다. 이후 허정 과도 정부를 거쳐 윤보선을 대통령, 장면을 총리로 하는 장면 정부가 수립되었다. 민족자주통일중앙협의회는 4.19혁명 이후 1960년 9월에 혁신계 인사들에 의해 조직된 단체로, 자주 · 평화 · 민주의 3대 원칙하에 남북통일을 위한 국민운동을 전개할 것을 결의하였다.
> ④ 진보당 사건 : 1958년

20 〈보기〉와 같은 내용의 헌법으로 개정된 이후 발생한 사건으로 가장 옳은 것은?

〈보기〉
제39조 대통령은 통일주체국민회의에서 토론없이 무기명 투표로 선거한다.
제40조 통일주체국민회의는 국회의원 정수의 1/3에 해당하는 수의 국회의원을 선거한다.
제43조 대통령은 조국의 평화적 통일을 위한 성실한 의무를 진다.

---

① 굴욕적인 한일회담에 반대하는 학생 시위가 전개되었다.
② 재야 인사들이 명동성당에 모여 '3 · 1 민주구국선언'을 발표하였다.
③ 친일파 청산을 위해 반민족행위특별조사위원회를 설치하였다.
④ 민생안정을 위해 농가 부채 탕감, 화폐 개혁 등을 실시하였다.

> **ADVICE** 박정희 정권의 유신헌법(1972)이다. 박정희는 영구 집권을 위해 헌법을 개정하는 유신체제를 단행하였고 이 과정에서 대통령 선출 방식을 직선제에서 간선제로 바꾸었다. 당시 재야 인사들이 명동성당에 모여 '3 · 1 민주구국선언'을 발표하는 등 유신 독재 체제를 반대하는 운동이 전국적으로 일어났다.
> ① 한일협정(1965) 체결 반대
> ③ 반민족행위특별조사위원회 설치 : 1948년
> ④ 민생안정을 위해 농가 부채 탕감, 화폐 개혁 등 실시 : 5.16 군사 정변(1961) 직후

✎ **ANSWER** 18.④ 19.④ 20.②

1 밑줄 친 '왕'의 재위 기간에 있었던 사실로 옳은 것은?

> 이찬 이사부가 왕에게 "국사라는 것은 임금과 신하들의 선악을 기록하여, 좋고 나쁜 것을 만대 후손들에게 보여 주는 것입니다. 이를 책으로 편찬해 놓지 않는다면 후손들이 무엇을 보고 알겠습니까?"라고 아뢰었다. 왕이 깊이 동감하고 대아찬 거칠부 등에게 명하여 선비들을 널리 모아 그들로 하여금 역사를 편찬하게 하였다.
>
> ―『삼국사기』―

① 정전 지급　　　　　　　　　　　　　② 국학 설치

③ 첨성대 건립　　　　　　　　　　　　④ 북한산 순수비 건립

> ⟩**ADVICE** 6세기 신라 진흥왕(540~576) 대의 사실이다. 진흥왕은 화랑도를 정비하여 국력을 대외로 확장하여 대가야, 한강 유역, 함경북도까지 진출하는 등 신라 최대의 영토를 확보하였다. 이 과정에서 단양 적성비와 4개의 순수비(창녕비, 북한산 순수비, 황초령비, 마운령비)를 세웠다.
> ① 신라 성덕왕 대에 왕토사상을 기반으로 백성들에게 정전을 지급하였다.
> ② 신라 신문왕 때 설치한 교육 기관이다.
> ③ 신라 선덕여왕 때 설립되었다.

2 다음 정책을 시행한 국왕 대에 있었던 사실로 옳은 것은?

> • 광덕, 준풍 등의 연호를 사용하였다.
> • 개경을 고쳐 황도라 하고 서경을 서도라고 하였다.

① 노비안검법을 시행하였다.　　　　　　② 전시과 제도를 시행하였다.

③ 개경에 국자감을 설립하였다.　　　　　④ 12목을 설치하고 지방관을 파견하였다.

> ⟩**ADVICE** 고려 광종(949~975) 때의 사실이다. 광종은 귀족과 지방호족을 숙청하고 왕권 강화를 시도하였다. 이를 위해 과거제, 노

비안검법을 시행하였다. 노비안검법은 불법으로 노비가 된 자들을 해방함으로써 지방호족들의 경제 및 군사적 기반을 약화시키는 동시에 국가 재정을 확충하는데도 기여하였다. 또한 광덕, 준풍 등의 연호를 사용하면서 중국과 대등한 세력이 되었음을 대내외적으로 표방하였다.

② 고려 경종 대에 실시하였다.

③ 고려의 유학 교육 기관으로 성종 대에 정비하였다.

④ 최승로의 '시무 28조' 건의에 따라 성종 대에 시행되었다.

3 다음과 같은 활동을 펼친 인물에 대한 설명으로 옳은 것은?

> • 대한매일신보에 애국적인 논설을 썼다.
> • 유교 개혁의 뜻을 담은 「유교구신론」을 집필하였다.

① 적극적인 의열 활동을 위해 한인애국단을 만들었다.

② 일본의 침략상을 폭로하는 『한국통사』를 저술하였다.

③ 실증사학의 입장에서 연구하는 진단학회를 조직하였다.

④ 김원봉의 요청을 받아들여 「조선혁명선언」을 작성하였다.

ADVICE 구한 말 역사학자인 박은식이다. 박은식은 기존의 관념적 성격의 성리학 체제를 비판하면서 실천적 유학인 양명학을 강조하는 〈유교구신론〉을 주장하였다. 또한 민족 혼을 강조하면서 〈한국통사〉, 〈한국독립운동지혈사〉를 남겼다.

① 김구가 조직한 단체로 이봉창, 윤봉길 의사 등이 애국 활동을 전개하였다.

③ 랑케의 실증주의 사학의 영향을 받아 조직한 단체로 이병도, 조윤제, 손진태가 주도하였다.

④ 〈조선혁명선언〉은 의열단 선언문으로 신채호가 작성하였다.

4 (가) 단체로 옳은 것은?

> | (가) | 발기취지(發起趣旨)
>
> 인간 사회는 많은 불합리를 산출한 동시에 그 해결을 우리에게 요구하고 있다. 여성 문제는 그중의 하나이다. … 과거의 조선 여성운동은 분산되어 있었다. 그것에는 통일된 조직이 없었고 통일된 지도 정신도 없었고 통일된 항쟁이 없었다. … 우리는 우선 조선 자매 전체의 역량을 공고히 단결하여 운동을 전반적으로 전개하지 아니하면 아니 된다.
>
> — 『동아일보』, 1927. 5. 11. —

① 근우회   ② 신간회
③ 신민회   ④ 정우회

> **ADVICE** 1927년에 조직된 여성 단체 근우회이다. 근우회는 1920년대 민족 독립 운동이 사회주의 계열과 민족주의 계열로 분열된 상태에서 독립 달성이라는 동일한 목표를 위해 민족유일당 운동이 전개되면서 설립되었다. 그 결과 신간회가 설립되고 자매 단체로 근우회가 설립되었으며 여성 인권 운동에 앞장섰다.
> ② 신간회(1927) : 민족유일당 운동의 결과 설립된 단체이지만 여성 단체는 아니다.
> ③ 신민회(1907) : 애국 계몽 운동을 전개한 단체로 교육 및 식산흥업, 해외 독립군 기지 건설에 앞장섰다.
> ④ 정우회(1926) : 사회주의 계열 사상 단체로 정우회 선언문이 계기가 되어 민족유일당 운동이 가능했다.

5 다음 글에서 설명하고 있는 문화유산은?

> 이곳은 원래 성종의 형인 월산대군(月山大君)의 집이 있던 곳으로, 선조가 임진왜란 뒤 임시거처로 사용하면서 정릉동 행궁으로 불리었고, 광해군 때는 경운궁이라 하였다. 아관파천 후 고종이 이곳에 머물렀다. 주요 건물로는 중화전, 함녕전, 석조전 등이 있다.

① 경복궁   ② 경희궁
③ 창덕궁   ④ 덕수궁

> **ADVICE** 덕수궁에 관한 설명이다. 이전의 명칭은 경운궁으로 아관파천으로 러시아 공사관에 피신했던 고종이 다시 돌아온 곳이기도 하며 이후 대한제국을 선포하였다.

6 밑줄 친 '이 나라'에서 볼 수 있는 모습으로 적절한 것은?

> 이 나라는 대군왕이 없으며, 읍락에는 각각 대를 잇는 장수(長帥)가 있다. … 이 나라의 토질은 비옥하며, 산을 등지고 바다를 향해 있어 오곡이 잘 자라며 농사짓기에 적합하다. 사람들의 성질은 질박하고, 정직하며 굳세고 용감하다. 소나 말이 적고, 창을 잘 다루며 보전(步戰)을 잘한다. 음식, 주거, 의복, 예절은 고구려와 흡사하다. 그들은 장사를 지낼 적에는 큰 나무 곽(槨)을 만드는데 길이가 십여 장(丈)이나 되며 한쪽 머리를 열어 놓아 문을 만든다.
>
> ―『삼국지』위서 동이전 ―

① 민며느리를 받아들이는 읍군
② 위만에게 한나라의 침입을 알리는 장군
③ 5월에 씨를 뿌리고 하늘에 제사를 지내는 천군
④ 국가의 중요한 일을 논의하고 있는 마가와 우가

>ADVICE 고대 국가인 옥저에 관한 내용이다. 옥저는 고대 중앙 집권 국가로 성장하지 못하고 군장 국가의 모습을 지니고 있었다. 읍군과 삼로라는 군장이 국가를 통치했으며 일종의 매매혼인 민며느리제와 가족 공동묘인 골장제의 사회 풍속을 지니고 있었고, 제천행사에 대한 기록은 없다.
>
> ② 위만 조선(고조선) 대의 사실이다.
> ③ 천군은 삼한의 제사장이다.
> ④ 마가, 우가는 부여의 족장 세력으로 사출도를 통치하였다.

---

7 다음 사건이 일어난 왕의 재위 기간에 대한 설명으로 옳은 것은?

> 임꺽정은 양주 백정으로, 성품이 교활하고 날래고 용맹스러웠다. 그 무리 수십 명이 함께 다 날래고 빨랐는데, 도적이 되어 민가를 불사르고 소와 말을 빼앗고, 만약 항거하면 몹시 잔혹하게 사람을 죽였다. 경기도와 황해도의 아전과 백성들이 임꺽정 무리와 은밀히 결탁하여, 관에서 잡으려 하면 번번이 먼저 알려주었다.

① 동인과 서인의 붕당이 형성되었다.
② 문정왕후가 수렴청정하며 불교를 옹호하였다.
③ 삼포에서 4~5천 명의 일본인이 난을 일으켰다.
④ 조광조가 내수사 장리의 폐지, 소격서 폐지 등을 주장하였다.

> **ADVICE** 임꺽정의 난은 조선 명종 대의 일이다. 명종은 12세의 어린 나이로 왕위에 즉위했기 때문에 어머니인 문정왕후 윤씨가 수렴청정을 하였다. 그 결과 문정왕후 동생인 윤원형을 중심으로 외척에 의한 정치가 이루어졌고 이 과정에서 을사사화가 발생하기도 하였다. 인종의 어머니였던 장경왕후 동생인 윤임을 중심으로 권력 다툼을 벌이기도 하였고, 일컬어 윤임 일파를 대윤(大尹), 윤원형 일파를 소윤(小尹)이라고 하였다.
> ① 조선 선조 대의 일이다.
> ③④ 삼포왜란과 조광조의 개혁정치는 조선 중종 대의 일이다.

8 밑줄 친 '이 부대'에 대한 설명으로 옳은 것은?

> 윤관이 아뢰기를, "신이 적의 기세를 보건대 예측하기 어려울 정도로 굳세니, 마땅히 군사를 쉬게 하고 군관을 길러서 후일을 기다려야 할 것입니다. 또 신이 싸움에서 진 것은 적은 기병(騎兵)인데 우리는 보병(步兵)이라 대적할 수가 없었기 때문입니다."라 하였다. 이에 그가 건의하여 처음으로 <u>이 부대</u>를 만들었다.

① 정종 2년에 설치되었다.
② 귀주대첩에서 큰 활약을 하였다.
③ 여진족에 대처하기 위해 조직되었다.
④ 응양군, 용호군, 신호위 등의 2군과 6위로 편성되었다.

> **ADVICE** 고려 숙종 때 여진 정벌을 위해 윤관이 주도하여 창설한 별무반이다. 별무반은 신기군, 신보군, 항마군으로 구성되어 여진 정벌을 단행하고 동북 9성을 축조하는데 결정적 역할을 담당하였다.
> ① 고려 정종 대에 거란족 침입에 대비하여 조직한 광군이다.
> ② 고려 현종 대에 거란족의 침입에 맞서 강감찬이 승리한 전투이다.
> ④ 고려의 중앙군으로 직업군인이었다.

9 밑줄 친 '이 나라'에 대한 설명으로 옳은 것은?

> <u>이</u> 나라는 삼한의 종족이며, 지금의 고령에 있었다. 건원 원년(479)에 그 국왕 하지(荷知)는 사신을 보내 남제에 공물을 바쳤다. 남제에서는 국왕 하지에게 "보국장군 본국왕"을 제수하였다.

① 관산성 전투에서 국왕이 전사하였다.
② 울릉도를 정복해서 영토로 편입하였다.
③ 호남 동부 지역까지 세력을 확장하였다.
④ 신라를 도와 낙동강 유역에 진출한 왜를 격파하였다.

>ADVICE 고령을 중심으로 하는 대가야에 대한 설명이다. 가야는 6개 연맹으로 구성된 국가로 전기 가야 연맹의 중심은 김해를 중심으로 성장한 금관가야였다. 하지만 고구려 광개토대왕의 남하로 세력이 약화되어 후기 가야 연맹의 중심지는 고령의 대가야로 이동하였다. 대가야가 대외로 세력을 확장하던 시기에는 전라북도 일부 지역까지 그 영향력을 행사하였다.
> ① 백제 성왕이 신라 진흥왕에게 한강 유역을 빼앗기자 벌인 전투로 관산성 전투에서 성왕은 전사하였다.
> ② 신라 지증왕 대의 일이다.
> ④ 고구려 광개토대왕 대의 일이고 그 결과 전기 가야 연맹의 중심이 무너졌다.

10 다음 설명에 해당하는 발해 왕의 재위 기간에 통일 신라에서 일어난 상황으로 옳은 것은?

> • 대흥이란 독자적인 연호를 사용하였다.
> • 수도를 중경→상경→동경으로 옮겼다.
> • 일본에 보낸 외교문서에 천손(하늘의 자손)이라 표현하였다.
> • 당과 친선 관계를 맺으며 당의 문물을 도입하여 체제를 정비하였다.

① 녹읍 폐지   ② 청해진 설치
③ 『삼대목』 편찬   ④ 독서삼품과 설치

>ADVICE 8세기 발해 문왕(737~797) 대의 사실이다. 문왕은 이전 당나라와 적대 관계에서 벗어나 당과 교류를 하였다. 당시 신라는 성덕왕(702~737)에서부터 원성왕(785~798) 대에 해당한다. 이 중 원성왕 대에는 유교 경전을 토대로 시험을 치러 관리를 채용하는 제도였다.
> ① 7세기 신라 신문왕 대에 진골 귀족의 경제력을 약화시키기 위해 시행하였다.
> ② 9세기 신라 흥덕왕 대에 장보고가 설치하였고
> ③ 9세기 신라 진성여왕 대에 각간 위홍과 대구화상이 편찬한 향가집이다.

✎ **ANSWER** 7.② 8.③ 9.③ 10.④

11 밑줄 친 '그'의 저술로 옳은 것은?

> 서울의 노론 집안에서 태어난 그는 『양반전』을 지어 양반사회의 허위를 고발하였다. 그는 또한 한전론을 주장하였으며, 상공업 진흥에도 관심을 기울여 수레와 선박의 이용 등에 대해서도 주목하였다.

① 『북학의』 ② 『과농소초』
③ 『의산문답』 ④ 『지봉유설』

> **ADVICE** 조선 후기 북학파 실학자 박지원이다. 실용적, 실제적인 철학 사상을 가진 대표적인 실학자로 여러 분야에 걸쳐 학문에 관심을 가졌을뿐만 아니라 당시 양반 사회를 비판하고 풍자하는 작품을 남겼다. 그를 대표하는 저서로는 〈열하일기〉, 〈허생전〉, 〈광문자전〉, 〈양반전〉 등이 있으며 〈과농소초〉는 중국의 농학과 우리나라의 농학을 비교 연구한 것으로 농법과 토지제도의 개혁 등을 주장하였다.
> ① 『북학의』는 조선 후기 실학자 박제가의 저서이다.
> ③ 『의산문답』은 조선 후기 실학자 홍대용의 저서이다.
> ④ 『지봉유설』은 조선 후기 실학자 이수광의 저서이다.

12 (가) 시기에 있었던 일로 옳은 것은?

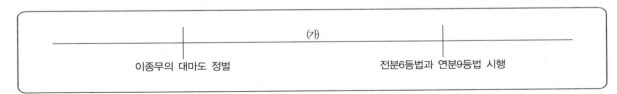

| 이종무의 대마도 정벌 | (가) | 전분6등법과 연분9등법 시행 |

① 과전법 공포 ② 이시애의 반란
③ 『농사직설』 편찬 ④ 정도전의 요동정벌 추진

> **ADVICE** 조선 세종 대의 일이다. 이종무로 하여금 왜구의 근거지인 대마도를 토벌한 것은 1419년이고, 공법(전분 6등, 연분 9등)을 실시한 것은 1444년이다. 〈농사직설〉은 세종 대(1429)에 편찬된 농서로써 우리 토양에 적합한 농법을 소개했고 이앙법도 소개되었다.
> ① 고려 공양왕 대에 신진사대부의 경제 기반 마련을 목적으로 시행되었다.
> ② 조선 세조 대에 세조의 집권에 반대하여 발생하였다.
> ④ 조선 태조 대의 일이다.

13 (가) 시기에 있었던 일로 옳은 것은?

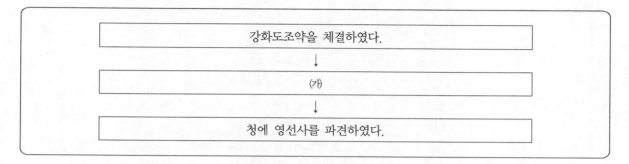

① 군국기무처를 두고 여러 건의 개혁안을 처리하였다.
② 개화 정책을 추진할 기구로 통리기무아문을 설치하였다.
③ 국정 개혁의 기본 방향을 담은 홍범 14조를 공포하였다.
④ 구본신참의 개혁 원칙을 정하고 대한국국제를 선포하였다.

>**ADVICE** 강화도 조약(1876)은 운요호 사건을 계기로 체결된 우리나라 최초의 근대적 조약이자 영사재판권(치외법권), 해안 측량의 자유권 등을 인정한 불평등 조약이었다. 영선사(1881)는 김윤식을 중심으로 청에 파견된 사절단으로 청의 군사 시설을 시찰하기 위한 목적으로 파견되었으며, 귀국 후 기기창 설립에 영향을 주었다. 통리기무아문(1880)은 강화도 조약 체결 이후 개화 정책을 추진하기 위해 설치한 기구이다.
>
> ① 1차 갑오개혁을 추진하기 위한 기구로 설치되었다.(1894)
> ③ 2차 갑오개혁을 위한 국정 개혁의 기본 방향을 제시하였다.(1894)
> ④ 대한제국 선포 이후 황제권의 강화를 담은 내용이다.(1899)

14 세계유산으로 등재된 것이 아닌 것은? (2019년 12월 31일 기준)

① 종묘   ② 화성
③ 한양도성   ④ 남한산성

>**ADVICE** 한양도성은 세계문화유산 등재 신청을 했지만 실현되지 않았다.
>
> ① 종묘 : 1995년에 등재
> ② 화성 : 1997년에 등재
> ④ 남한산성 : 2014년 등재

✎ **ANSWER** 11.② 12.③ 13.② 14.③

15 다음과 같은 주제로 토론회를 개최한 단체에 대한 설명으로 옳은 것은?

일자	주제
1897. 8. 29.	조선에 급선무는 인민의 교육
1897. 9. 5.	도로 수정하는 것이 위생에 제일 방책
⋮	⋮
1897. 12. 26.	인민의 귀로 듣고 눈으로 보는 것을 개명케 하려면 우리나라 신문지며 다른 나라 신문지들을 널리 반포하는 것이 제일 긴요함

① 헌정연구회의 활동을 계승하여 월보를 간행하고 지회를 설치하였다.
② 국민 계몽을 위해 회보를 발간하고 만민공동회 등 대규모 집회를 열었다.
③ 보부상 중심의 단체로 황권 강화를 통한 부국강병을 행동지침으로 삼았다.
④ 일본이 황무지 개간을 구실로 토지를 약탈하려 하자 대중적 반대 운동을 벌였다.

>ADVICE 해당 단체는 독립협회(1896~1898)이다. 독립협회는 열강의 이권 침탈이 심화되자 서재필을 중심으로 설립되었고 독립문 건립, 독립신문 창간 등의 활동을 하였다. 또한 만민공동회, 관민공동회를 개최하여 자주국권, 자유민권, 자강개혁 운동을 전개하였으며, 입헌군주제 등의 내용을 담은 〈헌의 6조〉를 제시하였다.
① 애국 계몽 운동 단체인 대한자강회이다. 대한자강회 월보를 간행하고 고종의 강제 퇴위 반대 운동을 전개하였다.
③ 황국협회에 관한 설명이다. 독립협회를 해산하는데 결정적 역할을 담당하였다.
④ 보안회에 대한 설명이다.

16 밑줄 친 '그'의 활동으로 옳은 것은?

경술년(1910)에 여러 형제들이 모여서 같이 만주로 갈 준비를 하였다. … 그(1867~1932)는 1만여 석의 재산과 가옥을 모두 팔고 큰집, 작은 집이 함께 압록강을 건너 떠났다. 그는 만주에서 독립군 양성 기관인 신흥 강습소를 설립하였다.

① 조선어학회 사건으로 옥고를 치렀다.
② 독립운동 단체인 경학사를 조직하였다.
③ 3·1운동 민족대표 33인 중 한 명이었다.
④ '삼균주의'에 입각한 한국국민당을 결성하였다.

신민회 회원이자 독립운동가인 이회영이다. 당시 일제의 국권 피탈 과정에서 장기적인 항쟁을 위해서는 국외 독립 운동 기지 건설이 필요하다 생각하여 그는 자신의 재산을 처분하여 남만주 삼원보에 신흥강습소와 자치 기구인 경학사(부민단) 설치하는데 결정적 역할을 담당하였다.

① 일제가 한글 보급 및 우리말 큰사전 편찬 시도를 탄압하고자 벌인 사건(1929)으로 최현배, 이윤재 등이 검거되었다.

③ 민족대표 33인에 포함되지 않았다.

④ 김구 선생이다.

17 밑줄 친 '새 헌법'에 대한 설명으로 옳은 것은?

> 정부에서는 6월 15일 국회에서 통과된 개헌안을 이송받자 이날 긴급 국무회의를 소집하고 정식으로 이를 공포하였다. 이로써 개정된 새 헌법은 16일 0시를 기해 효력을 발생케 되었다. 새 헌법이 공포됨으로써 16일부터는 실질적인 내각책임체제의 정부를 갖게 되었으며 허정 수석국무위원은 자동으로 국무총리가 된다.
>
> —『경향신문』, 1960. 6. 16. —

① 임시수도 부산에서 개정되었다.

② '사사오입'의 논리로 통과되었다.

③ 통일주체국민회의 설치를 규정한 조항이 있다.

④ 민의원과 참의원으로 구성된 국회 조항이 있다.

1960년에 개정된 3차 개헌이다. 4 · 19 혁명으로 이승만 정부와 자유당 정권이 붕괴되고 허정 과도 정부가 수립되면서 양원제(민의원, 참의원)와 내각책임제를 규정한 헌법 개정안을 통과시켰다. 이후 윤보선을 대통령, 장면을 내각 총리로 하는 새로운 정부가 수립되었다.

① 대통령 직선제 개헌을 담은 발췌개헌안이다. (1952)

② 대통령의 중임 제한을 폐지하는 내용을 담은 개헌안이다. (1954)

③ 박정희 정부 때 개정된 7차 개헌안으로 유신 헌법을 지칭한다. (1972)

✎ **ANSWER** 15.② 16.② 17.④

18 다음 사건 이후에 일어난 일로 옳은 것은?

> 개경을 떠나 피난 중인 왕이 안성현을 안성군으로 승격시켰다. 홍건적이 양광도를 침입하자 수원은 항복하였는데, 작은 고을인 안성만이 홀로 싸워 승리함으로써 홍건적이 남쪽으로 내려오지 못하게 하였기 때문이다.

① 화약 무기를 사용해 진포해전에서 승리하였다.
② 처인성 전투에서 적의 장수 살리타를 사살하였다.
③ 기철 일파를 제거하고 쌍성총관부의 관할 지역을 수복하였다.
④ 적의 침략을 물리치기 위한 염원에서 팔만대장경을 만들었다.

>ADVICE 해당 사건은 홍건적의 난으로 고려 공민왕 대에 발생한 사건이다. 당시 중국은 원명교체기라는 혼란한 상황이었고 이 과정에서 홍건적이 고려로 침입하여 발생한 사건이다. 진포해전은 고려 우왕 대에 왜구가 쌀을 비롯한 물자 약탈을 위해 진포(군산)에 침입한 사건으로 당시 최무선이 개발한 화약 무기를 사용하여 승리할 수 있었다.
> ② 고려 고종 대 몽골의 2차 침입에서 발생한 사건이다.
> ③ 공민왕의 반원자주개혁 정책으로 홍건적의 난 이전의 사건이다.
> ④ 고려 고종 대 몽골의 침입에 저항하는 호국불교의 성격을 보여주는 유물이다.

19 ㈎와 ㈏ 사이의 시기에 있었던 일로 옳은 것은?

> ㈎ 남인들이 대거 관직에서 쫓겨나고 허적과 윤휴 등이 처형되었다.
> ㈏ 인현왕후가 복위되고 노론과 소론이 정계에 복귀하였다.

① 송시열과 김수항 등이 처형당하였다.
② 서인과 남인이 두 차례에 걸쳐 예송을 전개하였다.
③ 서인 정치에 한계를 느낀 정여립이 모반을 일으켰다.
④ 청의 요구에 따라 조총부대를 영고탑으로 파견하였다.

>ADVICE 조선 숙종 대에 서인과 남인을 중심으로 하는 붕당정치 과정에서 발생한 환국이다. 환국은 경신환국, 기사환국, 갑술환국 세 차례에 걸쳐 발생하였는데, ㈎는 경신환국이고 ㈏는 갑술환국이다. 따라서 ㈎와 ㈏ 사이에는 기사환국이 해당된다. 기사환국은 숙종과 희빈 장씨 사이의 아들 세자 책봉 문제를 둘러싸고 남인과 서인(노론)의 대립으로 발생한 사건이다. 이 과정에서 세자 책봉을 반대한 송시열과 김수항을 중심으로 한 노론 세력이 대거 몰락하였다.
> ② 효종과 효종 비 사후 복상문제를 놓고 서인과 남인이 대립한 사건으로 조선 현종 대에 발생했다.
> ③ 조선 선조 대에 발생한 사건이다.
> ④ 조선 효종 대에 발생한 나선정벌이다.

20 다음의 사건을 시기순으로 바르게 나열한 것은?

> (가) 제헌국회가 구성되어 헌법을 제정하였다.
> (나) 여운형과 김규식은 좌우합작위원회를 조직하였다.
> (다) 조선건국동맹을 기반으로 조선건국준비위원회가 조직되었다.
> (라) 민주주의 임시정부 수립을 논의하기 위해 제1차 미·소공동위원회가 열렸다.

① (가) - (다) - (나) - (라)
② (나) - (다) - (라) - (가)
③ (다) - (라) - (나) - (가)
④ (라) - (나) - (가) - (다)

>ADVICE (다) 조선건국준비위원회는 여운형과 안재홍을 중심으로 해방 직후 조직된 좌우합작 성격의 건국 준비 단체이다. (1945. 8)
> (라) 모스크바 3상 회의에서 결정된 신탁통치안에 대해 국내 좌우익의 대립이 심해지자 이를 해결하고자 제1차 미·소공동위원회가 열렸다. (1946. 3)
> (나) 제1차 미소공동위원회 결렬 이후 좌우 대립의 문제를 해소하기 위해 여운형과 김규식이 좌우합작위원회를 조직하였다. (1946. 7)
> (가) UN 소총회에서 남한만의 단독 총선거가 결정되고, 1948년 5월 10일 제헌의원을 선출하는 총선거가 실시되었다.

1 〈보기〉의 밑줄 친 '그'의 저술로 가장 옳은 것은?

> 〈보기〉
> 그는 당나라로 가던 도중 진리는 마음속에 있음을 깨닫고 유학을 포기하였다. 여러 종파의 갈등을 보다 높은 수준에서 융화, 통일시키려 하였으므로, 훗날 화쟁국사(和諍國師)로 추앙받았다.

① 해동고승전
② 대승기신론소
③ 왕오천축국전
④ 화엄일승법계도

>ADVICE 신라의 고승 원효에 관한 설명이다. 그는 기존의 왕실 및 귀족 중심의 불교 사상을 대중화하고자 노력하였고 그 결과 아미타 신앙을 대중에게 보급하였다. 또한 일심 사상을 바탕으로 불교 종파들 간의 대립을 지양하면서 화쟁 사상(십문화쟁론)을 주장하였다. 〈대승기신론소〉, 〈금강삼매경〉을 저술하였다.
> ① 고려시대 각훈이 저술하였다.
> ③ 신라시대 혜초가 저술하였다.
> ④ 신라시대 의상이 저술하였다.

2 〈보기〉의 개헌 시기를 순서대로 바르게 나열한 것은?

> 〈보기〉
> ㉠ 대통령 3회 연임 허용
> ㉡ 대통령 직선제 및 5년 단임
> ㉢ 대통령 직선제, 국회 양원제
> ㉣ 대통령은 통일 주체 국민 회의에서 간선

① ㉠ - ㉡ - ㉣ - ㉢   ② ㉡ - ㉢ - ㉠ - ㉣

③ ㉢ - ㉠ - ㉣ - ㉡   ④ ㉣ - ㉡ - ㉢ - ㉠

>ADVICE ㉢ 대통령 직선제, 국회양원제 : 이승만 정부 때 이루어진 발췌개헌안(1952)이다. 발췌개헌안은 6 · 25 전쟁 중 임시수도였던 부산에서 통과된 개헌안으로 이승만의 장기 집권을 위해 정.부통령 직선제, 양원제 국회(참의원, 민의원) 설치를 골자로 하였다.
㉠ 대통령 3회 연임 허용 : 이승만의 장기 집권을 위해 이루어진 사사오입 개헌안(1954)이다.
㉣ 대통령 통일주체국민회의에서 간선 : 박정희 정부 때 이루어진 유신헌법(1972)이다. 박정희는 1967년 선거에서 재선을 이루고 난 이후 장기 집권을 위해 1972년 유신헌법을 개정하여 통일주체 국민회의에 의한 임기 6년의 대통령 간선제를 실현하고, 긴급조치 명령을 규정하였다.
㉡ 대통령 직선제 및 5년 단임 : 전두환 정부 때 이루어진 6 · 29 민주화 선언(1987)이다. 간선제로 임기 7년 단임제로 대통령에 집권한 전두환 정부 말기 국민들은 대통령 직선제를 요구했다. 이에 전두환 정부는 4 · 13 호헌조치를 통해 국민의 요구를 거부하였고 이에 1987년 6월 민주화 운동의 결과 6 · 29 민주화 선언이 발표되었다.

3 〈보기〉의 글을 쓴 학자의 주장에 대한 설명으로 가장 옳은 것은?

> 〈보기〉
> 검소하다는 것은 물건이 있어도 남용하지 않는 것을 말하는 것이지 자신에게 물건이 없다 하여 스스로 단념하는 것을 말하는 것이 아니다. 지금 우리나라 안에는 구슬을 캐는 집이 없고 시장에 산호 따위의 보배가 없다. 또 금과 은을 가지고 가게에 들어가도 떡을 살 수 없는 형편이다. … 이것은 물건을 이용하는 방법을 모르기 때문이다. 이용할 줄 모르니 생산할 줄 모르고, 생산할 줄 모르니 백성은 나날이 궁핍해지는 것이다.

① 균전론을 내세워 사농공상 직업에 따라 토지를 분배하여 자영농을 육성할 것을 주장하였다.
② 상공업을 육성하고 선박, 수레, 벽돌 등 발달된 청의 기술을 적극적으로 수용하자고 제안하였다.
③ 처음에는 여전론, 이후에는 정전제를 내세워 자영농육성을 위한 토지제도 개혁을 주장하였다.
④ 통일 신라와 발해가 병립한 시기를 남북국 시대로 설정하여 발해를 우리 역사의 체계 속에 적극적으로 포용하였다.

>ADVICE 조선 후기 중상학파 실학자(북학파)인 박제가의 주장이다. 그는 청의 문물을 적극적으로 수용할 것을 주장하며 상공업 육성, 수레와 선박의 이용, 소비 권장 등을 통해 부국강병을 추구하였다. 저서로는 〈북학의〉, 〈정유집〉, 〈정유시고〉가 있다.
① 조선 후기 중농학파 실학자인 유형원이 주장하였다.
③ 조선 후기 중농학파 실학자인 정약용이 주장하였다.
④ 조선 후기 〈발해고〉를 저술한 유득공의 주장이다.

4 조선 후기 광업에 대한 설명으로 가장 옳지 않은 것은?

✏ **ANSWER** 1.② 2.③ 3.②

① 정부의 통제 정책으로 잠채가 사라졌다.
② 자본과 경영이 분리된 생산 방식이었다.
③ 청과의 무역으로 은의 수요가 증가하였다.
④ 17세기 이후 민간인의 광산 채굴을 허용하였다.

> **ADVICE** 조선 전기 광업은 관청 중심으로 운영되었다. 하지만 조선 후기에는 민간에 광산 채굴을 허용하고 세금을 받는 설점수세 제를 운영하였다. 특히 청과의 무역에서 결제 수단으로 은의 수요가 증가하면서 은광 개발이 활발해지면서 독점적 도매상 인의 자본이 광산에 투자되고, 광산을 전문적으로 개발하고 경영하는 덕대를 고용하였다. 이 과정에서 자본과 경영이 분 리되어 자본주의 맹아의 모습이 나타나기도 하였고, 광산에 잠입해 몰래 채굴하는 잠채가 성행하였다.

5 고려의 지방제도에 대한 설명으로 옳은 것을 〈보기〉에서 모두 고른 것은?

〈보기〉
㉠ 양계 지역은 계수관이 관할하였다.
㉡ 수령이 파견된 주현보다 수령이 파견되지 않은 속현의 수가 많았다.
㉢ 성종 때 12목이 설치되었다.
㉣ 향·소·부곡 등의 특수행정조직이 있었다.

① ㉠, ㉡, ㉢   ② ㉠, ㉡, ㉣
③ ㉠, ㉢, ㉣   ④ ㉡, ㉢, ㉣

> **ADVICE** 고려 지방 행정 체계는 성종 때 최승로의 '시무 28조' 건의에 따라 순차적으로 이루어졌다. 고려 초 지방호족 및 귀족의 권한 강화로 중앙집권체제가 제대로 확립되지 않음을 비판하면서 지방관 파견을 통해 지방에 대한 중앙의 통제력 강화가 필요함을 건의하였다. 그 결과 전국에 12목이 설치되었고 전국을 5도 양계로 구분하였다. 5도는 일반 행정 구역으로 안찰 사가 파견되었으며 그 밑으로 3경, 4도호부, 8목을 설치하였다. 양계는 북방의 국경 지대를 동계와 북계로 구분한 군사 행정 구역으로 병마사가 파견되었다. 5도 아래 지방관이 파견된 지역은 주현, 지방관이 파견되지 않은 지역은 속현이라 하였고 당시 속현이 주현의 수보다 더 많았다. 또한 특수 행정 구역으로 향, 부곡, 소가 존재하여 일반 주현보다 더 많은 조세와 부역을 부담하였다.
> ㉠ 양계에는 병마사가 파견되었으며, 계수관은 3경, 4도호부, 8목의 수령을 지칭한다.

6 〈보기〉의 ㉠에 해당하는 인물에 대한 설명으로 가장 옳은 것은?

〈보기〉

(㉠)의 노비인 만적 등 여섯 명이 북산(北山)에 나무하러 갔다가 공사(公私) 노비들을 모아 놓고 말하기를, "장군과 재상이 어찌 타고난 씨가 따로 있겠는가? 때만 만나면 누구나 될 수 있는 것이다. 우리라고 어찌 뼈 빠지게 일만 하고 채찍 아래에서 고통만 당하겠는가?"라고 하였다. (중략) "각자 자기 주인들을 때려 죽이고 노비 문서를 불태워버리자. 이로써 이 나라에 다시는 천인이 없게 하면, 공경장상을 우리들이 모두 차지할 수 있을 것이다."라고 하였다.

① 교정도감을 설치하여 국정을 장악하는 한편 도방을 통해 군사적 기반을 강화하였다.
② 노비안검법을 실시하여 억울하게 노비가 된 자를 해방하였다.
③ 풍수지리설을 앞세워 서경천도를 적극 추진하였다.
④ 딸들을 왕에게 시집보내어 권력을 잡고 척준경과 함께 난을 일으켰다.

> **ADVICE** 해당 인물은 고려의 무신 최충헌이고 지문은 그의 노비였던 만적이 일으킨 난이다. 최충헌은 무신 집권자였던 이의민을 제거하고 정권을 잡은 인물로 앞선 무신들과 달리 체제를 안정시키고 무신들의 하극상에 대비하기 위하여 정무 기구인 교정도감과 군사적 기반인 도방을 설치하였다. 이를 기반으로 최씨 무신 정권은 이후 최우, 최항, 최의로 이어졌으며 몽고의 침입으로 무너졌다.
> ② 고려 광종의 왕권 강화 정책이다.
> ③ 고려 묘청의 서경천도 운동이다.
> ④ 고려 이자겸의 난이다.

✎ **ANSWER** 4.① 5.④ 6.①

7 〈보기〉의 사설이 발표되는 계기가 된 사건에 대한 설명으로 가장 옳은 것은?

〈보기〉

… 그러나 슬프도다. 저 개돼지만도 못한 이른바 우리 정부의 대신이란 자들은 자기 일신의 영달과 이익이나 바라면서 위협에 겁먹어 머뭇대거나 벌벌 떨며 나라를 팔아먹는 도적이 되기를 감수하였던 것이다. 아, 4,000년의 강토와 500년의 사직을 다른 나라에 갖다 바치고, 2,000만 국민을 타국의 노예가 되게 하였으니, … 아! 원통한지고, 아! 분한지고. 우리 2,000만 타국인의 노예가 된 동포여! 살았는가, 죽었는가? 단군, 기자 이래 4,000년 국민정신이 하룻밤 사이에 갑자기 망하고 말 것인가. 원통하고 원통하다. 동포여! 동포여!

① 친러 성향의 내각이 수립되어 러시아의 정치적 간섭이 강화되었고, 열강의 이권 침탈도 심해졌다.
② 러일전쟁 승리 이후 일본은 대한제국의 외교권을 박탈하는 조약을 체결하여 대한제국을 일본의 보호국 으로 만들었다.
③ 일본은 헤이그 특사 파견을 문제 삼아 고종 황제를 강제로 퇴위시키고, 대한제국의 군대를 해산하는 조약을 체결했다.
④ 총리 대신 이완용과 조선 통감 데라우치 사이에 조약이 체결되어 국권을 상실하였다.

〉**ADVICE** 1905년 황성신문에 실린 장지연의 '시일야 방성대곡'이다. 1905년 체결된 제2차 한일협약(을사늑약)으로 통감부가 설치되고 대한제국의 외교권이 박탈되자 장지연은 황성신문에 사설 '시일야 방성대곡'을 실어 일본과 을사오적을 비판하였다. 을사늑약의 체결로 민영환은 자결하고, 을사의병이 일어나기도 하였다.
① 아관파천(1896)
③ 한일신협약(1897)
④ 한일병합조약(1910)

8 〈보기〉의 고려 토지제도 (가)~(라) 각각에 대한 설명으로 가장 옳지 않은 것은?

〈보기〉

(가) 조신(朝臣)이나 군사들의 관계(官階)를 따지지 않고 그 사람의 성품, 행동의 선악(善惡), 공로의 크고 작음을 보고 차등 있게 역분전을 지급하였다.

(나) 경종 원년 11월에 비로소 직관(職官), 산관(散官)의 각 품(品)의 전시과를 제정하였다.

(다) 목종 원년 12월에 양반 및 군인들의 전시과를 개정하였다.

(라) 문종 30년에 양반전시과를 다시 개정하였다.

---

① (가) - 후삼국 통일 전쟁에 공이 있는 사람들에게 지급하였다.

② (나) - 인품을 반영하여 토지를 지급하였다.

③ (다) - 실직이 없는 산관은 토지 지급대상에서 제외되었다.

④ (라) - 현직 관리에게만 토지가 지급되고, 문·무관의 차별이 거의 사라졌다.

> **ADVICE** (가) 역분전(태조) : 고려 개국에 공을 세운 신하들에게 지급한 논공행상의 성격을 지닌 토지제도이다.
> (나) 시정전시과(경종) : 직관과 산관 모두에게 관품과 인품에 따라 전지와 시지를 차등 지급하였다.
> (다) 개정전시과(목종) : 직관과 산관 모두에게 관품을 기준으로 토지를 지급하였다. 인품은 사라졌다.
> (라) 경정전시과(문종) : 현직 관료 위주로 토지를 지급하였으며 무신에 대한 차별을 완화하였다.
> ③ 개정전시과 체제에서 산관은 여전히 토지를 지급받았으며, 경정전시과에서 산관에 대한 토지 지급은 소멸되었다.

9 〈보기〉의 정책이 시행된 왕대에 대한 설명으로 가장 옳은 것은?

〈보기〉

　백성들이 육전[육의전(六矣廛)] 이외에는 허가받은 시전 상인들과 같이 장사를 할 수 있도록 하셨다. 채제공이 아뢰기를 "(전략) 마땅히 평시서(平市署)로 하여금 20, 30년 사이에 새로 벌인 영세한 가게 이름을 조사해 내어 모조리 없애도록 하고, 형조와 한성부에 분부하여 육전이 아니라면 난전이라 하여 잡혀 오는 자들을 처벌하지 말도록 할 뿐만 아니라 잡아 온 자를 처벌하시면, 장사하는 사람들은 서로 매매하는 이익이 있을 것이고 백성들도 가난에 대한 걱정이 없어질 것입니다. 그 원망은 신이 스스로 감당하겠습니다."라고 하니 왕께서 따랐다.

① 법령을 정비하여 속대전을 편찬하였다.
② 청과 국경선을 정하고 백두산정계비를 세웠다.
③ 조세제도를 개편하여 영정법을 시행하였다.
④ 인재를 양성하기 위해 초계문신제를 시행하였다.

> ADVICE 조선 후기 정조 대에 채재공의 건의에 따라 육의전을 제외한 시전상인들의 금난전권을 폐지한 신해통공(1791)이다. 정조는 즉위 후 붕당정치의 폐단을 개혁하기 위하여 탕평책을 실시하고 왕권을 강화하고자 하였다. 이를 위해 친 부대인 장용영과 규장각을 설치하여 정치 기구로 삼았다. 또한 신진 관료나 하급 관료들을 대상으로 재교육을 하는 초계문신제를 시행하였으며, 수원 화성을 세워 상공업 중심지로 육성하고자 하였다.
> ① 조선 후기 영조
> ② 조선 후기 숙종
> ③ 조선 후기 인조

10 〈보기〉에서 설명하는 책의 제목으로 가장 옳은 것은?

〈보기〉

• 1433년(세종 15)에 편찬되었다.
• 각종 병론(病論)과 처방을 적었다.
• 전통적인 경험에 기초했다.
• 조선의 약재를 중시했다.

① 향약집성방　　　　　　　　　② 동의보감
③ 금양잡록　　　　　　　　　　④ 칠정산

ADVICE 조선 세종 대에 편찬된 향약집성방이다. 세종은 중국 약재가 아닌 우리 풍토에 맞는 약재와 치료 방법이 필요하다는 점을 인식하여 유효통, 노중례, 박윤덕 등에 의해 향약집성방을 편찬하게 하였다.
② 조선 후기 광해군 대에 허준에 의해 편찬되었다.
③ 조선 전기 성종 대에 강희맹에 의해 편찬되었다.
④ 조선 전기 세종 대에 중국의 수시력과 아라비아 회회력을 참고하여 만든 우리의 역법서이다.

11 〈보기 1〉의 밑줄 친 '이 법'에 대한 옳은 설명을 〈보기 2〉에서 모두 고른 것은?

〈보기 1〉

영의정 이원익이 아뢰기를, "각 고을에서 바치는 공물이 각급 관청의 방납인들에 의해 중간에서 막혀 물건 하나의 가격이 몇 배 또는 몇 십 배, 몇 백 배가 되어 그 폐단이 이미 고질화되었습니다. 그러니 지금 마땅히 별도로 하나의 청을 설치하여 <u>이 법</u>을 시행하도록 하소서."라고 하니 왕이 따랐다.

〈보기 2〉

㉠ 이 법이 실시된 뒤 현물 징수가 완전히 없어졌다.
㉡ 처음에는 경기도에서 시험적으로 시행되었다.
㉢ 과세 기준을 가호 단위에서 토지 결수로 바꾸었다.
㉣ 풍흉의 정도에 따라 조세 액수를 조정하였다.

① ㉠, ㉡ 　　　　　　　　　② ㉠, ㉢
③ ㉡, ㉢ 　　　　　　　　　④ ㉢, ㉣

ADVICE 조선 광해군 대 이원익의 건의에 의해 시행된 대동법이다. 임진왜란 이후 국토의 황폐화, 인구 감소 등으로 재정 부족 현상이 심화되었고 특히 공납에 대한 백성들의 부담과 방납의 폐단마저 심화되면서 이를 개혁하기 위해 시행되었다. 대동법은 가호마다 부과하던 공물 대신에 토지를 기준으로 1결당 미곡 12두나 포, 전 등으로 세금을 납부할 수 있게 한 제도이다. 이 법의 시행으로 공납에 대한 백성들의 부담이 경감되고, 조세의 금납화가 이루어지는 등의 변화가 나타났지만 지주들의 반대로 처음에 경기도에서만 시행되었다. 이후 전국적으로 실시되기까지 100여 년의 시간이 소요되었다.
㉠ 대동법이 시행되고 난 이후에도 별공과 진상은 여전히 남아 있어 농민들의 부담이 되었다.
㉣ 조선 세종 대에 시행된 공법 체제로 토지의 비옥도(전분 6등)와 풍흉의 정도(연분 9등)에 따라 조세를 차등 수취하였다.

12 〈보기〉의 유물들이 발견되는 시대에 대한 설명으로 가장 옳은 것은?

〈보기〉

• 이른 민무늬 토기
• 눌러찍기무늬 토기
• 덧무늬 토기
• 빗살무늬 토기

① 세형 동검, 잔무늬 거울 등을 사용하였다.
② 고인돌과 돌널무덤을 사용하였다.
③ 공주 석장리 유적과 청원 두루봉 동굴 유적이 대표적인 유적지이다.
④ 갈돌과 갈판 등 간석기를 사용하였다.

>ADVICE 신석기 시대의 유물들이다. 신석기 시대에는 간석기를 사용하고 농경과 목축이 시작되었으며, 강가나 해안가에 거주지가
형성되었다. 특히 농경이 시작되면서 이와 관련된 토기와 도구들이 제작되었고, 갈돌과 갈판은 곡식을 갈아 음식을 먹는
데 이용되었다. 신석기 시대의 대표적인 유적지로 서울 암사동과 부산 동삼동 유적지가 있다.
①② 청동기 시대의 유물이다.
③ 구석기 시대의 유적지이다.

13 〈보기〉에서 설명하는 나라의 법률로 가장 옳지 않은 것은?

〈보기〉

은력(殷曆) 정월에 하늘에 제사를 지내며 나라에서 대회를 열어 연일 마시고 먹고 노래하고 춤추는데,
영고(迎鼓)라고 한다. 이때 형옥(刑獄)을 중단하여 죄수를 풀어 주었다.

– 삼국지 권30, 「위서」 30 오환선비동이전 –

① 남에게 상처를 입힌 자는 곡식으로 갚게 했다.
② 도둑질을 하면 그 물건의 12배를 변상케 했다.
③ 형벌이 매우 엄하여 사람을 죽인 사람은 사형에 처하고 그 집안사람은 노비로 삼았다.
④ 남녀 간에 간음을 하거나 투기하는 부인은 모두 죽였다.

>ADVICE 고대 국가인 부여에 관한 내용이다. 〈삼국지 위지 동이전〉에 실린 부여의 법률은 다음과 같다.

> (1) 사람을 죽인 사람은 사형에 처하고 그 집안사람은 적몰(籍沒)하여 노비(奴婢)로 삼는다.
> (2) 도둑질을 하면 12배를 변상케 한다.
> (3) 남녀 간에 음란한 짓을 하거나 부인이 투기하면 모두 죽였다.
> (4) 투기하는 것을 더욱 미워하여 죽이고 나서 그 시체를 나라의 남산 위에 버려서 썩게 한다. 친정집에서 가져가려면 소와 말을 바쳐야 내어 준다.

이를 통해 부여의 형벌이 매우 엄격하다는 것을 알 수 있으며, 노동력을 중시하고 사유재산제, 가부장적 사회 등의 모습을 살펴볼 수 있다.
① 고조선의 8조법에 해당하는 내용이다.

14 〈보기〉의 글을 쓴 인물의 주장과 같은 입장에 대한 설명으로 가장 옳은 것은?

〈보기〉

우리 조선의 역사적 발전의 전 과정은 가령, 지리적 조건, 인종학적 골상, 문화 형태의 외형적 특징 등에서 다소의 차이는 인정되더라도, 외관적인 소위 특수성은 다른 문화 민족의 역사적 발전 법칙과 구별되어야 하는 독자적인 것은 아니며, 세계사적·일원론적인 역사 법칙에 의해 다른 여러 민족과 거의 같은 궤도로 발전 과정을 거쳐온 것이다.

① 민족 정신을 강조하여 우리의 고유한 특색과 전통을 찾았다.
② 신채호와 박은식의 사학을 계승하였다.
③ 역사학의 주관적 해석을 배제하고 문헌 고증을 중시하였다.
④ 한국사의 발전과정을 사회 경제 사학의 관점에서 서술하였다.

>ADVICE 유물론에 입각하여 사회경제사학을 연구한 백남운의 주장이다. 그는 일제 식민사관의 정체성론을 비판하면서 우리 역사도 중세 봉건 사회 이행을 통한 세계사적 보편주의 발전 법칙에 의해 설명할 수 있음을 주장하였다. 저서로는 〈조선봉건사회경제사〉, 〈조선사회경제사〉 등이 있다.
①② 민족 정신을 강조한 민족주의 역사학자는 박은식, 신채호, 정인보 등이 있다. 박은식은 근대사를 연구하며 민족 혼을 강조하였고, 신채호는 고대사를 연구하며 민족 정신, 낭가 사상을 강조하였다. 정인보는 민족 얼을 강조하였다.
③ 문헌고증 사학을 강조한 인물은 이병도, 조윤제, 손진태 등으로 이들은 랑케의 실증주의 사학을 중시하고 진단학회를 설립하였다.

✎ **ANSWER** 12.④ 13.① 14.④

15 〈보기〉의 사건들을 시간순으로 바르게 나열한 것은?

〈보기〉
㉠ 신라 – 건원(建元)이라는 독자적인 연호를 만들었다.
㉡ 가야 – 대가야가 멸망하면서 가야 연맹이 완전히 해체되었다.
㉢ 고구려 – 낙랑군을 완전히 몰아내고 대동강 유역을 확보하였다.
㉣ 백제 – 수도인 한성이 함락되고 왕이 죽자 도읍을 웅진으로 옮겼다.

① ㉠ – ㉡ – ㉢ – ㉣
② ㉡ – ㉢ – ㉣ – ㉠
③ ㉢ – ㉣ – ㉠ – ㉡
④ ㉣ – ㉠ – ㉡ – ㉢W

> ADVICE ㉢ 4세기 고구려 미천왕(300~331)
> ㉣ 5세기 백제 개로왕(455~475)
> ㉠ 6세기 신라 법흥왕(514~540)
> ㉡ 6세기 신라 진흥왕(540~576)

16 〈보기〉의 밑줄 친 '왕'에 대한 설명으로 가장 옳은 것은?

〈보기〉
왕이 행차에서 돌아와 그 대나무로 피리를 만들어 월성의 천존고(天尊庫)에 간직하였다. 이 피리를 불면 적병이 물러가고 병이 나으며, 가뭄에는 비가 오고 장마에는 날씨가 개며, 바람이 잦아지고 물결이 평온해졌다. 이를 만파식적으로 부르고 나라의 보물이라 칭하였다.

– 삼국유사 –

① 녹읍을 부활시켰다.
② 9주 5소경을 설치하였다.
③ 정전을 지급하였다.
④ 고구려 부흥운동을 지원하였다.

> ADVICE 삼국유사 만파식적에 관한 고사이고 이는 신라 신문왕 대의 내용이다. 신문왕은 김흠돌의 반란을 계기로 강력한 중앙집권 체제를 유지하기 위해 집사부 시중의 권한을 강화시키고 진골 귀족의 영향력을 축소하였다. 그 결과 관리들에게 토지의 수조권만 허용하는 관료전을 지급하고, 귀족의 경제 기반이었던 녹읍을 폐지하였다. 또한 9서당 10정의 군사체제를 정비하고, 지방을 9주 5소경으로 하여 행정 체제를 정비하였다.
> ① 신라 경덕왕 대에 진골 귀족들의 반발로 녹읍이 부활하였다.
> ③ 신라 성덕왕 대에 왕토사상을 기반으로 백성들에게 정전을 지급하였다.
> ④ 신라 문무왕 대에 당의 한반도 지배 야욕에 대항하여 안승을 고구려 왕으로 임명하고 고구려 부흥운동을 지원하였다.

17 〈보기〉의 조약이 체결된 이후에 일어난 사건으로 가장 옳지 않은 것은?

〈보기〉
〈제1관〉 조선국은 자주국으로서 일본국과 평등한 권리를 보유한다.
〈제7관〉 조선의 연해 도서는 지극히 위험하므로 일본의 항해자가 자유로이 해안을 측량함을 허가한다.

① 만동묘가 철폐되었다.
② 이범윤이 간도 시찰원으로 파견되었다.
③ 통리기무아문이 설치되었다.
④ 영남 유생들이 만인소를 올렸다

〉ADVICE 해당 조약은 1876년 체결된 강화도 조약이다. 운요호 사건을 계기로 체결된 강화도 조약은 우리나라 최초의 근대적 조약이자 영사재판권(치외법권), 해안 측량의 자유권 등을 인정한 불평등 조약이었다.
　① 흥선대원군이 왕권강화를 위해 서원철폐와 더불어 실시(1865)한 것으로 강화도 조약 체결 이전이다.
　② 대한제국 시기에 이루어졌다(1902).
　③ 강화도 조약 체결 이후 개화 정책을 관장하는 기구로 설치되었다(1880).
　④ 2차 수신사로 일본에 파견된 김홍집이 황준헌의 〈조선책략〉을 가지고 들어온 이후 이에 반대하며 일어난 사건이다 (1881).

18 〈보기〉의 조선시대 사건을 시간순으로 바르게 나열한 것은?

〈보기〉
㉠ 기묘사화　　　　　　　　　　　㉡ 을묘왜변
㉢ 계유정난　　　　　　　　　　　㉣ 무오사화

① ㉠ - ㉡ - ㉢ - ㉣　　　　　　　② ㉡ - ㉢ - ㉣ - ㉠
③ ㉢ - ㉣ - ㉠ - ㉡　　　　　　　④ ㉣ - ㉠ - ㉡ - ㉢

〉ADVICE ㉢ 계유정난(1453) : 수양 대군이 난을 일으켜 단종을 폐위하고 왕으로 즉위하게 된 사건(세조)
　㉣ 무오사화(1498) : 김종직의 '조의제문' 사건을 훈구파가 문제삼아 사림들이 대대적으로 탄압(연산군)
　㉠ 기묘사화(1519) : 조광조의 개혁정치에 훈구파가 문제삼아 조광조를 비롯한 사림이 탄압받은 사건(중종)
　㉡ 을묘왜변(1555) : 일본이 전라남도 강진, 진도 일대에 침입한 사건으로 이전에는 3포 왜란 등이 있었다(명종)

✎ **ANSWER** 15.③ 16.② 17.① 18.③

19 〈보기〉는 동학농민군이 제시한 「폐정개혁안」 12개조 중 일부이다. 이 중 갑오개혁에 반영된 것을 모두 고른 것은?

〈보기〉

㉠ 무명의 잡다한 세금은 일체 거두지 않는다.
㉡ 토지는 균등히 나누어 경작한다.
㉢ 왜와 통하는 자는 엄중히 징벌한다.
㉣ 젊어서 과부가 된 여성의 재혼을 허용한다.

① ㉠, ㉡   ② ㉠, ㉣
③ ㉡, ㉢   ④ ㉢, ㉣

〉**ADVICE** 폐정개혁안 12개조는 동학농민군이 전주성 점령 이후 정부에 요구한 개혁안이다. 당시 동학농민군의 요구는 수용되지 못했지만 대신 전주화약을 체결하여 집강소가 설치되었다. 동학농민군의 개혁 요구안 일부는 갑오개혁에서 실현되었다. 특히 갑오개혁의 사회적 측면에서 신분제가 철폐되고 조혼 금지, 과부 재가 허용, 고문과 연좌제 금지 등의 봉건적 악습이 철폐가 된 것에서 살펴볼 수 있다.

㉡ 토지제도의 개혁은 이루어지지 않았다.
㉢ 갑오개혁은 일본이 경복궁을 무단 점령한 이후 일본의 강요에 의해 이루어진 조약이다.

20 〈보기〉의 독립운동단체 결성 시기를 순서대로 바르게 나열한 것은?

〈보기〉

ㄱ 조선 의용대　　　　　　　　ㄴ 의열단
ㄷ 참의부　　　　　　　　　　ㄹ 대한 광복회
ㅁ 근우회

① ㄱ - ㄴ - ㄷ - ㅁ - ㄹ
② ㄴ - ㄷ - ㅁ - ㄱ - ㄹ
③ ㄷ - ㄹ - ㅁ - ㄴ - ㄱ
④ ㄹ - ㄴ - ㄷ - ㅁ - ㄱ

ADVICE ㄹ 대한광복회(1915): 박상진과 김좌진을 중심으로 결성된 단체로 공화정을 추구하며 친일파를 처단하고 군자금 모금 활동을 전개하였다.

ㄴ 의열단(1919): 김원봉을 중심으로 결성된 무장단체로 김상옥, 나석주 등으로 하여금 식민 통치 기관을 파괴하는 활동을 전개하였다. 신채호는 의열단 선언문인 〈조선혁명선언〉을 작성하기도 하였다.

ㄷ 참의부(1923): 대한민국 임시정부의 직할부대이다.

ㅁ 근우회(1927): 민족유일당 운동으로 사회주의와 민족주의 계열 간 통합이 이루어지면 신간회가 창립되었고, 그 자매단체로 근우회가 설립되었다. 여성 인권 운동 등을 전개하였다.

ㄱ 조선의용대(1938): 김원봉이 중심이 되어 조직된 군대로 중국 관내에서 조직된 최초의 한인 무장 부대였다. 이후 충칭 임시정부 산하 한국광복군에 합류하였다.

1 (가) 시기의 생활상에 대한 설명으로 옳은 것은?

> 1935년 두만강 가의 함경북도 종성군 동관진에서 한반도 최초로 [(가)] 시대 유물인 석기와 골각기 등이 발견되었다. 발견 당시 일본에서는 [(가)] 시대 유물이 출토되지 않은 상황이었다.

① 반달 돌칼을 이용하여 벼를 수확하였다.
② 넓적한 돌 갈판에 옥수수를 갈아서 먹었다.
③ 사냥이나 물고기잡이 등을 통해 식량을 얻었다.
④ 영혼 숭배 사상이 있어 사람이 죽으면 흙 그릇 안에 매장하였다.

>ADVICE (가)는 구석기 시대이다. 함경북도 구석기 시대 유적지로는 동관진, 굴포리가 있으며 거주지는 주로 강가의 막집이나 동굴을 이용하였다. 무리를 지어 이동하며 사냥이나 물고기 잡이, 채집 등을 통해 경제생활을 영위했다. 구석기 시대를 대표하는 도구로는 뗀석기가 있다.
>　① 반달돌칼은 청동기 시대의 농경 도구이다.
>　② 갈판과 갈돌은 신석기 시대의 농경 도구이다.
>　④ 영혼 숭배 사상은 신석기 시대의 원시 신앙 형태이다.

2 조선 전기 문화에 대한 설명으로 옳은 것은?

① 『어우야담』을 비롯한 야담·잡기류가 성행하였다.
② 유서(類書)로 불리는 백과사전이 널리 편찬되었다.
③ 『동문선』이 편찬되어 우리 문학의 독자성을 강조하였다.
④ 중인층을 중심으로 시사가 결성되어 문학 활동을 벌였다.

>ADVICE ③ 〈동문선〉은 조선 전기 서거정을 중심으로 삼국시대~조선 까지 시와 산문 중에서 빼어난 작품을 선정하여 편찬하였다. 이를 편찬하면서 우리 글이 중국의 글과 다른 독자성을 가지고 있음을 강조하였다.
>　① 〈어우야담〉은 조선 중기 문신인 유몽인이 저술한 것으로 임진왜란 전후의 생활상을 풍자한 야사, 가설, 향담 등을 엮어 만든 설화집이다. 이와 같은 야담, 잡기류는 양난 이후 조선 후기 사회에서 주로 편찬되었다.
>　② 유서(類書)로 불리는 백과사전에는 이수광의 〈지봉유설〉, 이익의 〈성호사설〉, 이규경의 〈오주연문장전산고〉 등이 있으

며 조선 후기에 많이 편찬되었다.

④ 중인층을 중심으로 시사가 결성되어 문학 활동을 벌였다.

3 (가) 인물에 대한 설명으로 옳은 것은?

> 신종 원년 사노비 만적 등이 북산에서 땔나무를 하다가 공사의 노비들을 모아 모의하기를, "우리가 성 안에서 봉기하여 먼저 ⬚(가)⬚ 등을 죽인다. 이어서 각각 자신의 주인을 죽이고 천적(賤籍)을 불태워 삼한에서 천민을 없게 하자. 그러면 공경장상이라도 우리가 모두 할 수 있을 것이다."라고 하였다.

① 정방을 설치하여 인사권을 장악하였다.

② 치안유지를 위해 야별초를 설립하였다.

③ 이의방을 제거하고 권력을 장악하였다.

④ 봉사십조를 올려 사회개혁안을 제시하였다.

> **ADVICE** (가)는 최충헌이고 해당 내용은 고려 최씨 무신 정권기에 발생한 만적의 난이다. 최충헌은 무신 집권자였던 이의민을 제거하고 정권을 잡은 인물로 앞선 무신들과 달리 체제를 안정시키고 사회 개혁안인 봉사 10조를 제시하였다. 또한 무신들의 하극상에 대비하기 위하여 정무 기구인 교정도감과 군사적 기반인 도방을 설치하였다. 이를 기반으로 최씨 무신 정권은 이후 최우, 최항, 최의로 이어졌으며 몽고의 침입으로 무너졌다.
> ①② 인사기구로 정방을 설치하고, 치안유지를 위해 야별초를 설립한 것은 최우이다. 야별초는 이후 좌별초와 우별초로 분리되고, 신의군과 합쳐 삼별초가 되었다.
> ③ 무신정변을 일으킨 정중부에 의해 제거되었다.

✏ **ANSWER** 1.③ 2.③ 3.④

4 다음 자료에 나타난 사상에 대한 설명으로 옳은 것은?

> 군신, 부자, 부부, 붕우, 장유의 윤리는 인간의 본성에 부여된 것으로서 천지를 통하는 만고불변의 이치이고, 위에 존재하는 것으로서 도(道)가 됩니다. 이에 대해 배, 수레, 군사, 농사, 기계가 국민에게 편리하고 나라에 이롭게 하는 것은 외형적인 것으로서 기(器)가 됩니다. 신이 변혁을 꾀하고자 하는 것은 기(器)이지 도(道)가 아닙니다.

① 왜양일체론(倭洋一體論)을 주장하였다.
② 근대 문물 수용의 사상적 기반이 되었다.
③ 갑신정변 주도 세력의 견해를 대변하였다.
④ 우등한 사회가 열등한 사회를 지배하는 것이 당연하다고 보았다.

> **ADVICE** 개화기 윤선학의 상소문에 나타난 동도서기(東道西器)론에 관한 내용이다. 이는 우리의 질서와 정신은 지키되 서양 문물을 선별적으로 수용할 것을 강조한 내용이고 김윤식을 비롯한 온건개화파의 개화 사상을 지지하는 근거가 되었다.
> ① 개항 반대를 주장한 위정척사파 최익현의 주장이다.
> ③ 갑신정변을 주도한 세력은 김옥균, 박영효를 비롯한 급진개화파이며 이들은 문명개화론을 기반으로 개화를 추구하고자 하였다.
> ④ 사회진화론으로 이후 애국계몽운동, 실력양성운동 등 개화지식인들의 기반 사상이 되었다.

5 ㈎에 들어갈 기관으로 옳은 것은?

> 5월에 조서를 내리기를 "개경 내의 사람들이 역질에 걸렸으니 마땅히 [㈎]을/를 설치하여 이들을 치료하고, 또한 시신과 유골은 거두어 묻어서 비바람에 드러나지 않게 할 것이며, 신하를 보내어 동북도와 서남도의 굶주린 백성을 진휼하라."라고 하였다.
>
> －『고려사』－

① 의창   ② 제위보
③ 혜민국   ④ 구제도감

> **ADVICE** ㈎는 고려 예종 때 설치한 구제도감이다. 이는 당시 개경 백성들 사이에 역병이 유행하자 이들을 치료하고 병으로 사망한 가난한 백성들의 시체를 묻어주기 위해 설치하였다.
> ① 의창은 고려 성종 대에 설치된 빈민 구휼기구로 고려 태조의 흑창을 계승하였다.
> ② 제위보는 고려 광종 대에 설치된 빈민 구휼기구로 기금을 마련하여 운영하였다.
> ③ 혜민국은 고려 예종 대에 설치한 의료 기구이다.

6 밑줄 친 '이 지역'에 대한 설명으로 옳은 것은?

> 장수왕은 군사 3만을 거느리고 백제를 침공하여 왕도인 <u>이 지역</u>을 함락시켜, 개로왕을 살해하고 남녀 8천 명을 사로잡아 갔다.

① 망이, 망소이가 반란을 일으켰다.   ② 고려 문종 대에 남경이 설치되었다.
③ 보조국사 지눌이 수선사 결사를 주도하였다.   ④ 고려 태조가 북진 정책의 전진 기지로 삼았다.

> **ADVICE** 백제의 초기 왕도는 한강 유역의 한성이다. 5세기 고구려 장수왕의 남하 정책으로 인하여 백제는 개로왕이 전사하고 수도 한성을 함락당했다. 이후 문주왕 원년에 웅진성으로 천도하였다(475). 고려 시대 남경은 3경(서경, 동경, 남경) 중 하나로 한성을 지칭한다.
> ① 고려 명종 대에 공주 명학소에서 발생하였다(1176)
> ③ 순천 송광사를 지칭한다.
> ④ 북진정책의 전진 기지는 서경이다.

7 다음 사건이 일어난 왕의 재위 기간에 있었던 사실로 옳은 것은?

> 그들 조선군은 비상한 용기를 가지고 응전하면서 성벽에 올라 미군에게 돌을 던졌다. 창칼로 상대하는데 창칼이 없는 병사들은 맨손으로 흙을 쥐어 적군 눈에 뿌렸다. 모든 것을 각오하고 한 걸음 한 걸음 다가드는 적군에게 죽기로 싸우다 마침내 총에 맞아 죽거나 물에 빠져 죽었다.

① 군포에 대한 양반들의 면세특권이 폐지되었다.
② 금난전권을 제한하려는 통공정책이 시작되었다.
③ 결작세가 신설되면서 지주들의 부담이 증가하였다.
④ 영정법이 제정되어 복잡한 전세 방식이 일원화되었다.

> **ADVICE** 해당 사건은 조선 후기 고종 대에 미국이 제너럴 셔먼호 사건을 빌미로 강화도를 공략한 신미양요(1871)이다. 당시 고종의 아버지인 흥선대원군이 서구 열강의 접근에 대해 대외적으로는 쇄국정책을 추진하였고, 대내적으로는 왕권 강화를 위하여 서원 철폐, 비변사 혁파, 경복궁 중건 등의 정책을 시행하였다. 동시에 삼정의 문란을 시정하여 민생 안정을 도모하였는데 전정에 대한 개혁으로는 양전사업을 시행하여 은결을 색출하였고, 군정에 대해서는 호포제를 시행하여 양반들에게도 군포를 징수하였다. 또한 환곡에 대한 개혁으로 사창을 시행하였다.
> ② 조선 정조 때 시행되었다(1791)
> ③ 조선 영조 때 시행된 균역법이다(1751)
> ④ 영정법은 조선 인조 때 시행되었다(1635)

✎ **ANSWER** 4.② 5.④ 6.② 7.①

8 (가) ~ (라)에 해당하는 사실로 옳지 않은 것은?

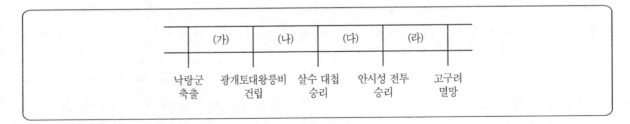

① (가) – 백제 침류왕이 불교를 받아들였다.
② (나) – 고구려 영양왕이 요서 지방을 선제공격하였다.
③ (다) – 백제가 신라 대야성을 공격하여 함락시켰다.
④ (라) – 신라가 매소성에서 당군을 격파하였다.

> **ADVICE** 낙랑군 축출(고구려 미천왕. 313), 광개토대왕릉비 건립(고구려 장수왕. 414), 살수대첩 승리(고구려 영양왕. 612), 안시
성 전투 승리(고구려 보장왕. 645), 고구려 멸망(고구려 보장왕. 668)
④ 매소성 전투(675)와 기벌포 전투(676)는 백제와 고구려 멸망 이후 한반도의 주도권을 놓고 신라와 당 사이에 벌어진
나당전쟁으로 신라가 승리하면서 삼국통일을 완성하는 계기가 되었다.
① 동진의 마라난타에 의해 백제 침류왕이 불교를 공인하였다.(384)
② 고구려 영양왕이 요서 지방을 선제공격하고 이후 수 문제가 고구려에 침입하는 배경이 되었다.(594)
③ 백제 의자왕(642) 대에 발생하였다.

9 밑줄 친 '이 책'에 대한 설명으로 옳은 것은?

> 신(臣)이 <u>이 책</u>을 편수하여 바치는 것은 … (중략) … 중국은 반고부터 금국에 이르기까지, 동국은 단군
> 으로부터 본조(本朝)에 이르기까지 처음 일어나게 된 근원을 간책에서 다 찾아보아 같고 다른 것을 비교
> 하여 요점을 취하고 읊조림에 따라 장을 이루었습니다.

① 성리학적 유교 사관이 반영되어 대의명분을 강조하였다.
② 국왕, 훈신, 사림이 서로 합의하여 통사체계를 구성하였다.
③ 원 간섭기에 중국과 구별되는 우리 역사의 독자성을 강조하였다.
④ 왕명으로 단군조선에서 고려 말까지의 역사를 노래 형식으로 정리하였다.

> **ADVICE** 고려 원 간섭기 충렬왕 대에 이승휴에 의해 편찬된 제왕운기(1287)이다. 제왕운기는 중국 역사와 우리 역사를 운율시 형
태로 서술한 것으로 단군 조선~충렬왕 대까지의 우리 역사를 서술하면서 우리 역사의 독자성과 자주의식을 엿볼 수 있는
역사서이다.
① 고려 말 공민왕 대 이제현이 저술한 〈사략〉이다.
② 조선 전기 성종 대 서거정 등이 고대~고려 말까지의 역사를 기록한 〈동국통감〉이다.
④ 조선 전기 세종 대 권도가 편찬한 〈동국세년가〉이다.

10 다음 그래프에 표시된 시기에 일어난 사회 현상으로 옳지 <u>않은</u> 것은?

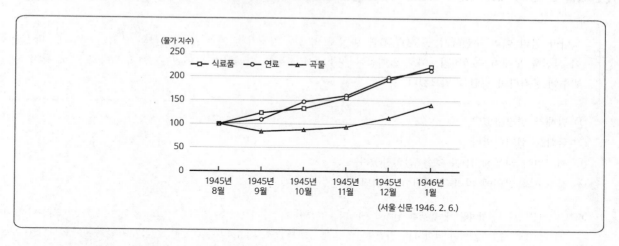

① 해외로부터 귀환인이 급증하여 식량이 부족했다.
② 38도선 분할 점령 이후 식료품 부문의 생산이 크게 위축되었다.
③ 미군정이 재정적자를 메우기 위해 화폐를 과도하게 발행했다.
④ 미곡수집제 폐지, 토지개혁 실시를 주장하는 대규모 시위가 일어났다.

》**ADVICE** 광복 직후의 시대적 상황에 관한 내용이다. 1948. 8. 15. 광복을 전후로 하여 한반도는 미국과 소련에 의해 38도선을 경계로 남과 북에 각각 미군과 소련군이 주둔하였다. 해외로 이주한 동포들이 대거 귀국하고 38도선이 확립되며 인구의 남하까지 이루어지며 인구의 사회적 증가가 이루어졌으나 식량 공급 사정이나 식료품 생산 등이 위축되었다. 문제를 해결하기 위해 미군정은 화폐를 대량 발행하기도 하고 식량 문제 해결에 있어서 일제 강점기 운영되었던 배급제와 공출제를 폐지하고 쌀의 자유 거래를 허용하였다. 하지만 이는 투기꾼들에 의한 쌀의 매점매석을 초래하여 곡가가 급등하는 등의 문제가 발생하게 되었고, 이를 통제하기 위해 1946년 1월에 미곡수집령을 시행하였다. 미곡수집령은 농가의 잉여곡물을 매입하여 비농가에 배급하고자 했던 정책인데 이미 농가가 보유한 잉여 곡물이 거의 없어 해당 정책은 또 다른 혼란을 초래하였다.
④ 미곡수집제 폐지, 토지개혁 실시를 주장하는 대규모 시위는 1946년 1월 이후에 발생하였다.

✎ **ANSWER** 8.④ 9.③ 10.④

11 밑줄 친 '왕'의 재위 기간에 있었던 사실로 옳은 것은?

> 나라 안의 여러 군현에서 공부(貢賦)를 바치지 않으니 창고가 비어 버리고 나라의 쓰임이 궁핍해졌다. 왕이 사신을 보내어 독촉하자, 이로 말미암아 곳곳에서 도적이 벌떼처럼 일어났다. 이때 원종과 애노 등이 사벌주에 웅거하여 반란을 일으켰다.

① 발해가 멸망하였다.
② 국학을 설치하였다.
③ 최치원이 시무책 10여 조를 건의하였다.
④ 장보고의 건의에 따라 청해진이 설치되었다.

> **ADVICE** 신라 말기 진성여왕 대 발생한 원종과 애노의 난(889)이다. 신라 말기는 진골귀족 간의 왕위쟁탈전이 치열해지면서 지방에 대한 중앙통제력이 약화되고, 자연재해와 조세 수탈로 인한 백성들의 삶은 더욱 어려워져 원종과 애노의 난을 비롯한 민란이 각 지방에서 발생하였다. 당시 6두품 출신이었던 최치원은 당의 빈공과에 급제하였고 신라로 귀국 후 신라 사회 문제를 해결하기 위한 방안으로 '시무 10여 조'를 진성여왕에게 건의하였다.
> ① 발해 멸망(925) : 거란의 침입으로 멸망하였다.
> ② 국학 설치(682) : 신라 신문왕 대에 설치되었다.
> ④ 청해진 설치(828) : 신라 흥덕왕 대에 설치되었다.

12 독도가 대한민국의 영토임을 알 수 있는 자료로 옳은 것만을 모두 고르면?

> ㉠ 일본의 은주시청합기(1667년)
> ㉡ 일본의 삼국접양지도(1785년)
> ㉢ 일본의 태정관 지령문(1877년)
> ㉣ 일본의 시마네현 고시(1905년)

① ㉠, ㉡, ㉢
② ㉠, ㉡, ㉣
③ ㉠, ㉢, ㉣
④ ㉡, ㉢, ㉣

> **ADVICE** 독도가 우리 영토임을 증명하는 일본 측 문서로 은주시청합기(1667년), 삼국접양지도(1785년), 태정관 지령문(1877년) 등이 있다.
> ㉣ 시마네현 고시(1905년) : 1900년 대한제국은 칙령 제41호를 통해 울릉도와 독도가 우리 영토임을 밝혔지만, 일본은 러일전쟁 중이던 1905년 시마네 현 고시 제40호를 통해 독도를 자국 영토로 불법 편입하였다.

13 (개)에 대한 설명으로 옳은 것은?

> 문화통치의 일환으로 한글 신문의 발행이 허용되었다. 이에 따라 [(개)]이/가 창간되었다. [(개)]은/는 자치운동을 모색하던 이광수의 「민족적 경륜」을 실어 비판받기도 하였으나, '일장기 말소사건'으로 일제로부터 정간 처분을 받기도 하였다.

① 한글 보급 운동에 앞장서 『한글원본』을 만들었다.
② 브나로드 운동이라는 농촌 계몽 운동을 전개하였다.
③ 『개벽』, 『신여성』, 『어린이』 등의 잡지를 발행하였다.
④ 신간회가 결성되자 신간회 본부와 같은 역할을 하게 되었다.

>**ADVICE** (개)는 동아일보이다. 1920년대 일제가 문화통치로 식민통치 방식을 전환하면서 표면적으로 언론, 출판의 자유를 허용하였고 당시 창간된 신문으로 조선일보와 동아일보가 있었다. 1924년 이광수의 〈민족적 경륜〉이라는 사설을 실은 신문은 동아일보이다. 동아일보는 1931년 농촌계몽운동의 일환으로 브나로드 운동을 전개했으며, 조선일보는 문자보급 운동을 전개하였다.
> ① 조선일보이다.
> ③ 천도교가 주도하였다.
> ④ 신간회는 조선일보 사장이었던 이상재를 회장으로 선출했다.

14 (개) 인물에 대한 설명으로 옳은 것은?

> 김춘추가 당나라에 들어가 군사 20만을 요청해 얻고 돌아와서 [(개)]을/를 보며 말하기를, "죽고 사는 것이 하늘의 뜻에 달렸는데, 살아 돌아와 다시 공과 만나게 되니 얼마나 다행한 일입니까?"라고 하였다. 이에 [(개)]이/가 대답하기를, "저는 나라의 위엄과 신령함에 의지하여 두 차례 백제와 크게 싸워 20 성을 빼앗고 3만여 명을 죽이거나 사로잡았습니다. 그리고 품석 부부의 유골이 고향으로 되돌아왔으니 천행입니다."라고 하였다.
>
> — 『삼국사기』 —

① 황산벌에서 백제군을 물리쳤다.
② 화랑이 지켜야 할 세속오계를 제시하였다.
③ 진덕여왕의 뒤를 이어 신라왕으로 즉위하였다.
④ 당에서 숙위 활동을 하다가 부대총관이 되어 신라로 돌아왔다.

> **ADVICE** 해당 인물은 김유신이다. 김유신은 김춘추와 더불어 삼국통일의 초석을 다진 인물로 황산벌에서 계백이 이끈 백제의 결사대를 물리치고 백제를 멸망시켰다. 이후 고구려 정벌과 한반도에서 당나라 군대를 축출하기 위해 노력하였다.
> ② 원광법사
> ③ 김춘추
> ④ 김인문

15 (개), (내) 신분층에 대한 설명으로 옳지 않은 것은?

> 오래도록 막혀 있으면 반드시 터놓아야 하고, 원한은 쌓이면 반드시 풀어야 하는 것이 하늘의 이치다. [(개)]와/과 [(내)]에게 벼슬길이 막히게 된 것은 우리나라의 편벽된 일로 이제 몇백 년이 되었다. [(개)]은/는 다행히 조정의 큰 성덕을 입어 문관은 승문원, 무관은 선전관에 임명되고 있다. 그런데도 우리들 [(내)]은/는 홀로 이 은혜를 함께 입지 못하니 어찌 탄식조차 없겠는가?

① (개)의 신분 상승 운동은 (내)에게 자극을 주었다.
② (개)는 수차례에 걸친 집단 상소를 통해 관직 진출의 제한을 없애 줄 것을 요구하였다.
③ (내)에 해당하는 인물로는 정조 때 규장각 검서관으로 등용된 유득공, 박제가, 이덕무 등이 있다.
④ (내)는 주로 기술직에 종사하며 축적한 재산과 탄탄한 실무 경력을 바탕으로 신분 상승을 추구하였다.

16 다음 자료에 나타난 사상에 대한 설명으로 옳은 것은?

> 사람이 곧 하늘이라. 그러므로 사람은 평등하며 차별이 없나니, 사람이 마음대로 귀천을 나눔은 하늘을 거스르는 것이다. 우리 도인은 차별을 없애고 선사의 뜻을 받들어 생활하기를 바라노라.

① 이 사상에 대해 순조 즉위 이후 대탄압이 가해졌다.
② 이 사상을 바탕으로 『동경대전』과 『용담유사』가 편찬되었다.
③ 이 사상을 근거로 몰락한 양반의 지휘 아래 평안도에서 난이 일어났다.
④ 이 사상을 근거로 단성에서 시작된 농민봉기는 진주로 이어졌다.

17 다음은 우리나라 경제성장 과정을 시간순으로 나열한 것이다. (가)에 들어갈 내용으로 옳은 것은?

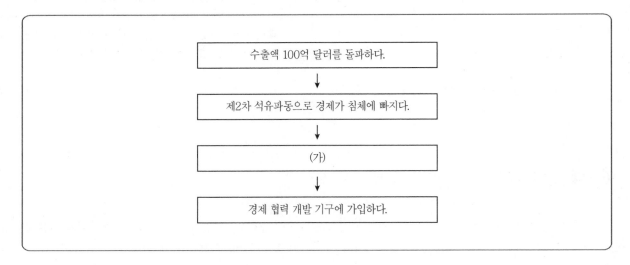

수출액 100억 달러를 돌파하다.

↓

제2차 석유파동으로 경제가 침체에 빠지다.

↓

(가)

↓

경제 협력 개발 기구에 가입하다.

① 제3차 경제개발 5개년 계획이 실시되다.

② 저금리, 저유가, 저달러의 3저 호황을 경험하다.

③ 베트남 파병을 시작하고 「브라운 각서」를 체결하다.

④ 일본과 대일 청구권 문제에 합의하고 「한일 기본 조약」을 체결하다.

ADVICE 수출액 100억달러 돌파, 제2차 석유파동은 모두 1970년 후반에 나타난 경제 현상이다. 그리고 우리나라가 경제 협력 개발 기구(OECD)에 가입한 것은 김영삼 정부 때인 1996년이다. 따라서 (가)는 1970년대 후반~1990년 중반까지의 사실에 해당한다. 1980년대 후반 우리나라는 수출이 증가해 경제 성장률이 높아지는데 이는 당시 국제적으로 저금리, 저유가, 저달러의 3저 호황이 있었기 때문에 가능하였다.

① 1972년

③ 1966년

④ 1965년

18 다음 법령이 실시된 기간에 있었던 사실로 옳은 것은?

> 제1조 국체를 변혁 또는 사유재산제를 부인할 목적으로 결사를 조직하거나 그 정을 알고 이에 가입하는 자는 10년 이하의 징역 또는 금고에 처함
> 제2조 전조의 제1항의 목적으로 그 목적한 사항의 실행에 관하여 협의한 자는 7년 이하의 징역 또는 금고에 처함

① 「조선 태형령」이 공포되었다. ② 경성 제국 대학이 설립되었다.
③ 물산 장려 운동이 시작되었다. ④ 학도 지원병 제도가 실시되었다.

>ADVICE 해당 법령은 1925년 일제가 제정한 치안유지법이다. 이는 1920년대 초반 사회주의 사상이 유입되고 민족 독립 운동가들 중에서 사회주의 운동을 전개하는 것을 탄압하기 위하여 제정되었다. 이 법이 폐지된 것은 1945년 10월이다.
> ① 1912년 제정되었고, 일제 무단통치의 상징성을 지니고 있었다.
> ② 1923년에 설립되었다.
> ③ 1920년부터 전개된 국산품 애용운동이다.

19 다음 사실이 있었던 시기의 향촌사회에 대한 설명으로 옳지 않은 것은?

> 황해도 봉산 사람 이극천이 향전(鄕戰) 때문에 투서하여 그와 알력이 있는 사람들을 무고하였는데, 내용이 감히 말할 수 없는 문제에 저촉되었다.

① 향전의 전개 속에서 수령의 권한이 강화되었다.
② 신향층은 수령과 그를 보좌하는 향리층과 결탁하였다.
③ 수령은 경재소와 유향소를 연결하여 지방통치를 강화하였다.
④ 재지사족은 동계와 동약을 통해 향촌사회에 대한 영향력을 유지하려 하였다.

>ADVICE 향전(鄕戰)은 조선 후기 기존의 향촌 세력과 새로운 향촌 세력 간에 향권(鄕權)을 둘러싸고 나타난 다툼이다. 조선 후기에는 농업 및 상공업이 발달하면서 신흥 지주층이 새로운 향촌 지배 세력(新鄕)이 되고, 기존의 향촌 재지 세력(舊鄕)은 몰락하는 경우가 발생하면서 이들 사이에 향촌의 지배권을 놓고 대립 현상이 빈번하게 나타났다. 이 과정에서 기존의 향회의 권한이 추락하고 향회가 수령의 부세자문 기구로 전락하면서 수령의 권한은 강화되고, 신향층은 수령 및 향리층과 결탁하며 자신의 세를 확장하고자 하였다. 반면 구향은 동계와 동약을 통해 향촌 사회에 대한 영향력을 유지하고자 하였다.
> ③ 경재소는 유향소를 통제하기 위해 설립되었고, 수령이 경재소와 유향소를 연결하여 지방통치를 강화하려 한 것은 조선 전기이다.

 ANSWER 17.② 18.④ 19.③

20 다음 자료가 발표된 이후의 사실에 해당하지 않는 것은?

　　우리는 3천만 한국 인민과 정부를 대표하여 삼가 중·영·미·소·캐나다 기타 제국의 대일 선전이 일본을 격패케 하고 동아를 재건하는 가장 유효한 수단이 됨을 축하하여 이에 특히 다음과 같이 성명한다.
　1. 한국 전 인민은 현재 이미 반침략 전선에 참가하였으니 한 개의 전투 단위로서 추축국에 선전한다.
　2. 1910년의 합방 조약과 일체의 불평등 조약의 무효를 거듭 선포하며 아울러 반(反) 침략 국가인 한국에 있어서의 합리적 기득권익을 존중한다.
　　　　　　　　　　　　　　　… (중략) …
　5. 루스벨트·처어칠 선언의 각조를 견결히 주장하며 한국 독립을 실현키 위하여 이것을 적용하여 민주 진영의 최후 승리를 축원한다.

---

① 한국광복군은 김원봉이 이끌던 조선의용대의 병력을 통합하였다.
② 영국군의 요청에 따라 인도, 미얀마 전선에 한국광복군이 파견되었다.
③ 조선독립동맹은 조선의용대 화북지대를 기반으로 조선의용군을 조직하였다.
④ 대한민국 임시 정부는 김구를 주석으로 하는 단일 지도 체제를 만들고 「대한민국 건국 강령」을 제정하였다.

> **ADVICE** 해당 내용은 1941년 충칭 대한민국 임시정부가 선언한 〈대일 선전 포고문〉이다. 당시 일본의 중국 침략과 진주만 습격 등에 반대하며 선언하였고, 이후 임시정부의 한국광복군은 연합군에 참여하였다. 〈대한민국 건국 강령〉은 1941년에 제정되었다.
> ① 1942년
> ② 1943년
> ③ 1942년

1 다음 시가를 지은 왕의 재위 기간에 있었던 사실은?

> 펄펄 나는 저 꾀꼬리
> 암수 서로 정답구나
> 외로울사 이 내 몸은
> 뉘와 더불어 돌아가랴

① 진대법을 시행하였다.

② 낙랑군을 축출하였다.

③ 졸본에서 국내성으로 천도하였다.

④ 율령을 반포하여 중앙집권 체제를 강화하였다.

>**ADVICE** 제시된 시가는 고구려 유리왕의 '황조가'이다. 유리왕은 고구려의 2대 왕으로 건국 시조인 동명성왕이 도읍한 졸본에서 국
> 내성으로 천도하였다.
> ① 고국천왕 ② 미천왕 ④ 소수림왕

2 밑줄 친 '유학자'에 대한 설명으로 옳은 것은?

> 풍기군수 주세붕은 고려시대 유학자의 고향인 경상도 순흥면 백운동에 회헌사(晦軒祠)를 세우고, 1543년에 교육시설을 더해서 백운동 서원을 건립하였다.

① 해주향약을 보급하였다.
② 원 간섭기에 성리학을 국내로 소개하였다.
③ 『성학십도』를 저술하여 경연에서 강의하였다.
④ 일본의 동정을 담은 『해동제국기』를 저술하였다.

>ADVICE 밑줄 친 '유학자'는 안향이다.
>　　　　② 안향은 고려 후기 원나라에서 유행하던 성리학을 국내로 소개하였다.
>　　　　① 이이　③ 이황　④ 신숙주

3 밑줄 친 '왕'에 대한 설명으로 옳은 것은?

> 1919년 3월 1일 탑골 공원에서 민족대표 33인이 서명한 독립선언서가 낭독되었다. 이 공원에 있는 탑은 왕이 세운 것으로 경천사 10층 석탑의 영향을 받았다.

① 우리나라 전쟁사를 정리한 『동국병감』을 편찬하였다.
② 우리나라 역대 문장의 정수를 모은 『동문선』을 편찬하였다.
③ 6조 직계제를 실시하여 국왕 중심의 정치체제를 구축하였다.
④ 한양으로 다시 천도하면서 이궁인 창덕궁을 창건하였다.

>ADVICE 밑줄 친 '왕'은 원각사지 10층 석탑을 세운 조선의 세조이다. 원각사지 10층 석탑은 고려 말에 건립된 경천사 10층 석탑의 영향을 받았다.
>　　　　③ 세조는 의정부 서사제를 폐지하고 6조 직계제를 실시하여 국왕 중심의 정치체제를 구축하였다.
>　　　　① 김종서　② 서거정　④ 태종

4 (가) 인물에 대한 설명으로 옳은 것은?

> ┌─────┐
> │ (가) │이/가 올립니다. "지방의 경우에는 관찰사와 수령, 서울의 경우에는 홍문관과 육경(六卿), 그리
> └─────┘
> 고 대간(臺諫)들이 모두 능력 있는 사람을 천거하게 하십시오. 그 후 대궐에 모아 놓고 친히 여러 정책과
> 관련된 대책 시험을 치르게 한다면 인물을 많이 얻을 수 있을 것입니다. 이는 역대 선왕께서 하지 않으셨
> 던 일이요, 한나라의 현량과와 방정과의 뜻을 이은 것입니다. 덕행은 여러 사람이 천거하는 바이므로 반
> 드시 헛되거나 그릇되는 일이 없을 것입니다."

① 기묘사화로 탄압받았다.
② 조의제문을 사초에 실었다.
③ 문정왕후의 수렴청정을 지지하였다.
④ 연산군의 생모 윤씨를 폐비하는 데 동조하였다.

>**ADVICE** (가) 인물은 조선 중종 때 덕행이 뛰어난 인재를 천거하여 관리로 등용하자는 현량과 실시를 건의한 조광조이다.
> ① 기묘사화 : 조광조는 유교적 이상 정치를 현실에 구현하고자 다양한 개혁을 시도하였지만, 훈구 공신세력들의 반격을
> 받아 화를 당하였다.
> ② 무오사화 : 영남사림파였던 김일손은 스승인 김종직의 〈조의제문〉을 사초에 실은 것이 문제가 되어 희생되었다.
> ③ 을사사화 : 문정왕후는 명종의 어머니로, 명종이 12살의 어린 나이로 즉위하자 수렴청정을 하였다. 이때 문정왕후의 남
> 동생인 윤원형을 비롯한 소윤이 권력을 잡고 대윤을 몰아냈다.
> ④ 갑자사화 : 연산군은 생모 윤씨를 폐비하는 데 동조한 윤필상, 이극균 등을 극형에 처하고 이미 죽은 한명회, 정창손
> 등을 부관참시하였다.

5 신석기시대 유적과 유물을 바르게 연결한 것만을 모두 고르면?

> ㉠ 양양 오산리 유적 – 덧무늬토기
> ㉡ 서울 암사동 유적 – 빗살무늬토기
> ㉢ 공주 석장리 유적 – 미송리식토기
> ㉣ 부산 동삼동 유적 – 아슐리안형 주먹도끼

① ㉠, ㉡
② ㉠, ㉣
③ ㉡, ㉢
④ ㉢, ㉣

> **ADVICE** ㉢ 공주 석장리 유적(구석기) – 미송리식 토기(청동기)
> ㉣ 부산 동삼동 유적(신석기) – 아슐리안형 주먹도끼(구석기)
> ※ 신석기 시대의 유적과 유물

유적	유물
• 서울 암사동 유적	• 간석기
• 부산 동삼동 유적	• 갈돌과 갈판
• 제주 고산리 유적	• 빗살무늬토기
• 고성 문암리 유적	• 가락바퀴와 뼈바늘
• 양양 오산리 유적	• 조가비 탈

6 ㈎ 시기에 신라에서 있었던 사실은?

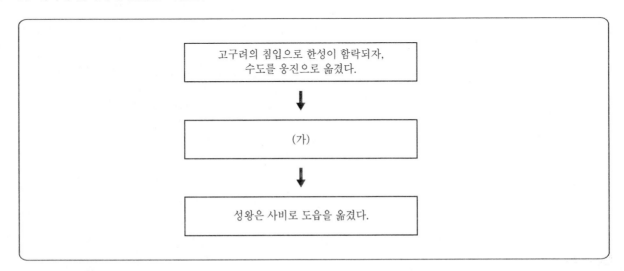

고구려의 침입으로 한성이 함락되자, 수도를 웅진으로 옮겼다.

↓

(가)

↓

성왕은 사비로 도읍을 옮겼다.

① 대가야를 정복하였다.

② 황초령순수비를 세웠다.

③ 거칠부가 『국사』를 편찬하였다.

④ 이차돈의 순교를 계기로 불교가 공인되었다.

>ADVICE • 고구려의 침입으로 수도를 웅진으로 옮긴 것은 475년 문주왕 때의 일이다.

　　　• 성왕이 사비로 도읍을 옮긴 것은 538년의 일이다.

　　　④ 신라의 불교 공인 : 527년 법흥왕

　　　① 대가야 정복 : 562년 진흥왕

　　　② 황초령순수비 : 568년 진흥왕

　　　③ 『국사』 편찬 : 545년 진흥왕

7 시기별 대외 교류에 관한 설명으로 옳지 않은 것은?

① 백제 : 노리사치계가 일본에 불경과 불상을 전하였다.

② 통일신라 : 장보고가 청해진을 설치하여 해상권을 장악하였다.

③ 고려 : 예성강 하구의 벽란도가 국제항으로 번성하였다.

④ 조선 : 명과의 교류에서 중강개시와 책문후시가 전개되었다.

>ADVICE ④ 중강개시 : 중강에서 열리던 조선과 청나라와의 무역

　　　책문후시 : 책문에서 열렸던 조선과 청나라와의 밀무역

※ 조선 후기의 상업과 무역 활동

8 우리나라 세계유산과 세계기록유산에 대한 설명으로 옳은 것만을 모두 고르면?

> ㉠ 공주 송산리 고분군에는 전축분인 6호분과 무령왕릉이 있다.
> ㉡ 양산 통도사는 금강계단 불사리탑이 있는 삼보 사찰이다.
> ㉢ 남한산성은 병자호란 때 인조가 피난했던 산성이다.
> ㉣ 『승정원일기』는 역대 왕의 훌륭한 언행을 『실록』에서 뽑아 만든 사서이다.

① ㉠, ㉡

② ㉡, ㉢

③ ㉠, ㉡, ㉢

④ ㉠, ㉢, ㉣

> ❯ADVICE ㉣ 『승정원일기』는 조선시대에 왕명의 출납을 관장하던 승정원에서 매일매일 취급한 문서와 사건을 기록한 일기이다. 역대 왕의 훌륭한 언행을 『실록』에서 뽑아 만든 편년체 사서는 『국조보감』이다.

9 다음 상소문을 올린 왕대에 있었던 사실은?

> 석교(釋敎)를 행하는 것은 수신(修身)의 근본이요, 유교를 행하는 것은 이국(理國)의 근원입니다. 수신은 내생의 자(資)요, 이국은 금일의 요무(要務)로서, 금일은 지극히 가깝고 내생은 지극히 먼 것인데도 가까움을 버리고 먼 것을 구함은 또한 잘못이 아니겠습니까.

① 양경과 12목에 상평창을 설치하였다.

② 균여를 귀법사 주지로 삼아 불교를 정비하였다.

③ 국자감에 7재를 두어 관학을 부흥하고자 하였다.

④ 전지(田地)와 시지(柴地)를 지급하는 경정 전시과를 실시하였다.

> ❯ADVICE 제시된 상소문은 최승로가 고려 성종에게 올린 시무 28조의 일부이다.
> ① 성종은 풍흉에 따른 물가를 조절하기 위한 기관으로 양경과 12목에 상평창을 설치하였다.
> ② 광종 ③ 예종 ④ 문종

10 다음은 발해 수도에 대한 답사 계획이다. 각 수도에 소재하는 유적에 대한 탐구 내용으로 옳은 것만을 모두 고르면?

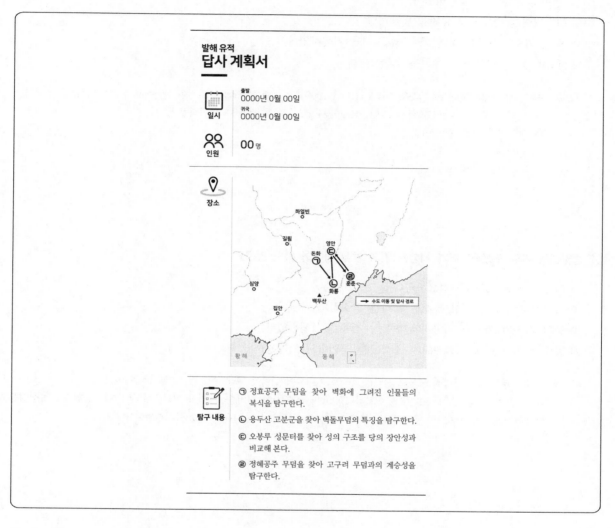

발해 유적
답사 계획서

일시
출발 0000년 0월 00일
귀국 0000년 0월 00일

인원 00 명

장소

탐구 내용
㉠ 정효공주 무덤을 찾아 벽화에 그려진 인물들의 복식을 탐구한다.
㉡ 용두산 고분군을 찾아 벽돌무덤의 특징을 탐구한다.
㉢ 오봉루 성문터를 찾아 성의 구조를 당의 장안성과 비교해 본다.
㉣ 정혜공주 무덤을 찾아 고구려 무덤과의 계승성을 탐구한다.

① ㉠, ㉡
② ㉠, ㉣
③ ㉡, ㉢
④ ㉢, ㉣

> **ADVICE** 발해는 첫 도읍지인 동모산 기슭(㉠)에서 중경현덕부(㉡) → 상경용천부(㉢) → 동경용원부(㉣) → 상경용천부(㉢)로 옮겨졌다.
㉠ 정효공주 무덤은 길림성 화룡현에 위치한 용두산에 있다. → ㉡ 지역
㉣ 정혜공주 무덤은 길림성 돈화현에 위치한 육정산에 있다. → ㉠ 지역

11 이승만 정부의 경제 정책으로 옳지 않은 것은?

① 한미 원조 협정을 체결하였다.

② 농지개혁에 따른 지가증권을 발행하였다.

③ 제분, 제당, 면방직 등 삼백 산업을 적극 지원하였다.

④ 제1차 경제개발 5개년 계획을 추진하였다.

>**ADVICE** 이승만 정부(제1공화국)는 1948년 8월 15일부터 1960년 4·19 혁명으로 이승만이 하야하기 전까지의 시기를 말한다.

④ 제1차 경제개발 5개년 계획은 1962~1966년까지로 박정희 정부 때 추진되었다.

① 한미 원조 협정 체결 1948년

② 농지개혁 1949년

③ 삼백 산업 지원 1950년대

12 중일전쟁 이후 조선총독부가 시행한 민족 말살 정책이 아닌 것은?

① 아침마다 궁성요배를 강요하였다.

② 일본에 충성하자는 황국 신민 서사를 암송하게 하였다.

③ 공업 자원의 확보를 위하여 남면북양 정책을 시행하였다.

④ 황국 신민 의식을 강화하고자 소학교를 국민학교로 개칭하였다.

>**ADVICE** 중일 전쟁은 1937년 7월 노구교 사건을 계기로 시작되어 일본이 패망한 1945년 9월까지 이어졌다.

③ 남면 북양 정책은 1930년대에 이르러 1920년대에 강요한 산미증식계획이 어려움에 부딪히자 공업원료 증산정책으로 방향을 전환하여 한반도의 남쪽에서는 목화재배를, 북쪽에서는 양 사육을 강요한 식민정책이다.

13 밑줄 친 '조약'에 대한 설명으로 옳지 않은 것은?

> 1905년 8월 4일 오후 3시, 우리가 앉아있는 곳은 새거모어 힐의 대기실. 루스벨트의 저택이다. 새거모어 힐은 루스벨트의 여름용 대통령 관저로 3층짜리 저택이다. … (중략) … 대통령과 마주하자 나는 말했다. "감사합니다. 각하. 저는 대한제국 황제의 친필 밀서를 품고 지난 2월에 헤이 장관을 만난 사람입니다. 그 밀서에서 우리 황제는 1882년에 맺은 조약의 거중조정 조항에 따른 귀국의 지원을 간곡히 부탁했습니다."

① 영사재판권이 인정되었다.
② 임오군란을 계기로 체결되었다.
③ 최혜국 대우 조항이 포함되었다.
④ 『조선책략』의 영향을 받았다.

> **ADVICE** 밑줄 친 '조약은 조·미수호통상조약이다. 조선 정부는 이홍장의 주선으로 1882년 5월 제물포에서 조선 측 전권대신 신헌과 미국 측 전권공사 슈펠트 간에 전문 14관으로 이루어진 조미수호통상조약을 체결하였다.
>
> ② 임오군란이 발생한 것은 1882년 6월이다. 임오군란을 계기로 맺은 조약으로 제물포조약, 조·청상민수륙무역장정이 있다.

14 고려시대 향리에 대한 설명으로 옳은 것만을 모두 고르면?

> ㉠ 부호장 이하의 향리는 사심관의 감독을 받았다.
> ㉡ 상층 향리는 과거로 중앙 관직에 진출할 수 있었다.
> ㉢ 일부 향리의 자제들은 기인으로 선발되어 개경으로 보내졌다.
> ㉣ 속현의 행정 실무는 향리가 담당하였다.

① ㉠
② ㉠, ㉡
③ ㉡, ㉢, ㉣
④ ㉠, ㉡, ㉢, ㉣

> **ADVICE** 보기에 제시된 내용 모두 옳은 설명이다.
>
> ㉠ 사심관은 고려시대 향직을 통괄한 지방관이다. 부호장 이하의 향리는 사심관의 감독을 받았다.
> ㉡ 상층 향리는 과거를 통하여 중앙 관직에 진출할 수 있었다.
> ㉢ 태조 왕건은 지방 호족의 자제들을 볼모로 중앙에 머물게 하는 기인 제도를 실시함으로써 호족 세력을 견제하였다.
> ㉣ 고려시대 때는 조선과 달리 지방관이 파견되지 않은 속현이 많아 행정 실무는 향리가 담당하였다.

✎ **ANSWER** 11.④ 12.③ 13.② 14.④

15 밑줄 친 '이 농법'에 대한 설명으로 옳은 것만을 모두 고르면?

> 대개 <u>이 농법</u>을 귀중하게 여기는 이유는 다음과 같다. 두 땅의 힘으로 하나의 모를 서로 기르는 것이고, … (중략) … 옛 흙을 떠나 새 흙으로 가서 고갱이를 씻어 내어 더러운 것을 제거하는 것이다. 무릇 벼를 심는 논에는 물을 끌어들일 수 있는 하천이나 물을 댈 수 있는 저수지가 꼭 필요하다. 이러한 것이 없다면 볏논이 아니다.
>
> ―『임원경제지』―

> ㉠ 세종 때 편찬된 『농사직설』에도 등장한다.
> ㉡ 고랑에 작물을 심도록 하였다.
> ㉢ 『경국대전』의 수령칠사 항목에서도 강조되었다.
> ㉣ 직파법보다 풀 뽑는 노동력을 절약할 수 있었다.

① ㉠, ㉡
② ㉠, ㉣
③ ㉡, ㉢
④ ㉢, ㉣

> **ADVICE** 밑줄 친 '이 농법'은 이앙법이다.
> ㉡ 이앙법은 못자리에서 모를 어느 정도 키운 다음에 그 모를 본논으로 옮겨 심는 재배방법이다. 고랑에 작물을 심도록 한 것은 조선시대의 실학자 박세당·서유구에 의하여 소개된 농법인 견종법이다.
> ㉢ 수령 7사의 내용은 농상성(農桑盛 : 농상을 성하게 함)·호구증(戶口增 : 호구를 늘림)·학교흥(學校興 : 학교를 일으킴)·군정수(軍政修 : 군정을 닦음)·부역균(賦役均 : 역의 부과를 균등하게 함)·사송간(詞訟簡 : 소송을 간명하게 함)·간활식(奸猾息 : 교활하고 간사한 버릇을 그치게 함)의 일곱 가지로, 이앙법에 대한 강조는 포함되어 있지 않다.

16 밑줄 친 '헌법'이 시행 중인 시기에 일어난 사건은?

> 이 헌법은 한 사람의 집권자가 긴급조치라는 형식적인 법 절차와 권력 남용으로 양보할 수 없는 국민의 기본 인권과 존엄성을 억압하였다. 그리고 이러한 권력 남용에 형식적인 합법성을 부여하고자 … (중략) … 입법, 사법, 행정 3권을 한 사람의 집권자에게 집중시키고 있다.

① 부·마 민주 항쟁이 일어났다.
② 국민교육헌장을 선포하였다.
③ 7·4 남북공동성명이 발표되었다.
④ 한일 협정 체결을 반대하는 6·3 시위가 있었다.

》ADVICE 밑줄 친 '헌법'은 유신 헌법으로 1972년 10월에 선포되고 11월에 국민투표로 확정되었다. 유신 헌법은 1980년 10월 제8 차 개헌 전까지 유효하였다.

① 부마 민주 항쟁(1979년) : 부산 및 마산 지역을 중심으로 벌어진 박정희 유신 독재에 반대한 시위 사건
② 국민교육헌장 선포 1968년
③ 7 · 4 남북공동성명 1972년
④ 6 · 3 시위 1964년

17 밑줄 친 '회의'에서 있었던 사실은?

> 본 회의는 2천만 민중의 공정한 뜻에 바탕을 둔 국민적 대화합으로 최고의 권위를 가지고 국민의 완전한 통일을 공고하게 하며, 광복 대업의 근본 방침을 수립하여 우리 민족의 자유를 만회하며 독립을 완성하기를 기도하고 이에 선언하노라. … (중략) … 본 대표 등은 국민이 위탁한 사명을 받들어 국민적 대단결에 힘쓰며 독립운동이 나아갈 방향을 확립하여 통일적 기관 아래에서 대업을 완성하고자 하노라.

① 대한민국 건국 강령이 상정되었다.
② 박은식이 임시대통령으로 선출되었다.
③ 민족유일당운동 차원에서 조선혁명당이 참가하였다.
④ 임시정부를 대체할 새로운 조직을 만들자는 주장이 나왔다.

》ADVICE 밑줄 친 '회의'는 대한민국 임시정부 국민대표회의(1923)이다. 국내외의 지역과 단체를 대표하는 지도자들이 한자리에 모여 임시정부 내부의 갈등을 해결하기 위해 논의하였으나, 창조파와 개조파 간의 이견을 좁히지 못하고 결렬되었다.
④ 신채호, 박용만, 신숙 등이 속한 창조파에서는 임시정부를 해체하고 새로운 정부를 수립하자는 주장이 나왔다.

✎ **ANSWER** 15.② 16.① 17.④

18 다음 법령에 따라 시행된 사업에 대한 설명으로 옳은 것은?

> 제1조 토지의 조사 및 측량은 본령에 따른다.
> 제4조 토지 소유자는 조선 총독이 정한 기간 내에 주소, 성명 또는 명칭 및 소유지의 소재, 지목, 자 번 호, 사표, 등급, 지적, 결수를 임시토지조사국장에게 신고해야 한다. 단 국유지는 보관 관청이 임시 토지 조사국장에게 통지해야 한다.

① 농상공부를 주무 기관으로 하였다.
② 역둔토, 궁장토를 총독부 소유로 만들었다.
③ 토지약탈을 위해 동양척식회사를 설립하였다.
④ 춘궁 퇴치, 농가 부채 근절을 목표로 내세웠다.

>ADVICE 제시된 법령은 토지조사령(1912)의 일부로, 일제는 이 법에 따라 토지조사사업을 시행하였다.
　② 총독부는 토지조사사업을 통해 확인된 역둔토, 궁장토 등의 국유지 및 미신고지를 탈취하여 국책회사인 동양척식주식 회사를 비롯한 일본의 토지회사에 무상 또는 싼값으로 불하하여 일본인 대지주가 출현하게 되었다.
　① 농상공부는 1895년 을미개혁 때 농상아문과 공무아문을 합하여 설치한 것으로, 농·상·공 행정을 관장하던 중앙 행 정기관이다.
　③ 동양척식주식회사는 1908년에 설립되었다.
　④ 1932년 일제가 수립·추진한 식민지 농업정책인 농촌진흥운동에 대한 설명이다.

19 개항기 무역에 대한 설명으로 옳지 않은 것은?

① 개항장에서 조선인 객주가 중개 활동을 하였다.
② 조·청 무역장정으로 청국에서의 수입액이 일본을 앞질렀다.
③ 일본 상인은 면제품을 팔고, 쇠가죽·쌀·콩 등을 구입하였다.
④ 조·일 통상장정의 개정으로 곡물 수출이 금지되기도 하였다.

>ADVICE ② 조·청상민수륙무역장정이 체결되면서 청국 상인의 경제적 침투가 본격화되었다. 이로써 조선에서의 일본 상인과 청국 상인 간의 경쟁이 가속되었지만, 수입액이 일본을 앞지르지는 못하였다.

20 밑줄 친 '그'에 대한 설명으로 옳은 것은?

> 군역에 뽑힌 장정에게 군포를 거두었는데, 그 폐단이 많아서 백성들이 뼈를 깎는 원한을 가졌다. 그런데 사족들은 한평생 한가하게 놀며 신역(身役)이 없었다. … (중략) … 그러나 유속(流俗)에 끌려 이행되지 못하였으나 갑자년 초에 그가 강력히 나서서 귀천이 동일하게 장정 한 사람마다 세납전(歲納錢) 2민(緡)을 바치게 하니, 이를 동포전(洞布錢)이라고 하였다.
>
> — 『매천야록』 —

① 만동묘 건립을 주도하였다.
② 군국기무처 총재를 역임하였다.
③ 통리기무아문을 폐지하고 5군영을 부활하였다.
④ 탕평 정치를 정리한 『만기요람』을 편찬하였다.

> **ADVICE** 밑줄 친 '그'는 흥선대원군이다. 임오군란을 계기로 흥선대원군이 재집권하면서 통리기무아문을 폐지하고 5군영을 부활하였다.
> ① 흥선대원군은 만동묘와 서원을 철폐하였다.
> ② 김홍집에 대한 설명이다.
> ④ 『만기요람』은 1808년 순조때에 서영보·심상규 등이 왕명에 의해 찬진한 책이다.

1 다음에 해당하는 나라에 대한 설명으로 옳은 것은?

> • 은력(殷曆) 정월에 지내는 제천행사는 나라에서 여는 대회로 날마다 먹고 마시고 노래하고 춤추는데, 이를 영고라 하였다. 이때 형옥을 중단하고 죄수를 풀어주었다.
> • 국내에 있을 때의 의복은 흰색을 숭상하며, 흰 베로 만든 큰 소매 달린 도포와 바지를 입고 가죽신을 신는다. 외국에 나갈 때는 비단옷·수 놓은 옷·모직옷을 즐겨입는다.
>
> ─ 『삼국지』 위서 동이전 ─

① 사람이 죽으면 뼈만 추려 가족 공동 무덤인 목곽에 안치하였다.

② 읍군이나 삼로라고 불린 군장이 자기 영역을 다스렸다.

③ 가축 이름을 딴 마가, 우가, 저가, 구가 등이 있었다.

④ 천신을 섬기는 제사장인 천군이 있었다.

>**ADVICE** 제시문은 부여에 관한 내용이다. 부여에서는 12월에 영고라는 제천행사를 지내면서 수렵사회의 전통을 기념하고 흰 옷을 즐겨 입었다. 정치적으로는 5부족 연맹체의 연맹왕국으로 왕이 존재했지만 왕 아래 마가, 우가, 구가, 저가 등의 부족장 세력이 독자적 행정 구역인 사출도를 통치하였다.
> ① 옥저의 가족공동묘
> ② 옥저와 동예의 군장세력
> ④ 삼한의 종교적 지도자로 제정분리 사회 특징

2 (가) 나라에 대한 설명으로 옳은 것은?

> 북쪽 구지에서 이상한 소리로 부르는 것이 있었다. … (중략) … 구간(九干)들은 이 말을 따라 모두 기뻐하면서 노래하고 춤을 추었다. 자줏빛 줄이 하늘에서 드리워져서 땅에 닿았다. 그 줄이 내려온 곳을 따라가 붉은 보자기에 싸인 금으로 만든 상자를 발견하고 열어보니, 해처럼 둥근 황금알 여섯 개가 있었다. 알 여섯이 모두 변하여 어린아이가 되었다. … (중략) … 가장 큰 알에서 태어난 수로(首露)가 왕위에 올라 (가) 를/을 세웠다.
>
> — 『삼국유사』 —

① 해상 교역을 통해 우수한 철을 수출하였다.
② 박, 석, 김씨가 교대로 왕위를 계승하였다.
③ 경당을 설치하여 학문과 무예를 가르쳤다.
④ 정사암 회의를 통해 재상을 선발하였다.

ᐳ**ADVICE** (가)는 김수로왕을 시조로 하는 금관가야이다. 가야는 6가야 연맹의 연맹왕국으로 초기에는 금관가야(김해)가 중심이 되었지만 광개토대왕의 남하로 그 중심지가 대가야(고령)으로 이동하였다. 가야는 우수한 철을 생산하여 철을 제조하는 기술이 발달하였고, 해상 중계 무역을 통해 철을 수출하였다.
② 신라 초기
③ 고구려 교육기관
④ 백제 귀족회의

✎ **ANSWER** 1.③ 2.①

3 (개)에 들어갈 기구로 옳은 것은?

> 고려 시대 중서문하성과 중추원의 고위 관료들은 도병마사와 ▢(개)▢ 에서 국가의 중요한 일을 논의하였다. 도병마사에서는 국방과 군사 문제를 다루었고, ▢(개)▢ 에서는 제도와 격식을 만들었다.

① 삼사   ② 상서성
③ 어사대   ④ 식목도감

>ADVICE 고려의 중앙 관제는 당의 영향을 받아 2성 6부제를 근간으로 하고 있다. 2성은 중서문하성(재신, 낭사)과 상서성, 6부는 이부, 병부, 호부, 형부, 예부, 공부로 구성하여 국가의 중대사를 심의, 결정, 집행하였다. 또한 중국 송의 영향을 받아 중추원(추밀, 승선)을 두어 군국기무와 왕명 출납을 담당하기도 하였다. 반면 고려의 독자성을 반영한 도병마사와 식목도감을 설치하여 군사 및 대내적 격식에 관한 중대사를 귀족 간 합의체로 운영하였는데, 이는 중서문하성의 재신과 중추원 추밀이 참여하였다.
> ① 삼사는 화폐와 곡식의 출납, 회계를 담당하였다.
> ② 상서성은 정책을 집행하는 기구로 그 예하에 6부를 두고 있다.
> ③ 어사대는 관리 감찰 및 풍기 단속을 담당하였다.

4 (개)에 대한 설명으로 옳은 것은?

> 건국 초부터 북진 정책을 추진한 고려는 발해를 멸망시킨 ▢(개)▢ 를/을 견제하고 송과 친선 관계를 맺었다. 이에 송과 대립하던 ▢(개)▢ 는/은 고려를 경계하여 여러 차례 고려에 침입하였다.

① 강조의 정변을 구실로 고려를 침략하였다.
② 고려에 동북 9성을 돌려달라고 요구하였다.
③ 다루가치를 배치하여 고려의 내정을 간섭하였다.
④ 쌍성총관부를 두어 철령 이북의 땅을 지배하였다.

>ADVICE (개)는 거란이다. 고려 초 거란은 고려의 친송정책에 반발하며 3차례에 걸쳐 고려를 침공하였다. 1차 침입(993)은 서희의 외교 담판으로 고려가 강동 6주를 확보하였고, 이후 강조의 정변을 계기로 강동 6주 반환을 요구하며 2차 침입(1010)을 감행하였으나 양규의 활약과 현종의 거란 입조를 조건으로 퇴각하였다. 이후 거란의 요구 조건이 관철되지 않자 3차 침입(1018)을 단행했지만 강감찬이 이끄는 고려 군이 귀주대첩에서 거란에 승리하였다.
> ② 여진
> ③ 몽골의 내정간섭 감찰관
> ④ 몽골

5 ㈎에 들어갈 기구로 옳은 것은?

> • 무릇 관직을 받은 자의 고신(임명장)은 5품 이하일 때는 [㈎] 과/와 사간원의 서경(署經)을 고려하여 발급한다.
> • [㈎] 는/은 시정(時政)을 논하고, 모든 관원을 규찰하며, 풍속을 바르게 하는 등의 일을 맡는다.
>
> —『경국대전』—

① 사헌부　　　　　　　　　　　　② 교서관
③ 승문원　　　　　　　　　　　　④ 승정원

> **ADVICE** 조선의 삼사(三司)는 사간원, 사헌부, 홍문관을 일컫는다. 사간원은 간쟁과 논박, 사헌부는 관리를 규찰하고 탄핵, 홍문관은 경연을 담당하였다. 초기에는 양사(兩司)라 하여 사간원과 사헌부를 중심으로 운영되었고, 이후 홍문관이 설치되면서 삼사 체제를 완성하였다. 조선 시대 서경(署經)은 5품 이하 관리의 임명 시에 대간(양사 관원)의 서명을 거치게 하는 제도이다.
> ② 서적을 간행하는 기관
> ③ 외교 문서 작성을 담당하는 기관
> ④ 왕명 출납 담당하는 기관

6 밑줄 친 '그'에 대한 설명으로 옳은 것은?

> 　그가 왕에게 아뢰었다. "삼교는 솥의 발과 같아서 하나라도 없어서는 안 됩니다. 지금 유교와 불교는 모두 흥하는데 도교는 아직 번성하지 않으니, 소위 천하의 도술(道術)을 갖추었다고 할 수 없습니다. 엎드려 청하오니 당에 사신을 보내 도교를 구해 와서 나라 사람들을 가르치게 하소서."
>
> —『삼국사기』—

① 당나라와 동맹을 체결하였다.　　　　　② 천리장성의 축조를 맡아 수행하였다.
③ 수나라의 군대를 살수에서 격퇴하였다.　④ 남진 정책을 추진하여 한성을 점령하였다.

> **ADVICE** 제시문의 인물은 연개소문이다. 연개소문은 막강한 정치, 군사적 영향력을 강화하는 과정에서 기존의 불교, 유교적 이념을 중심으로 한 귀족 세력의 반발을 초래하였고 이에 대한 대안적 이념으로 중국으로 도교를 수용하고자 하였다. 〈삼국사기〉에는 당 태종이 도사 숙달 등 8명을 노자의 〈도덕경〉과 함께 고구려로 보냈다는 기록이 있다. 연개소문은 외세 침입을 방어하기 위해 천리장성 축조를 주도하였다.
> ① 나당 동맹을 체결한 신라의 김춘추이다.
> ③ 살수대첩(612)에서 승리를 이끈 고구려의 을지문덕이다.
> ④ 고구려 장수왕이다.

✎ **ANSWER** 3.④ 4.① 5.① 6.②

7 (개) 인물에 대한 설명으로 옳은 것은?

> ［ (개) ］ 가/이 귀산 등에게 말하기를 "세속에도 5계가 있으니, 첫째는 충성으로써 임금을 섬기는 것, 둘째는 효도로써 어버이를 섬기는 것, 셋째는 신의로써 벗을 사귀는 것, 넷째는 싸움에 임하여 물러서지 않는 것, 다섯째는 생명 있는 것을 죽이되 가려서 한다는 것이다. 그대들은 이를 실행함에 소홀하지 말라."라고 하였다.
>
> ―『삼국사기』 ―

① 모든 것이 한마음에서 나온다는 일심 사상을 제시하였다.
② 화엄 사상을 연구하여 「화엄일승법계도」를 작성하였다.
③ 왕에게 수나라에 군사를 청하는 글을 지어 바쳤다.
④ 인도를 여행하여 『왕오천축국전』을 썼다.

>ADVICE 제시문의 인물은 신라의 원광이다. 6세기 진흥왕의 대외 영토 확장 과정을 주도한 것은 화랑도이다. 화랑도는 귀족 중심의 화랑과 서민들이 포함된 낭도로 구성된 신라의 군사 세력으로 원광은 화랑이 지켜야 할 계율로 세속오계(世俗五戒)를 제시하였다. 또한 진평왕 30년(608)에는 걸사표(乞師表)를 지어 수나라의 고구려 출병을 이끌기도 하였다.
> ① 원효 ② 의상 ④ 혜초

8 (개), (내)에 들어갈 이름을 바르게 연결한 것은?

> ［ (개) ］ 는/은 『북학의』를 저술하여 청의 선진 기술을 적극적으로 수용할 것과 상공업 육성 등을 역설하였다. 한편, ［ (내) ］ 는/은 중국 및 일본의 방대한 자료를 참고하여 『해동역사』를 편찬함으로써, 한중일 간의 문화 교류를 잘 보여주었다.

	(개)	(내)
①	박지원	한치윤
②	박지원	안정복
③	박제가	한치윤
④	박제가	안정복

>ADVICE (개)는 조선 후기 실학자인 박제가이다. 그는 〈북학의〉에서 수레와 선박을 이용한 상공업 진흥, 청 문물의 수용 및 통상 강화 등을 주장하였다. (내)는 조선 후기 실학자인 한치윤이다. 〈해동역사〉는 단군조선에서부터 고려까지의 역사를 서술한 기전체 사서이다.
> ①② 박지원 : 〈열하일기〉, 〈과농소초〉 〈연암집〉, 〈허생전〉, 〈호질〉 등 저술
> ②④ 안정복 : 〈동사강목〉, 〈순암집〉, 〈희현록〉 등 저술

9 다음 사건을 시기순으로 바르게 나열한 것은?

> (가) 정중부와 이의방이 정변을 일으켰다.
> (나) 최충헌이 이의민을 제거하고 권력을 잡았다.
> (다) 충주성에서 천민들이 몽골군에 맞서 싸웠다.
> (라) 이자겸이 척준경과 더불어 난을 일으켰다.

① (가) → (나) → (라) → (다)
② (가) → (다) → (나) → (라)
③ (라) → (가) → (나) → (다)
④ (라) → (가) → (다) → (나)

ADVICE (라) 이자겸의 난(1126)은 이자겸과 척준경을 중심으로 인종을 제거하려 한 사건이다.
　　(가) 무신정변(1170)은 고려 의종 때 무신들에 대한 차별 대우에 반발하여 정중부, 이의방 등이 중심이 되어 일으킨 사건이다.
　　(나) 무신정변은 하극상이 반복되어 불안정한 체제가 나타났지만 최충헌이 이의민을 제거하고 최씨 무신 정권을 확립하였다.(1196)
　　(다) 몽골의 1차 침입 과정에서 발생하였다.(1231)

10 (가) 지역에 대한 설명으로 옳은 것은?

> 　나는 삼한(三韓) 산천의 음덕을 입어 대업을 이루었다. ┌─(가)─┐는/은 수덕(水德)이 순조로워 우리나라 지맥의 뿌리가 되니 대업을 만대에 전할 땅이다. 왕은 춘하추동 네 계절의 중간달에 그곳에 가 100일 이상 머물러서 나라를 안녕케 하라.
> 　　　　　　　　　　　　　　　　　　　　　　　　　　　　　　－『고려사』－

① 이곳에 대장도감을 설치하여 재조대장경을 만들었다.
② 지눌이 이곳에서 수선사 결사 운동을 펼쳤다.
③ 망이 · 망소이가 이곳에서 봉기하였다.
④ 몽골이 이곳에 동녕부를 두었다.

ADVICE (가)는 서경(평양)으로 제시문은 고려 태조의 〈훈요 10조〉의 일부이다. 서경은 고려 북진정책의 전진기지이자 동시에 풍수 지리 상의 길지로 여겨져 이후 묘청의 서경 천도 운동(1135)의 배경이 되었다. 또한 몽골 침입 이후 원의 세조는 자비령 이북 지역을 원의 영토로 귀속시킨 뒤 서경에 동녕부를 설치하여 통치하였다. 1369년 고려 공민왕은 이인임, 이성계로 하여금 동녕부를 정벌하게 하였다.
　　① 강화도　② 순천(송광사)　③ 공주(명학소)

✎ **ANSWER** 7.③ 8.③ 9.③ 10.④

11 다음 내용의 역사서에 대한 설명으로 옳은 것은?

> 왕께서는 "우리나라 사람들은 유교 경전과 중국 역사에 대해서는 자세히 말하는 사람이 있으나 우리나라의 사실에 이르러서는 잘 알지 못하니 매우 유감이다. 중국 역사서에 우리 삼국의 열전이 있지만 상세하게 실리지 않았다. 또한, 삼국의 고기(古記)는 문체가 거칠고 졸렬하며 빠진 부분이 많으므로, 이런 까닭에 임금의 선과 악, 신하의 충과 사악, 국가의 안위 등에 관한 것을 다 드러내어 그로써 후세에 권계(勸戒)를 보이지 못했다. 마땅히 일관된 역사를 완성하고 만대에 물려주어 해와 별처럼 빛나도록 해야 하겠다."라고 하셨습니다.

① 불교를 중심으로 신화와 설화를 정리하였다.
② 유교적인 합리주의 사관에 따라 기전체로 서술되었다.
③ 단군조선을 우리 역사의 시작으로 본 통사이다.
④ 진흥왕의 명을 받아 거칠부가 편찬하였다.

>ADVICE 제시문의 역사서는 고려 인종 때 김부식이 편찬한 〈삼국사기〉이다. 〈삼국사기〉는 유교적 합리주의 사관에 따라 삼국의 역사를 서술한 기전체 사서이다.
> ① 일연의 〈삼국유사〉
> ③ 서거정의 〈동국통감〉
> ④ 거칠부의 〈국사〉

12 밑줄 친 '이 왕'에 대한 설명으로 옳은 것은?

> 문무왕이 왜병을 진압하고자 감은사를 처음 창건하려 했으나, 끝내지 못하고 죽어 바다의 용이 되었다. 뒤이어 즉위한 <u>이 왕</u>이 공사를 마무리하였다. 금당 돌계단 아래에 동쪽을 향하여 구멍을 하나 뚫어 두었으니, 용이 절에 들어와서 돌아다니게 하려고 마련한 것이다. 유언에 따라 유골을 간직해 둔 곳은 대왕암(大王岩)이라고 불렀다.
>
> — 『삼국유사』 —

① 건원이라는 독자적인 연호를 사용하였다.
② 국학을 설립하여 유학을 교육하였다.
③ 백성에게 처음으로 정전을 지급하였다.
④ 진골 출신으로서 처음 왕위에 올랐다.

><ADVICE> 제시문의 인물은 신라 문무왕의 아들인 신문왕이다. 신문왕은 즉위 이후 김흠돌의 난을 계기로 귀족들의 영향력을 축소하고 강력한 중앙집권체제 강화를 시도하였다. 이를 위해 상대등의 영향력을 축소하고 집사부 시중의 권한을 강화하고 6두품을 적극적으로 등용하였다. 뿐만 아니라 국학을 설립하여 유학 교육을 장려하고 지방 행정 체제로는 9주 5소경제를, 군사적으로는 9서당 10정 체제를 시행하여 신라의 삼국 통일 이후 중앙집권체제 정비를 추구하였다.

① 신라 법흥왕
③ 신라 성덕왕
④ 신라 무열왕

13 밑줄 친 '왕'의 재위 기간에 있었던 사실로 옳은 것은?

> 왕은 노론과 소론, 남인을 두루 등용하였으며 젊은 관료들을 재교육하기 위해 초계문신제를 시행하였다. 또 서얼 출신의 유능한 인사를 규장각 검서관으로 등용하였다.

① 동학이 창시되었다. ② 『대전회통』이 편찬되었다.
③ 신해통공이 시행되었다. ④ 홍경래의 난이 발생하였다.

><ADVICE> 제시문은 조선 후기 정조 때의 일이다. 영조의 탕평책이 성공하지 못한 이후 정조는 보다 강력한 탕평책을 추진하고 왕권을 강화하고자 하였다. 이를 위해 장용영을 설치하고 규장각 검서관으로 서얼 출신들을 등용하기도 하였다. 또한 초계문신제를 시행하여 젊은 관리를 재교육하였으며, 상공업을 육성하기 위하여 육의전을 제외한 시전 상인의 금난전권을 폐지하는 신해통공(1791) 정책을 시행하였다. 법전으로 〈대전통편〉을 편찬하기도 하였다.

① 철종 때 경주 출신의 몰락 양반인 최제우가 창시(1860)
② 고종 때 흥선대원군의 주도 하에 편찬(1865)
④ 홍경래의 난은 순조 때 발생(1811)

14 ㈎ 인물에 대한 설명으로 옳은 것은?

> 철종이 죽고 고종이 어린 나이로 왕이 되자, 고종의 아버지인 ㈎ 가/이 실권을 장악하였다. ㈎ 는/은 임진왜란 때 불탄 후 방치되어 있던 경복궁을 중건하였다. 이때 원납전이라는 기부금을 징수하는 일이 벌어졌으며 당백전이라는 화폐도 발행되었다.

① 「대한국국제」를 만들어 공포하였다.
② 서원을 대폭 줄이는 정책을 추진하였다.
③ 우정총국 개국 축하연을 이용해 정변을 일으켰다.
④ 황쭌셴의 『조선책략』을 가져와 널리 유포하였다.

>ADVICE 제시문의 인물은 흥선대원군이다. 흥선대원군은 세도정치의 폐단을 개혁하고 왕권을 강화하기 위하여 비변사의 기능을 축소하고 의정부와 삼군부의 기능을 강화하였다. 또한 지방 양반 세력들이 중심이 되어 면세와 면역의 특권을 누리던 서원 중 47개소를 제외한 나머지 서원을 모두 철폐하였으며, 삼정의 문란을 시정하고자 호포제, 양전사업, 사창제를 실시하였다. 하지만 경복궁 중건을 위하여 당백전을 발행하고 원납전을 징수하여 백성들의 반발을 초래하였다.
> ① 대한제국 선포 직후에 반포(1899)
> ③ 김옥균, 박영효 등 급진개화파를 중심으로 한 갑신정변(1884)
> ④ 2차 수신사로 파견된 김홍집이 유입(1880)

15 ㈎ 단체의 활동에 대한 설명으로 옳은 것은?

> 탑골공원에 모인 수많은 학생과 시민이 독립 선언식을 거행하고 만세를 부르며 거리를 행진하였다. 이후 만세 시위는 전국으로 확산하였다. 이 운동을 계기로 독립운동가 사이에는 독립운동을 더욱 조직적으로 전개하자는 공감대가 형성되어 ㈎ 가/이 만들어졌다. ㈎ 는/은 구미 위원부를 설치하는 등 적극적으로 독립운동을 펼쳐 나갔다.

① 「대동단결선언」을 발표하였다.
② 국내와의 연락을 위해 교통국을 두었다.
③ 독립군을 양성하기 위해 신흥무관학교를 설립하였다.
④ 「조선혁명선언」을 강령으로 삼아 의열투쟁을 전개하였다.

16 ㈎ 시기에 있었던 사실로 옳은 것은?

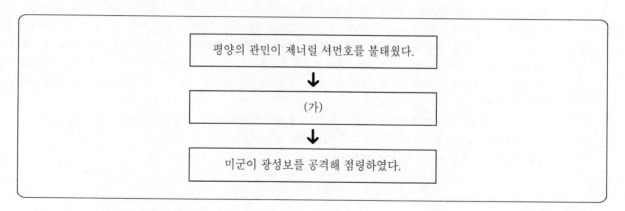

평양의 관민이 제너럴 셔먼호를 불태웠다.

↓

(가)

↓

미군이 광성보를 공격해 점령하였다.

① 고종이 홍범 14조를 발표하였다.
② 일본의 운요호가 초지진을 포격하였다.
③ 오페르트가 남연군의 묘 도굴을 시도하였다.
④ 차별 대우에 불만을 품은 군인이 임오군란을 일으켰다.

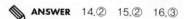 **ANSWER** 14.② 15.② 16.③

17 밑줄 친 '이 단체'에 대한 설명으로 옳은 것은?

> 1920년대 국내에서는 일본과 타협해 실익을 찾자는 자치 운동이 대두하였다. 비타협적인 민족주의자들은 이를 경계하면서 사회주의 세력과 연대하고자 하였다. 사회주의 세력도 정우회 선언을 발표해 비타협적 민족주의 세력과 제휴를 주장하였다. 그 결과 비타협적 민족주의 세력과 사회주의 세력은 1927년 2월에 <u>이 단체</u>를 창립하고 이상재를 회장으로 추대하였다.

① 조선물산장려회를 조직해 물산장려운동을 펼쳤다.
② 고등 교육 기관을 설립하기 위해 민립대학설립운동을 시작하였다.
③ 문맹 퇴치와 미신 타파를 목적으로 브나로드 운동을 전개하였다.
④ 광주학생항일운동의 진상을 조사하고 이를 알리는 대회를 개최하고자 하였다.

④ ADVICE

　　제시문의 단체는 신간회(1927-1931)이다. 1920년대를 전후로 사회주의 사상이 국내로 유입되면서 국내 민족 독립 운동은 비타협적 민족주의 세력과 사회주의 세력의 이원화 체제로 전개되었다. 하지만 친일 세력인 타협적 민족주의의 회유와 일제의 사회주의 탄압 정책(치안 유지법 제정 등)으로 인하여 독립 운동 세력이 위축되자 정우회 선언을 계기로 비타협적 민족주의 세력과 사회주의 세력이 연대하여 민족 유일당 운동을 전개하였다. 그 결과 신간회와 자매 단체인 근우회가 결성되었고 광주 학생 항일 운동(1929)에 진상 조사단을 파견하는 등의 활동을 수행하고 이를 알리는 민중 대회를 개최고자 하였으나 실패하였다.

① 조만식이 중심이 되어 평양에서 조선 물산 장려회를 조직해 전개한 국산품 애용 운동(1920)
② 이상재 등이 중심이 되어 전개한 고등 교육 기관 설립 운동(1923)
③ 동아일보가 중심이 되어 전개한 계몽운동(1931)

18 다음과 같은 내용이 담긴 조약에 대한 설명으로 옳은 것은?

> 일본 정부는 그 대표자로 한국 황제 밑에 1명의 통감을 두되, 통감은 전적으로 외교에 관한 사항을 관리하기 위하여 경성에 주재하고 친히 한국 황제를 만날 수 있는 권리를 가진다. 또한, 일본 정부는 한국의 개항장 및 일본 정부가 필요하다고 인정하는 지역에 이사관을 설치할 권리를 가지며, 이사관은 통감의 지휘하에 종래 재(在)한국 일본 영사에게 속하였던 모든 권리를 집행한다.

① 조선총독부를 설치한다는 조항이 포함되어 있다.
② 헤이그 특사 사건 직후 일제의 강요로 체결되었다.
③ 방곡령 시행 전에 미리 통보해야 한다는 합의가 실려 있다.
④ 일본의 중재 없이 국제적 성격을 가진 조약을 체결할 수 없다는 내용이 담겨 있다.

19 (개)에 대한 설명으로 옳은 것은?

> 1945년 12월 모스크바에서 미국, 소련, 영국의 외무장관들은 한국 문제를 논의하였다. 이 회의에서 미국, 소련, 영국, 중국이 최장 5년간 신탁통치를 시행한다는 합의가 이루어졌다. 또 미국과 소련이 ____(개)____ 를/을 개최해 민주주의 임시정부 수립 문제에 대하여 논의하기로 했다. 이 합의에 따라 1946년 3월 서울에서 ____(개)____ 가/이 시작되었다.

① 미·소 양측의 의견 차이로 결렬되었다.

② 조선건국준비위원회를 조직하는 성과를 냈다.

③ 민주 공화제를 핵심으로 한 제헌헌법을 만들었다.

④ 유엔 감시하의 총선거로 정부를 수립한다는 결정을 내렸다.

✎ **ANSWER** 17.④ 18.④ 19.①

20 (가) 시기에 있었던 사실로 옳은 것은?

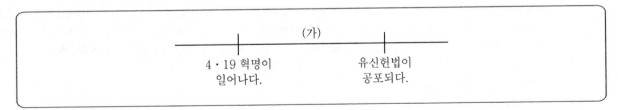

① 「반민족행위처벌법」이 제정되다.
② 7 · 4 남북 공동 성명이 발표되다.
③ 남북한이 유엔에 동시 가입하다.
④ 5 · 18 민주화 운동이 일어나다.

〉**ADVICE** 4 · 19 혁명(1960)은 이승만 독재와 자유당 정권의 3.15 부정선거가 계기가 되어 발생하였다. 유신헌법(1972. 10. 17.)은
박정희 장기 집권을 위한 헌법 개정이었다. 1970년대 초 냉전체제가 완화되어가는 시점에 박정희 대통령은 7 · 4 남북 공
동 성명을 발표하였다.(1972)
① 제헌 국회에서 제정(1948. 9)
③ 노태우 정부 때 남북한 유엔 동시 가입(1991)
④ 신군부 세력의 집권에 저항한 운동(1980)

1 〈보기〉에서 설명하는 시대의 문화유산으로 옳은 것은?

> 〈보기〉
> • 주로 움집에서 거주하였다.
> • 유적은 주로 큰 강이나 해안 지역에서 발견된다.
> • 농경 생활을 시작하였고, 조·피 등을 재배하였다.

① 고인돌
② 세형동검
③ 거친무늬 거울
④ 빗살무늬 토기

> **ADVICE** 제시문은 신석기 시대의 특징이다. 신석기 시대에는 이전과 달리 농경과 목축을 시작했으며 이는 정착 생활을 가능하게
> 하여 큰 강이나 해안 지역에 움집을 짓고 거주하게 되었다. 농경은 조·피 같은 밭농사 위주였으며 곡물을 저장하고 조리
> 하기 위하여 빗살무늬와 같은 토기가 제작되었다.
> ① 청동기
> ② 철기
> ③ 청동기

2 〈보기〉는 대한민국 헌법 개정을 시기순으로 나열한 것이다. (개)와 (내)에 들어갈 내용으로 옳은 것은?

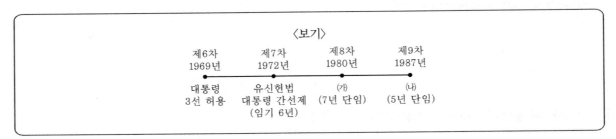

	(개)	(내)
①	대통령 간선제	대통령 직선제
②	대통령 직선제	대통령 직선제
③	대통령 간선제	대통령 간선제
④	대통령 직선제	대통령 간선제

>ADVICE 8차 개헌(1980)은 전두환을 중심으로 한 신군부 세력이 주도한 것으로 대통령 선거인단을 통한 대통령 간선제와 대통령 임기 7년 단임제를 주요 내용으로 하고 있다. 이후 1987년 국민들은 대통령 직접 선거를 요구하였지만 전두환 대통령이 4.13 호헌조치를 통해 이를 거부하자 시민들은 6월 민주항쟁을 전개하였다. 그 결과 민주정의당 대표인 노태우는 국민들의 요구를 수용하여 대통령 직선제와 5년 단임제를 골자로 하는 6.29 민주화 선언을 발표했고 이를 통해 9차 개헌(1987)이 이루어졌다.

3 〈보기〉의 밑줄 친 '이 법'을 제정한 왕의 업적으로 옳은 것은?

〈보기〉

　임진왜란 이후 군역 대신 군포를 징수하여 1년에 2필을 납부하게 하였다. 그런데 군적이 제대로 정리되지 않았고, 지방관의 농간까지 겹쳐 실제 납부액이 훨씬 많았다. 이에 이 법을 제정하여 군포 부담을 절반으로 줄여 주었다.

① 속대전을 편찬하였다.　　　　　　　② 대전통편을 편찬하였다.
③ 대전회통을 편찬하였다.　　　　　　④ 경국대전을 편찬하였다.

>ADVICE 제시문은 조선 후기 영조 때 제정된 균역법(1750)이다. 임진왜란 이후 국토의 황폐화와 인구 감소 등으로 인하여 백성들의 조세 부담은 증가하고 국가의 재정 수입은 감소하였다. 이를 극복하기 위하여 영정법, 대동법 등이 시행되었고, 영조 때에는 백성들의 군포 부담을 덜어주기 위하여 기존의 2필 납부를 1필로 경감하는 균역법이 시행되었다. 부족분은 선무군관포나 결작, 어장세 등으로 보충하였다. 속대전은 영조 때 편찬된 법전이다.
② 정조
③ 고종(흥선대원군 주도)
④ 성종

4 〈보기〉는 동학농민전쟁에 관련된 주요 사건을 표로 나타낸 것이다. 청일전쟁이 발발된 시기는?

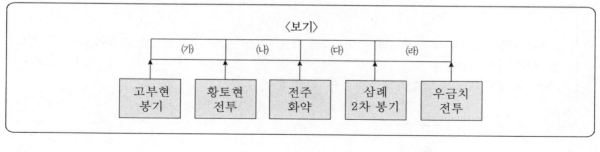

① (가)

② (나)

③ (다)

④ (라)

> **ADVICE** 동학농민운동(1894)은 교조신원운동 이후 동학교세가 확장되면서 발생하였다. 고부군수 조병갑의 횡포에 저항하여 전봉준을 중심으로 고부민란(1894. 2)이 발생했지만 사태 수습을 위해 부임한 안핵사 이용태의 폭정으로 동학농민군은 백산에서 재봉기(1차 봉기)하였다. 이후 황토현, 황룡촌(1894. 5) 전투에서 동학농민군이 승리하며 전주성까지 진격하여 전주성을 점령하였다. 이에 위협을 느낀 정부는 청에 원군을 요청했고 갑신정변 이후 체결된 톈진조약에 의거하여 일본도 동시에 군대를 파견했다. 하지만 정부와 동학농민군 사이에 전주화약이 체결(1894. 6)되고 집강소가 설치되었다. 그 해 7월 일본군이 청일전쟁을 일으키며 경복궁을 무단점령하였고, 이에 손병희를 중심으로 한 북접과 전봉준의 남접이 충남 논산에서 집결하여 일본군을 몰아내기 위해 서울로 진격하였다. 하지만 충남 공주 우금치 전투에서 일본군에 패배하며 동학농민운동은 실패하였다.

✎ **ANSWER** 2.① 3.① 4.③

5 〈보기〉의 사건이 있었던 시기의 사실로 가장 옳은 것은?

〈보기〉

　가을 9월에 고구려 왕 거련(巨璉)이 군사 3만 명을 이끌고 왕도(王都) 한성을 포위하였다. 왕은 성문을 닫고나가 싸우지 않았다. …… 왕은 곤궁하여 어찌할 바를 모르다가, 기병 수십을 거느리고 성문을 나가 서쪽으로 도망쳤다. 고구려인이 쫓아가 그를 살해하였다.

- 『삼국사기』 -

① 성왕이 신라군에게 살해되었다.
② 신라가 건원이라는 연호를 사용하였다.
③ 을지문덕이 살수에서 수의 군대를 물리쳤다.
④ 고구려가 중국의 남북조와 동시에 교류하였다.

>**ADVICE** 제시문은 475년 고구려 장수왕이 평양 천도 이후 남진 정책을 추진하면서 백제 한성을 공격한 내용이다. 당시 장수왕은 백제를 공격하여 개로왕을 살해하고 한강 유역을 점령하였으며 이후 충주까지 진출해 중원고구려비를 세웠다. 백제는 고구려에 수도를 빼앗긴 후 웅진으로 천도하였다. 장수왕 재위 당시 고구려는 사방으로 영역을 확장하며 대외적으로는 중국의 남북조와 동시에 교류하였다.
　① 6세기 관산성 전투에서 백제 성왕이 신라에게 살해당하였다.(544)
　② 6세기 신라 법흥왕(536)
　③ 7세기 살수대첩(612)

6 〈보기〉에서 발해 문화가 고구려를 계승하였음을 보여주는 문화유산을 모두 고른 것은?

〈보기〉

ㄱ 온돌 장치　　　　　　　　　　　　　　ㄴ 벽돌무덤
ㄷ 굴식돌방무덤　　　　　　　　　　　　ㄹ 주작대로

① ㄱ, ㄴ　　　　　　　　　　　　　　　② ㄱ, ㄷ
③ ㄴ, ㄹ　　　　　　　　　　　　　　　④ ㄷ, ㄹ

>**ADVICE** 발해의 고구려 계승 의식을 보여주는 문화유산으로는 ㄱ 온돌장치와 ㄷ 굴식돌방무덤이 있다. 온돌장치는 겨울철 추위에 대비하기 위해 만들어진 고구려의 난방 장치였으며, 굴식돌방무덤은 고구려 후기 무덤 양식으로 발해 정혜 공주의 묘가 이에 해당한다. 이외에도 발해 왕이 일본에 보낸 국서에 고려 국왕이라는 칭하였다는 점도 발해가 고구려를 계승했음을 알 수 있다.
　ㄴ 벽돌무덤 : 중국의 무덤양식으로 발해 정효 공주의 묘는 이에 해당한다.
　ㄹ 주작대로 : 당의 수도인 장안을 모방해 발해 수도인 상경 용천부에 이를 설치하였다.

7 〈보기〉의 (개)~(래)에 대한 설명으로 가장 옳은 것은?

〈보기〉

(개) 한국 광복군   (나) 한인 애국단
(다) 한국 독립군   (라) 조선 혁명군

① (개) – 미 전략 사무국(OSS)과 협력하여 국내 진공작전을 계획하였다.
② (나) – 중국 관내 최초의 한인 무장 부대로, 중국 국민당정부의 지원을 받았다.
③ (다) – 양세봉이 이끄는 군대로, 영릉가 전투와 흥경성 전투에서 일본군을 격퇴하였다.
④ (라) – 지청천이 이끄는 군대로, 항일 중국군과 함께 쌍성보 전투, 동경성 전투 등에서 일본군을 격퇴하였다.

> **ADVICE** (개) 한국광복군은 1940년 충칭 임시정부에서 창설된 군대로 총사령에 지청천을 임명하였다. 이후 김원봉이 이끄는 조선의용대가 합류하면서 세력이 확대되고 연합군의 일원으로 전쟁에 참여하였다. 또한 미국의 OSS와 협력하여 국내 정진군을 편성해 국내 진공 작전을 계획하였지만 일본의 항복으로 실행에 옮기지는 못했다.
> ② 한인 애국단(1931)은 김구가 조직한 비밀결사 단체로 이봉창, 윤봉길 의사의 의거를 주도하였다. 중국 관내 최초의 한인 무장 부대는 김원봉이 중심이 된 조선의용대이다.
> ③④ 1930년대 초반 일제의 만주사변 이후 한국과 중국 사이에 한중 연합작전이 이루어졌다. 당시 양세봉이 이끌던 조선 혁명군은 흥경성, 영릉가 전투에서 일본군을 격퇴하였고, 지청천이 이끌던 한국독립군은 쌍성보, 동경성 전투 등에서 일본군을 격퇴하였다.

✎ **ANSWER**   5.④   6.②   7.①

8 〈보기〉와 같이 기록된 고려 무신정권기 집권자는?

> 〈보기〉
>
> 경주 사람이다. 아버지는 소금과 체(篩)를 파는 것을 업(業)으로 하였고, 어머니는 연일현(延日縣) 옥령사(玉靈寺)의 노비였다. … 그는 수박(手搏)을 잘했기에 의종의 총애를 받아 대정에서 별장으로 승진하였고, … 그가 무신 정변때 참여하여 죽인 사람이 많으므로 중랑장(中郞將)으로 임명되었다가 얼마 후 장군으로 승진하였다.
>
> － 『고려사』 권128, 반역전 －

① 최충헌
② 김준
③ 임연
④ 이의민

> **ADVICE** 제시문은 소금장수 아버지와 옥령사 노비인 어머니를 둔 고려 무신집권자 이의민에 관한 내용이다. 이의민은 무신정변을 반대하며 일으킨 김보당, 조위총의 난을 진압한 이후 상장군이 되어 경대승 이후의 무신집권기를 주도하였다.
> ① 최충헌은 이의민을 제거한 후 최씨 무신 정권의 기반을 마련하였다.
> ② 김준은 최씨 무신기 마지막 집권자인 최의를 제거한 후 왕권을 회복하였다.
> ③ 임연은 김준을 살해한 후 정권을 장악하였다.

9 〈보기〉의 법령이 실시된 시기에 일어난 민주화운동으로 가장 옳은 것은?

> 〈보기〉
>
> 모두 9차례 발표된 법령으로 마지막으로 선포된 9호에 따르면 헌법을 부정·반대 또는 개정을 요구하거나 이를 보도하면 영장 없이 체포할 수 있었다. 이로 인해 많은 학생, 지식인, 야당 정치인, 기자 등이 구속되었다.

① 3선 개헌 반대운동이 일어났다.
② 「3·1민주구국선언」이 발표되었다.
③ 민주헌법쟁취 국민운동본부가 결성되었다.
④ 신민당이 직선제 개헌을 위한 서명운동을 전개하였다.

> **ADVICE** 제시문은 1972년 개헌된 유신헌법에 근거하여 대통령이 발령한 긴급조치이다. 긴급조치는 유신헌법을 부정하는 행위에 대하여 국민의 자유와 권리를 잠정적으로 정지할 수 있었으며, 9차례에 걸쳐 공포되었다. 당시 유신헌법 개헌에 반발하여 재야 인사들은 '3·1민주구국선언'(1976)을 발표하였고, 이후 부산과 마산 지역에서 대규모 반정부 시위가 전개되었다(부마항쟁, 1979)

① 3선 개헌 반대운동은 박정희 대통령이 재선(1967) 이후 장기 집권을 위해 3선 개헌을 시도하자 이에 반대하여 일어난 운동이다.

③ 민주헌법쟁취 국민운동본부는 전두환 정부가 국민들의 대통령 직선제 요구에 대하여 4.13 호헌 조치를 통해 반대하자 이에 저항하기 위해 조직되었다.

④ 전두환 정부 시기 대통령 직선제 개헌을 위한 서명운동을 신민당이 주도하였다.

10 〈보기〉의 밑줄 친 '왕'이 재위하던 시기에 대한 설명으로 가장 옳은 것은?

〈보기〉

왕이 명령하여 노비를 안검하고 시비를 살펴 분별하게 하였다. (이 때문에) 종이 그 주인을 배반하는 자가 헤아릴 수 없을 정도였다. 이 때문에 윗사람을 능멸하는 기풍이 크게 행해지니, 사람들이 모두 원망하였다. 왕비가 간절히 말렸는데도 듣지 않았다.

① 서경 천도를 추진하였다.
② 광덕, 준풍 등의 연호를 사용하였다.
③ 지방관을 파견하고 향리제도를 마련하였다.
④ 기인제도를 최초로 실시하여 호족들을 통제하였다.

ADVICE 제시문은 고려 광종(949-975)의 노비안검법 시행과 관련된 내용이다. 광종은 즉위 후 귀족과 지방호족을 숙청하고 왕권 강화를 시도하였다. 이를 위해 과거제, 노비안검법을 시행하였다. 노비안검법은 불법으로 노비가 된 자들을 해방함으로써 지방호족들의 경제 및 군사적 기반을 약화시키는 동시에 국가 재정을 확충하는데도 기여하였다. 또한 광덕, 준풍 등의 연호를 사용하면서 중국과 대등한 세력이 되었음을 대내외적으로 표방하였다.
① 고려 정종
③ 고려 성종
④ 고려 태조

11 〈보기〉의 (가), (나) 문서에 대한 설명으로 가장 옳지 않은 것은?

> 〈보기〉
> (가) 대한제국의 정치는 이전으로 보면 500년 전래하시고 이후로 보면 만세에 걸쳐 불변하오실 전제정치니라.
> (나) 외국인에게 의부 아니하고 관민이 동심합력하여 전제황권을 견고케 할 것.

① (가)에서는 입법·사법·행정의 모든 권력이 황제에게 있음을 천명하였다.
② (나)에서는 정부의 예산과 결산을 인민에게 공표할 것을 주장하였다.
③ (나)를 수용한 고종은 「조칙 5조」를 반포하였다.
④ (가)에 따른 전제정치 선포에 반발하며 독립협회는 의회개설운동을 전개하였다.

> ADVICE 제시문의 (가)는 대한제국 '대한국 국제 9조'(1899), (나)는 독립협회 '헌의 6조'(1898)의 일부이다. 고종은 '대한국 국제'를 통해 황권 중심의 전제 정치를 중심으로 구본신참의 원칙에 따라 개혁 정책을 시행하였다. 반면 독립협회는 열강의 이권 침탈에 반대하면서 근대적 입헌군주제를 추구하였고, 만민공동회와 관민공동회를 통해 이를 알리고자 하였다.
> ① 대한제국은 입법·사법·행정의 모든 권력이 황제에게 있음을 천명하여 전제 정치를 실현하고자 하였다.
> ② '헌의 6조' 중 3조에 규정되어 있다.
> ③ 고종은 '헌의 6조'를 수용하고 보완하면서 「조칙 5조」를 반포하였다.
> ④ 독립협회는 대한제국 이전에 고종의 명으로 탄압, 해산되었다.(1898)

12 〈보기〉의 (가), (나) 시기 사이에 있었던 사실로 가장 옳은 것은?

> 〈보기〉
> (가) 고구려는 백제를 선제 공격하였다가 패하고 고국원왕이 전사하는 위기를 맞았다.
> (나) 왜의 침입을 받은 신라를 구원하기 위해 원병을 보내고 낙동강 하류까지 진출하였다.

① 수도를 평양성으로 천도하였다.
② 낙랑군을 축출하고 대동강 유역을 차지하였다.
③ 요서지역에 대해 선제공격을 감행하였다.
④ 태학을 설립하고 율령을 반포하여 체제 안정화 정책을 실시하였다.

> ADVICE (가)는 백제 근초고왕이 고구려 평양성을 공격하여 고국원왕을 살해한 사건(371)이고, (나)는 신라 내물왕이 왜의 침입으로 고구려 광개토대왕에게 구원병을 요청하여 고구려군이 남하한 사건(400)이다.
> ④ 고구려는 고국원왕의 전사 이후 소수림왕이 집권을 태학을 설립하고 율령을 반포하여 체제 안정화 정책을 실시하였다.
> ① 고구려 장수왕(475)
> ② 고구려 미천왕(313)
> ③ 고구려 영양왕(598)

13 〈보기〉의 ⑺ 인물에 대한 설명으로 가장 옳은 것은?

〈보기〉

• 태조는 정예 기병 5천 명을 거느리고 공산(公山) 아래에서 ___⑺___ 을/를 맞아서 크게 싸웠다. 태조의 장수 김락과 신숭겸은 죽고 모든 군사가 패하였으며, 태조는 겨우 죽음을 면하였다.

• ___⑺___ 이/가 크게 군사를 일으켜 고창군(古昌郡)의 병산 아래에 가서 태조와 싸웠으나 이기지 못하였다. 전사자가 8천여 명이었다.

① 오월에 사신을 보내 교류하였다.
② 송악에서 철원으로 도읍을 옮겼다.
③ 기훤, 양길의 휘하에서 세력을 키웠다.
④ 예성강을 중심으로 성장한 해상 세력이다.

>**ADVICE** 제시문의 인물은 견훤이다. 견훤은 상주 호족 출신으로 후백제를 건국하여 후삼국 시대를 주도하였다. 집권 시기 견훤은 후당, 오월 등과의 교류 관계를 중시하는 등 외교 활동에 적극적이었다. 하지만 태조 왕건과의 고창성 전투에서 패배하고, 왕위 계승 문제를 둘러싼 내분으로 그 세력이 약화되었다.
②③ 후고구려 궁예
④ 고려 태조(왕건)

14 〈보기〉의 사건들을 일어난 순서대로 바르게 나열한 것은?

〈보기〉

㉠ 동아일보와 조선일보가 창간되었다.
㉡ 동경 유학생들이 2 · 8 독립선언을 하였다.
㉢ 순종의 국장일에 만세 시위 사건이 일어났다.
㉣ 조선어학회가 한글 맞춤법 통일안을 발표하였다.

① ㉠ - ㉢ - ㉡ - ㉣
② ㉡ - ㉠ - ㉢ - ㉣
③ ㉢ - ㉣ - ㉡ - ㉠
④ ㉣ - ㉠ - ㉢ - ㉡

>**ADVICE** ㉡ 2 · 8 독립선언(1919) : 동경 유학생이 중심이 된 조선 청년 독립단이 발표하였고 이후 3.1 운동에 영향을 주었다.
㉠ 동아일보와 조선일보는 모두 1920년에 창간되었다.
㉢ 6 · 10 만세 운동(1926) : 일제 식민통치에 저항하며 순종의 국장일에 일어났다.
㉣ 한글 맞춤법 통일안 발표(1933) : 조선어학회 주도

✎ **ANSWER** 11.④ 12.④ 13.① 14.②

15 〈보기〉의 사건들을 일어난 순서대로 바르게 나열한 것은?

> 〈보기〉
> ㉠ 남인이 제2차 예송을 통해 집권하였다.
> ㉡ 노론과 소론이 민비를 복위하는 과정을 거쳐 집권하였다.
> ㉢ 서인은 허적이 역모를 꾸몄다고 고발하여 남인을 축출하고 집권하였다.
> ㉣ 남인은 장희빈이 낳은 왕자가 세자로 책봉되는 과정을 거쳐 집권하였다.

① ㉠ - ㉢ - ㉣ - ㉡   ② ㉡ - ㉣ - ㉢ - ㉠

③ ㉢ - ㉠ - ㉡ - ㉣   ④ ㉣ - ㉢ - ㉠ - ㉡

> **》ADVICE** ㉠ 예송논쟁 : 효종과 효종비에 대한 복상 기간을 놓고 서인과 남인이 벌인 논쟁으로 1차 예송(1659)에서는 서인이 집권하고, 2차 예송(1674)에서는 남인이 집권하였다.
> ㉢ 경신환국(1680) : 조선 숙종 때 서인은 허적이 역모를 꾸몄다고 고발하여 남인을 축출하고 집권하였다.
> ㉣ 기사환국(1689) : 경신환국 이후 정계에서 축출당한 남인은 장희빈이 낳은 왕자가 세자로 책봉되는 과정에서 서인에게 승리하고 집권하였다.
> ㉡ 갑술환국(1694) : 기사환국 이후 정계에서 축출당한 서인은 장희빈을 몰아내고 민비(인현왕후)를 복위시키고자 하였고 남인에게 승리한 후 재집권하였다.

16 〈보기〉에서 고려시대 회화 작품을 모두 고른 것은?

> 〈보기〉
> ㉠ 고사관수도   ㉡ 부석사 조사당 벽화
> ㉢ 예성강도   ㉣ 송하보월도

① ㉠, ㉢

② ㉠, ㉣

③ ㉡, ㉢

④ ㉡, ㉣

> **》ADVICE** ㉡ 부석사 조사당 벽화 : 화엄종의 시조인 의상대사를 모신 조사당 안에 그려진 고려 사찰 벽화
> ㉢ 예성강도 : 고려 전기 화가인 이령이 그린 실경산수화
> ㉠ 고사관수도 : 조선 전기 강희안의 그림
> ㉣ 송하보월도 : 조선 중기 이상좌의 그림

17 〈보기〉에 나타난 사건과 시기상 가장 먼 것은?

> 〈보기〉
>
> 처음 충주 부사 우종주가 매양 장부와 문서로 인하여 판관 유홍익과 틈이 있었는데, 몽골군이 장차 쳐들어온다는 말을 듣고 성 지킬 일을 의논하였다. 그런데 의견상 차이가 있어서 우종주는 양반 별초를 거느리고, 유홍익은 노군과 잡류 별초를 거느리고 서로 시기하였다. 몽골군이 오자 우종주와 유홍익은 양반 등과 함께 다 성을 버리고 도주하고, 오직 노군과 잡류만이 힘을 합하여 쳐서 이를 쫓았다.

① 처인성에서 몽골 장수를 사살하였다.
② 진주의 공·사노비와 합주의 부곡민이 합세하였다.
③ 수도를 강화도로 옮기고 주민을 산성과 섬으로 피난시켰다.
④ 몽골군이 경주의 황룡사 9층탑을 불태웠다.

> **ADVICE** 제시문은 살리타가 이끄는 몽골의 1차 침입 과정에서 벌어진 충주전투(1231)이다. 당시 몽골군이 충주를 공격하자 충주 부사 우종주와 유홍익 등은 성을 버리고 도주하였고, 노군과 잡류별초만이 남아 대몽항쟁을 벌여 몽고군을 물리쳤다.
>
> ① **처인성 전투**(1232) : 몽골의 2차 침입 시기에 김윤후가 몽골의 살리타를 살해한 전투이다.
> ③ **강화도 천도**(1232) : 최씨 무신 집권기 최우는 대몽항쟁을 위해 수도를 강화도로 옮겼다.
> ④ **몽골 3차 침입**(1235) : 경주의 황룡사 9층 목탑 소실
> ② 진주의 공·사노비와 합주의 부곡민이 합세하여 일으킨 반란은 최충헌 집권기였다. (1200)

18 〈보기〉의 제도가 처음 시행된 시기의 군사제도에 대한 설명으로 가장 옳은 것은?

〈보기〉

경성과 지방의 군사에 보인을 지급하는데 차등이 있다. 장기 복무하는 환관도 2보를 지급한다. 장정 2인을 1보로하고, 갑사에게는 2보를 지급한다. 기병, 수군은 1보1정을 준다. 보병, 봉수군은 1보를 준다. 보인으로서 취재에 합격하면 군사가 될 수 있다.

① 중앙군을 5군영으로 편성하였다.
② 2군 6위가 중앙과 국경을 수비하였다.
③ 지방군은 진관 체제를 바탕으로 조직되었다.
④ 양반부터 노비까지 모두 속오군에 편입시켰다.

>ADVICE 제시문은 조선 초기 군역인 양인개병제이다. 양인개병제는 16~60세의 양인 남성에게 모두 군역을 부담하게 하는 제도로 직접 군역에 종사하는 정군(正軍)과 이에 필요한 경비 등을 보조하기 위한 보인(保人)으로 구성되었다. 조선 세조 때 보법(1464)이 시행되면서 정군 1명에 보인 2명이 배당되었다.
③ 조선 세조 때 지방군은 지역 단위 방어 체제인 진관 체제를 바탕으로 조직되었다.
① 임진왜란 중에서 설치된 훈련도감을 중심으로 어영청, 총융청, 수어청, 금위영이 설치되면서 조선 후기 중앙군은 5군영 체제로 운영되었다.
② 2군 6위는 고려의 중앙군이다.
④ 임진왜란 이후 지방군 체제는 양반부터 노비까지 편제된 속오군 체제로 운영되었다.

19 〈보기〉와 같은 주장을 편 인물에 대한 설명으로 가장 옳은 것은?

〈보기〉

토지 소유를 제한하는 법령을 세우십시오. 모년 모월이후부터 제한된 토지보다 많은 자는 더 가질 수 없고, 그 법령 이전부터 소유한 것은 비록 광대한 면적이라 해도 불문에 부치며, 그 자손에게 분급해 주는 것은 허락하고, 혹시 사실대로 하지 않고 숨기거나 법령 이후에 제한을 넘어 더 점유한 자는 백성이 적발하면 백성에게 주고, 관아에서 적발하면 관아에서 몰수하십시오. 이렇게 한다면 수십 년이 못 가서 전국의 토지는 균등하게 될 것입니다.

－ 「한민명전의」 －

① 『북학의』를 저술하여 청 문물의 수용을 역설하였다.

② 「양반전」, 「호질」 등을 지어 놀고먹는 양반을 비판하였다.

③ 화폐 제도의 문제점을 지적하며 폐전론을 주장하였다.

④ 마을 단위로 토지를 공동 경작하여 분배할 것을 제안하였다.

> **ADVICE** 제시문의 인물은 조선 후기 실학자 박지원이다. 그는 〈한민명전의〉에서 조선 후기 지주전호제에 의한 양반 지주들의 토지 겸병으로 인하여 농민들의 삶이 불안정하다는 점을 인지하고 이의 문제점을 개선하기 위하여 한전론(限田論)을 제시하였다. 즉 토지 소유의 상한선을 정하여 상한선 이상의 토지 거래를 금지하여 토지 겸병의 폐단을 막고자 하였으나, 하한선을 제시하지 않았다는 한계점이 있다.
> ② 박지원은 〈양반전〉, 〈호질〉, 〈열하일기〉 등을 저술하였다.
> ① 박제가 ③ 이익 ④ 정약용

20 〈보기〉의 자료와 관련된 개혁의 내용으로 가장 옳은 것은?

〈보기〉
- 청나라에 의존하는 생각을 끊어버리고 자주 독립의 터전을 튼튼히 세운다.
- 왕실에 관한 사무와 나라 정사에 관한 사무는 반드시 분리시키고 서로 뒤섞지 않는다.
- 조세나 세금을 부과하는 것과 경비를 지출하는 것은 모두 탁지아문에서 관할한다.
- 의정부와 각 아문의 직무와 권한을 명백히 제정한다.
- 지방 관제를 빨리 개정하여 지방 관리의 직권을 제한한다.

① 지방에 진위대를 설치하고, 건양이라는 연호를 제정하였다.

② 내각 제도를 수립하고, 인민평등권 확립과 조세 개혁 등을 추진하였다.

③ 의정부를 내각으로 개편하고, 지방제도를 8도에서 23부로 바꾸었다.

④ 전라도 53군에 자치적 민정 기구인 집강소가 설치되었다.

> **ADVICE** 제시문은 갑오 2차 개혁(1894) 때 반포된 〈홍범 14조〉이다. 갑오 2차 개혁에서는 군국기무처를 폐지하고 김홍집, 박영효 연립 내각이 구성되어 개혁을 단행하였다. 정치적으로는 의정부를 내각으로 개편하고, 8아문을 7부, 지방 8도체제를 23부로 개편하고 재판소를 설치하여 지방관의 권한을 제한하였다. 또한 교육 입국 조서가 반포되었으며 군제 개혁을 시도했지만 성과는 미비하였다.
> ① 을미개혁(1895)
> ② 갑신정변(1884)
> ④ 동학농민운동 전주화약(1894)

 **ANSWER** 18.③ 19.② 20.③

1 〈보기〉의 밑줄 친 '이 나라'에 대한 설명으로 가장 옳은 것은?

> 〈보기〉
>
> <u>이</u> 나라에서는 해마다 10월이면 하늘에 제사를 지내는데, 주야로 술을 마시며 노래를 부르고 춤추니 이를 무천이라 한다. 또 호랑이를 신으로 여겨 제사지낸다.

① 마가, 우가, 저가 등 관직을 두었다.
② 철이 많이 생산되어 왜, 낙랑 등에 수출하였다.
③ 소노부를 비롯한 5부가 정치적 자치력을 갖고 있었다.
④ 다른 읍락을 함부로 침범하면 노비, 소 등으로 변상하는 책화가 있었다.

> **ADVICE** 10월에 무천이라는 제천행사는 동예의 풍속이다. 동예는 읍군, 삼로라는 군장이 통치하는 군장국가였고 다른 읍락을 함부로 침범하면 노비, 소 등으로 변상하는 책화가 있었다. 또한 특산물로는 단궁, 과하마, 반어피 등이 있다.
> [오답피하기]
> ① 부여   ② 변한   ③ 고구려

2 조선시대 지방행정에 대한 설명으로 가장 옳지 않은 것은?

① 전국 모든 군현에 수령이 파견되었다.
② 향리는 6방으로 나누어 실무를 맡았다.
③ 중앙에서 유향소를 통해 경재소를 통제하였다.
④ 인구를 늘리는 것이 수령의 중요한 임무 중 하나였다.

3 〈보기〉는 백제 어느 왕대의 사실이다. 백제의 이 왕과 대립하였던 고구려의 왕은?

> 〈보기〉
>
> 겨울 11월에 왕이 돌아가셨다. 옛 기록[古記]에 다음과 같이 전한다. "백제는 나라를 연 이래 문자로 일을 기록한적이 없는데 이때에 이르러 박사(博士) 고흥(高興)을 얻어 『서기(書記)』를 갖추게 되었다."

① 동천왕

② 장수왕

③ 문자명왕

④ 고국원왕

ADVICE 제시문은 4세기 백제 근초고왕 때이다. 근초고왕은 박사 고흥으로 하여금 사서 〈서기〉를 편찬하게 하였고, 마한 정복, 고구려 평양성 공격을 통해 고구려 고국원왕을 살해하는 등 대내적 영토 확장을 시도하였다. 대외적으로는 중국의 요서, 산둥 및 일본 규슈 지방 까지 진출을 하고 동진과 국교를 체결하여 백제의 영향력을 확대하였다.

ANSWER 1.④ 2.③ 3.④

4 〈보기〉 내용의 발표에 대한 설명으로 가장 옳은 것은?

> 〈보기〉
>
> 우리보다 먼저 문명개화한 나라들을 보면 남녀평등권이 있는지라. 어려서부터 각각 학교에 다니며, 각 종 학문을 다 배워 이목을 넓히고, 장성한 후에 사나이와 부부의의를 맺어 평생을 살더라도 그 사나이에 게 조금도 압제를 받지 아니한다. 이처럼 대접을 받는 것은 다름 아니라 그 학문과 지식이 사나이 못지않 은 까닭에 그 권리도 일반과 같으니 어찌 아름답지 않으리오.

① 평양의 양반 부인들이 발표하였다.
② 발표를 계기로 찬양회가 조직되었다.
③ 교육입국조서 발표의 배경이 되었다.
④ 이 발표에 따라 한성사범학교가 설립되었다.

〉ADVICE 제시문은 여학교 설립을 위한 찬양회 설립 취지문인 〈여권통문〉(1898)이다. 1896년 독립협회가 조직된 이후 자주국권, 자유민권, 자강혁신 등을 기치로 근대적 개혁을 위한 다양한 방안을 주장하였고, 이 과정에서 여성의 근대 교육 시행을 역설하였다. 이후 서울 북촌 양반층 부인들의 주도로 여학교 설립을 위한 찬양회가 조직되었다. 남녀 평등권을 바탕으로 여성 교육권을 주장하여 이듬해 순성 여학교가 설립되었다.
[오답피하기]
① 평양이 아닌 서울 양반층 부인들의 주도로 이루어졌다.
③, ④ 교육입국조서(1895)는 2차 갑오개혁이 배경이었고, 그 결과 한성사범학교가 설립되었다.

5 〈보기〉의 정책이 실시된 왕대에 대한 설명으로 가장 옳은 것은?

> 〈보기〉
>
> 재위 9년 봄 정월에 교를 내려 내외 관료의 녹읍을 폐지하고, 1년 단위로 조(租)를 차등 있게 하사하는 것을 항식(恒式)으로 삼았다.

① 독서삼품과를 실시하였다.
② 유교 교육을 강화하기 위해 국학을 설치하였다.
③ 국학을 태학감으로 고치고 박사와 조교 등을 두었다.
④ 국학에 공자와 10철 등의 화상을 안치하여 유교 교육을 강화하였다.

> **ADVICE** 제시문은 신라 신문왕 대의 일이다. 신라의 삼국 통일 이후 신문왕은 김흠돌의 난을 계기로 귀족 세력을 억압하고 중앙 집권 체제를 강화하였다. 이를 위해 상대등의 권한을 약화시키고, 집사부 시중의 권한을 강화하였으며, 국학을 설립하여 6두품을 적극 기용하였다. 또한 관료전을 지급하고 녹읍을 폐지하였으며, 9서당 10정의 군사체제 정비, 9주 5소경의 지방 체제를 확립하였다.

[오답피하기]

① 신라 원성왕

③ 신라 경덕왕

④ 신라 성덕왕

6 〈보기〉의 밑줄 친 '이 단체'에 대한 설명으로 가장 옳은 것은?

〈보기〉

<u>이 단체</u>는 조선국권회복단의 박상진이 풍기광복단과 제휴하여 조직하였다. 무력 투쟁을 통한 독립을 목표로 하였고, 군자금 모집, 독립군 양성, 무기 구입, 친일 부호 처단 등 활동을 전개하였다.

---

① 독립군 양성을 위한 신흥강습소를 설치하였다.

② 블라디보스토크에 최초의 임시정부를 수립하였다.

③ 무력 항쟁의 의지를 담은 대한독립선언서를 발표하였다.

④ 공화주의 이념에 따라 공화정치를 실현하는 것을 목표로 하였다.

> **ADVICE** 제시문은 1915년 결성된 대한광복회이다. 대한광복회는 군대식 조직으로 국권 회복과 독립을 통해 공화정을 실현하는 국가 건설을 지향하면서 총사령인 박상진을 중심으로 결성되었다. 이후 김좌진도 참여하였으며, 국내에서는 독립군자금 모금을 목적으로 일제 및 친일 부호 세력을 공격하였다.

[오답피하기]

① 신민회

② 대한광복군 정부

③ 조소앙이 작성한 독립선언서로 무오독립선언서(1918)라고도 하며 국외(만주,노령 등) 민족지도자들이 발표하였다.

✏ **ANSWER** 4.② 5.② 6.④

7 〈보기〉에서 ㈎의 인명과 그의 저술을 옳게 짝지은 것은?

> 〈보기〉
>
> 진성왕 8년(894) 봄 2월에 ___㈎___ 이 시무 10여 조를 올리자, 왕이 이를 좋게 여겨 받아들이고 아찬으로 삼았다.

① 김대문 – 『화랑세기』
② 김대문 – 『계원필경』
③ 최치원 – 『제왕연대력』
④ 최치원 – 『한산기』

> ▶**ADVICE** 신라말 시무 10여 조를 왕에게 올린 인물은 6두품 출신의 최치원이다. 최치원은 당에 유학하며 빈공과에 응시에 급제하였고, 이후 신라에 귀국하여 신라 말 혼란스러운 사회 안정을 위한 개혁책을 제시하였다. 주요 저술에는 〈계원필경〉, 〈제왕연대력〉, 〈사산비명〉, 〈법장화상전〉 등이 있다.
>
> [오답피하기]
> ① 김대문은 8세기 초 성덕왕 대 진골 출신 귀족으로 〈한산기〉, 〈고승전〉, 〈화랑세기〉등을 저술하였다.
> ② 〈계원필경〉은 최치원이 저술하였다.
> ④ 〈한산기〉는 김대문이 저술하였다.

8 〈보기〉의 밑줄 친 인물이 왕으로 즉위하여 활동하던 기간에 있었던 사실로 가장 옳은 것은?

> 〈보기〉
>
> 개경으로 돌아온 강조(康兆)는 김치양 일파를 제거함과 동시에 국왕마저 폐한 후 살해하였다. 이 같은 소용돌이 속에서 <u>대량원군</u>이 임금으로 즉위하였다.

① 부모의 명복을 빌기 위해 현화사(玄化寺)를 창건했다.
② 거란의 침입에 대비하기 위하여 광군 30만을 조직했다.
③ 강동 6주의 땅을 고려 영토로 편입시켰다.
④ 재조대장경의 각판사업에 착수했다.

제시문은 고려 시대 강조의 정변(1009)으로 목종을 폐위하고 현종을 왕위에 올린 사건이다. 목종 즉위시 모후인 천추태후가 섭정을 하면서 김치양과 사이에서 낳은 아들을 왕위에 올리려 하자 목종은 강조로 하여금 저지하려고 하였다. 군사를 일으킨 강조는 궁궐에 들어와 목종을 폐위시키고 김치양 일파를 제거하였고 이후 대량원군(현종)이 즉위하였다. 한편 거란은 강조의 정변을 구실 삼아 2차 침략을 감행하였다. 헌화사는 현종 때 창건된 사찰이다.

[오답피하기]

② 고려 정종   ③ 고려 성종   ④ 고려 고종

9 〈보기〉의 내용 중 옳은 것을 모두 고른 것은?

〈보기〉

㉠ 정상기는 최초로 백 리를 한 자로 축소한 「동국 여지도」를 만들어 우리나라의 지도 제작 수준을 한 단계 높였다.

㉡ 국어에 대한 연구도 활발하여 신경준의 「고금석림」과 유희의 「언문지」가 나왔다.

㉢ 유득공은 「동사강목」을 지어 고조선부터 고려 말까지의 우리 역사를 체계적으로 정리하였다.

㉣ 이중환의 「택리지」는 각 지역의 경제생활까지 포함하여 집필되었다.

㉤ 허준의 「동의보감」은 우리나라뿐 아니라 중국 및 일본의 의학 발전에 큰 영향을 끼쳤는데, 예방의학에 중점을 둔 것이다.

① ㉠, ㉡

② ㉡, ㉤

③ ㉢, ㉣

④ ㉣, ㉤

㉣ 〈택리지〉는 살기 좋은 곳을 선정하기 위해 제작된 지리지로 실학 사상이 반영된 인문지리지이다. 조선 후기 영조 대 이중환에 의해 저술되었다.

㉤ 〈동의보감〉은 조선 선조~광해군 대에 걸쳐 제작된 의서로 허준이 편찬하였다.

[오답피하기]

㉠ 조선 후기 영조 대 정상기에 의해 제작된 지도로써 최초로 축척(100리척) 활용한 지도는 〈동국지도〉이다.

㉡ 〈고금석림〉은 우리말, 중국어, 일본어 등 여러 어휘를 정리한 것으로 조선 후기 정조 대 이의봉이 저술하였다. 〈언문지〉는 조선 후기 순조 대 유희가 저술하였다.

㉢ 〈동사강목〉은 조선 후기 숙종 대 안정복에 의해 편찬된 역사서이다. 유득공은 〈발해고〉를 저술하였다.

ANSWER 7.③ 8.① 9.④

10 〈보기〉와 관련된 왕에 대한 설명으로 가장 옳은 것은?

〈보기〉

• 불교의 힘으로 나라를 세웠으므로 사찰을 서로 빼앗지 말 것.
• 사찰을 지을 때에는 도선의 풍수사상에 맞게 지을 것.
• 연등회와 팔관회를 성실하게 지킬 것.
• 농민의 요역과 세금을 가볍게 하여 민심을 얻고 부국 안민을 이룰 것.

---

① 중국에서 귀화 한 쌍기의 건의에 따라 과거(科擧) 제도를 시행하였다.
② 귀순한 호족에게 성(姓)을 내려주어 포섭하였다.
③ 경제개혁을 수행하여 전시과 (BB柴科)를 실시하였다.
④ 관료제도를 안정시키기 위해 공복(公服)을 등급에 따라 제정하였다.

>**ADVICE** 제시문은 고려 태조가 후대의 왕들에게 내린 유훈인 〈훈요 10조〉이다. 태조는 고려 건국 후 민생 안정을 위하여 취민유
도 정책 시행 및 흑창을 설치하였고, 호족 통합을 시도하기 위하여 정략 혼인, 사성 정책(왕씨 성을 하사), 사심관 제도
시행, 역분전 지급 등의 정책을 시행하였다. 한편 고구려를 계승하여 북방 영토 확장을 위해한 북진 정책을 시행하였다.
[오답피하기]
① 고려 광종
③ 고려 경종
④ 고려 광종

11 〈보기〉의 (가)에 들어갈 군대로 가장 옳은 것은?

〈보기〉

"제가 전날에 패한 원인은 적들이 모두 말을 탔고, 우리는 보병으로 전투한 까닭에 대적할 수 없었기
때문 입니다."라고 하자, 이때 비로소 ____(가)____을/를 만들기로 하였다.

– 『고려사』 –

---

① 광군
② 도방
③ 별무반
④ 삼별초

제시문은 고려 숙종 대(1104)에 윤관의 건의에 의해 설치된 별무반이다. 이는 기병 중심의 북방 여진을 정벌하기 위해서는 보병만으로는 한계가 있음을 알게 된 윤관이 기병을 편제한 새로운 군대 조직의 필요성을 역설하면서 조직되었다. 그 결과 기병 중심의 신기군, 보병 중심의 신보군, 승병 중심의 항마군으로 별무반을 편성하였다. 윤관은 별무반을 이끌고 여진을 정벌하여 동북 9성을 세웠다.

[오답피하기]

① 고려 정종

② 고려 명종(무신집정자 경대승이 주도)

④ 고려 고종(최씨 무신저권)

12 〈보기〉의 조선의 천주교 전파 상황을 순서대로 바르게 나열한 것은?

〈보기〉

㉠ 이승훈이 북경에서 서양 신부에게 영세를 받고 돌아왔다.

㉡ 윤지충이 모친상 때 신주를 불사르고 천주교 의식을 행하였다.

㉢ 이수관이 「지종유설」에서 마테오 리치의 「천주실의」를 소개하였다.

㉣ 황사영이 북경에 있는 프랑스인 주교에게 군대를 동원하여 조선에서 신앙과 포교의 자유를 보장받을 수 있도록 청하는 서신을 보내려다 발각되었다.

---

① ㉠ – ㉡ – ㉣ – ㉢

② ㉠ – ㉢ – ㉣ – ㉡

③ ㉢ – ㉠ – ㉡ – ㉣

④ ㉢ – ㉡ – ㉠ – ㉣

㉢ 이수광 〈지봉유설〉을 저술한 시기는 조선 광해군 때이다.(1614)

㉠ 우리나라 최초의 영세자인 이승훈이 예수회 신부에게 영세를 받고 귀국한 것은 조선 정조 때이다.(1784)

㉡ 전라도 진산에서 윤지충과 그의 외사촌인 권상연이 윤지충 모친상 때 신주를 불사르고 천주교 의식을 행하여 천주교가 탄압받은 사건(신해사옥. 진산사건)은 조선 정조 때이다.(1791)

㉣ 황사영이 신유박해에 대한 부당함을 알리기 위해 북경의 구베아 주교에게 밀서를 보내려다 발각된 사건(백서사건)은 조선 순조 때이다.(1801)

13 〈보기〉의 법을 한국에 적용한 이후 일본이 벌인 일로 가장 옳은 것은?

> 〈보기〉
> • 정부는 전시에 국가 총동원상 필요할 때는 정하는 바에 따라 제국 신민을 징용하여 총동원 업무에 종사하게 할 수 있다.
> • 정부는 전시에 국가 총동원상 필요할 때는 칙령이 정하는 바에 따라 물자의 생산·수리·배급·양도 및 기타의 처분·사용·소비·소지 및 이동에 관해 필요한 명령을 내릴 수 있다.

① 학도 지원병제와 징병제를 시행하였다.
② 헌병 경찰 제도를 실시하였다.
③ 국민 징용령을 공포하였다.
④ 여자 근로 정신령을 만들었다.

>ADVICE 제시문은 1938년 시행된 일제의 국가총동원법이다. 일제는 1931년 만주사변 이후 대륙 침략을 감행한 이후 전쟁의 양상이 확대되면서 전쟁 수행에 필요한 인적, 물적 자원이 부족해지자 국가총동원법을 제정하였다. 대내적으로는 민족말살정책을 시행하여 신사 참배, 창씨개명, 황국신민서사 암송을 강요하고 우리말 사용을 금지하였다. 또한 국가총동원법에 따라 강제 징용, 징병, 학도병, 정신대, 공출제, 배급제를 시행하였다.
> [오답피하기]
> ② 헌병경찰제도는 1910년 대 일제의 무단통치 기간에 시행되었다.

14 〈보기〉의 글에 대한 설명으로 가장 옳지 않은 것은?

> 〈보기〉
> 우리나라는 실로 신종 황제의 은혜를 입어 임진왜란 때 나라가 폐허가 되었다가 다시 종재하게 되었고 백성은 거의 죽었다가 다시 소생하였으니, 우리나라의 나무 한 그루와 풀 한 포기와 백성의 터럭 하나하나에도 황제의 은혜가 미치지 않은 것이 없습니다. 그런즉 오늘날 크게 원통해 하는 것이 온 천하에 그 누가 우리와 같겠습니까?

① 송시열이 제출하였다.
② 효종에게 올린 글이다.
③ 북벌 정책에 대해 논하였다.
④ 청의 문물 수용을 건의하였다.

제시문은 조선 효종 즉위 후 송시열이 왕에게 올린 것으로 병자호란 이후 명에 대한 의리를 지키고 청을 정벌(북벌)할 것을 주장하였다. 삼전도의 굴욕에 대한 설욕과 임지왜란 당시 명의 은혜에 대한 보은을 명분으로 북벌이 추진되었으나 효종 사후 중단되었다.

[오답피하기]

④ 청의 문물 수용 주장은 조선 후기 북학파 실학자들을 중심으로 이루어졌다.

15 〈보기〉의 글을 저술한 인물에 대한 설명으로 가장 옳지 않은 것은?

> 〈보기〉
>
> 옛 사람이 이르기를, 나라는 없어질 수 있으나 역사는 없어질 수 없다고 하였으니, 그것은 나라는 형체이고 역사는 정신이기 때문이다. 이제 한국의 형체는 허물어졌으나, 정신만이라도 오로지 남아 있을 수 없는 것인가.

① 유교구신론을 써서 유교의 개혁을 주장하였다.

② 식민 사학 중 정체성론의 근거를 무너뜨리는 데에 기여하였다.

③ 대한민국 임시 정부의 2대 대통령을 역임하였다.

④ 「한국독립운동지형사」를 저술하였다.

제시문은 민족주의 사학자이자 독립운동가였던 박은식이 〈한국통사〉에서 주장한 내용이다. 박은식은 근대 시기에 〈유교구신론〉을 통해 성리학 중심의 유교를 개혁하고 양명학 중심의 실천 유학을 실행할 것을 주장하였다. 한편 이승만에 이어 대한민국 임시정부의 2대 대통령을 역임하였고, 민족 정신(혼)을 강조하면서 〈한국통사〉, 〈한국독립운동지혈사〉 등을 저술하였다.

[오답피하기]

② 식민사관 중 정체성론을 비판하고 한국사를 세계사적 보편사 인식 수준으로 이해하는 토대를 마련한 인물은 마르크스 사학을 연구한 백남운이다. 〈조선사회경제사〉, 〈조선봉건사회경제사〉 등을 저술하였다.

16 〈보기〉에서 역사적 사건을 시간순으로 바르게 나열한 것은?

〈보기〉

ㄱ 임오군란
ㄴ 강화도조약
ㄷ 갑신정변
ㄹ 텐진조약

① ㄱ - ㄴ - ㄷ - ㄹ
② ㄱ - ㄹ - ㄴ - ㄷ
③ ㄴ - ㄱ - ㄷ - ㄹ
④ ㄴ - ㄷ - ㄱ - ㄹ

>ADVICE ㄴ 강화도조약(1876) : 운요호 사건 이후 일본과 체결한 조약으로 최초의 불평등 조약
ㄱ 임오군란(1882) : 신식군대에 대한 구식군대의 차별 대우에 구식군인이 불만을 품고 일으킨 사건
ㄷ 갑신정변(1884) : 김옥균, 박영효를 중심으로 한 급진개화 세력이 정변을 일으킨 사건
ㄹ 텐진조약(1885) : 갑신정변 이후 청과 일본 사이에 체결된 조약

✎ ANSWER

17 〈보기〉에서 이름과 활동을 옳게 짝지은 것은?

〈보기〉

㉠ 이제현 – 만권당에서 원의 학자들과 교류하였다.
㉡ 안향 – 공민왕이 중영한 성균관의 대사성이 되었다.
㉢ 이색– 충렬황 때 고려에 성리학을 본격적으로 소개 하였다.
㉣ 정몽주 – 역사서 「사략」을 저술하였다.

---

① ㉠
② ㉡
③ ㉢
④ ㉣

ADVICE ㉠ 만권당은 고려 후기 충선왕이 원의 연경에 세운 독서당으로 학술연구기관이다. 당시 유학자였던 이제현은 만관권에서 원나라의 학자들과 교류하였다.

[오답피하기]
㉡ 공민왕이 중영한 성균관의 대사성이 된 인물은 이색이다.
㉢ 충렬왕 때 고려에 성리학을 소개한 인문은 안향이다.
㉣ 역사서 〈사략〉은 이제현이 저술하였다.

✏ **ANSWER** 16.③ 17.①

18 〈보기 1〉의 선언문을 발표한 정부시기에 있었던 사실을 〈보기 2〉에서 모두 고른 것은?

〈보기 1〉

　남과 북은…쌍방 사이의 관계가 나라와 나라 사이의 관계가 아닌 통일을 지향하는 과정에서 잠정적으로 형성되는 특수 관계라는 것을 인정하고, …
제1조 남과 북은 서로 상대방의 체제를 인정하고 존중한다.
제4조 남과 북은 상대방을 파괴·전복하려는 일체 행위를 하지 아니한다.

〈보기 2〉

㉠ 남북한 동시 유엔(UN) 가입
㉡ 서울올림픽 개최
㉢ 금융실명제 실시
㉣ 6·29선언

① ㉠, ㉡　　　　　　　　　　　　　　　　② ㉡, ㉢
③ ㉡, ㉣　　　　　　　　　　　　　　　　④ ㉢, ㉣

>**ADVICE** 제시문은 1991년 남북 사이에 체결된 〈남북기본합의서〉로 노태우 정부 때 합의된 내용이다. 한반도 비핵화 공동선언과 더불어 소련 붕괴 후 공산권 국가들과의 적극적인 북방 외교 정책을 추진하기도 하였다. 뿐만 아니라 노태우 정부 때에는 서울올림픽(1988)을 개최하고, 남북한 동시 UN가입이 성사(1991)되었다.
[오답피하기]
㉢ 금융실명제(1993)는 김영삼 정부에서 시행되었다.
㉣ 6·29선언(1987)은 6월 민주항쟁의 결과 대통령 직선제 개헌을 주요 골자로 발표된 내용으로 전두환 정권 당시 민정당 대표였던 노태우가 발표하였다.

19 〈보기〉의 밑줄 친 '이 조직'의 활동으로 가장 옳지 않은 것은?

〈보기〉

김원봉이 이끈 이 조직은 1920년대에 국내와 상하이를 중심으로 활발한 의거 활동을 전개하였다.

① 독립지사들에게 잔인한 고문을 일삼던 종로경찰서에 폭탄을 던져 큰 피해를 주었다.
② 동양척식주식회가에 들어가 그 간부를 사살하고 경찰과 시가전을 벌이기도 하였다.
③ 상하이 홍커우 공원에서 열인 일본군의 상하이 점령축하 기념식장에 폭탄을 던져 일본군을 살상하였다.
④ 일제 식민 지배의 중심기관인 조선총독부에 폭탄을 던졌다.

〉ADVICE 제시문의 단체는 김원봉이 중심이 되어 결성된 의열단(1919)이다. 의열단은 만주에서 조직된 항일독립운동단체로 투탄의거 활동을 일으켰는데, 김상옥은 종로경찰서, 나석주는 동양척식주식회사, 김익상은 조선총독부, 최수봉은 밀양경찰서, 박재혁은 부산경찰서 등을 대상으로 하였다. 한편 신채호는 〈조선혁명선언〉을 통해 의열단 선언문을 작성하였다.
[오답피하기]
③ 상하의 홍커우 공원 의거는 한인 애국단 소속 윤봉길 의사의 의거이다.

20 〈보기〉의 (가) 기구에 대한 설명으로 가장 옳은 것은?

〈보기〉

임시로 ___(가)___ 를 설치하였는데, … 이것은 일시적인 전쟁 때문에 설치한 것으로서. 국가의 중요한 모든 일을 다 맡긴 것은 아니었다. 그런데 오늘에 와서 … 의정부는 한갓 헛이름만 지니고 6조는 모두 그 직임을 상실하였다.

① 오직 군사 문제만을 다루었다.   ② 고종 대에 폐지되었다.
③ 세종 대에 설치되었다.   ④ 임진왜란이 끝난 후 위상이 추락하였다.

〉ADVICE 제시문의 기구는 조선 중종 때 설치된 비변사이다. 조선 중기 여진이나 왜구 등의 빈번한 침략이 이어지는 과정에서 중종 대 삼포왜란을 계기로 국방 문제에 대한 대비를 위한 임시기구로 설치되었다. 이후 명종 때 을묘왜변 이후 상설기구가 되었고, 임진왜란을 계기로 국방 문제 뿐만 국정 전반을 관장하는 최고 회의 기구가 되었다. 특히 조선 후기 세도정치의 정치 기구화되면서 왕권을 약화시키자 고종 즉위 후 흥선대원군이 비변사를 혁파하고 의정부와 삼군부의 기능을 부활시켰다.

✏ **ANSWER** 18.① 19.① 20.②

1 다음 풍습이 있었던 나라에 대한 설명으로 옳은 것은?

> • 가족이 죽으면 시체를 가매장하였다가 나중에 그 뼈를 추려서 가족 공동 무덤인 커다란 목곽에 안치하였다.
> • 목곽 입구에는 죽은 자가 먹을 양식으로 쌀을 담은 항아리를 매달아 놓기도 하였다.
> — 『삼국지』 위서 동이전 —

① 민며느리제라는 혼인 풍습이 있었다.　　② 제가가 별도로 사출도를 다스렸다.
③ 소도라는 신성 구역이 존재하였다.　　④ 무천이라는 제천행사를 열었다.

>ADVICE 제시문의 국가는 옥저다. 옥저는 동예와 같이 읍군, 삼로라는 군장이 통치하는 군장국가였고, 풍습으로는 가족공동묘와 민며느리제가 있었다. 민며느리제는 어린 신부가 신랑과 혼인하여 노동력을 제공하고, 일정 기간 성장한 이후 신랑 쪽에서 예물을 가져와 혼인하는 제도로, 일종의 매매혼 제도이다.
> ② 부여 ③ 삼한 ④ 동예

2 우리나라 유네스코 세계유산에 대한 설명으로 옳지 않은 것은?

① 미륵사지에는 목탑 양식의 석탑이 있다.
② 정림사지에는 백제의 5층 석탑이 남아 있다.
③ 능산리 고분군에는 계단식 돌무지무덤이 있다.
④ 무령왕릉에는 무덤 주인공을 알려주는 지석이 있었다.

>ADVICE 한국의 유네스코 세계유산으로는 경주 역사유적 지구, 남한산성, 수원 화성, 고인돌 유적지(강화, 고창, 화순), 종묘 및 창덕궁, 역사마을(안동 하회마을, 경주 양동마을), 백제 역사유적 지구 등이 있다. 백제 역사유적 지구는 2015년에 등재되었고 공주, 부여, 익산 등지의 역사 유적들이 등재되었다. 익산 미륵사지 석탑, 부여 정림사지 5층 석탑 및 능산리 고분군, 공주 송산리 고분군 등 다양한 유적 및 유물이 세계유산으로 등재되었다.
> ③ 부여 능산리 고분군은 굴식 돌방무덤의 형태를 지니고 있다. 계단식 돌무지 무덤은 백제 초기 무덤 양식으로 고구려의 돌무지 무덤 양식과 동일하며 한성(서울 석촌동 고분군)에 위치하고 있다.

3 조선 시대의 관청에 대한 설명으로 옳은 것은?

① 사간원 - 교지를 작성하였다.
② 한성부 - 시정기를 편찬하였다.
③ 춘추관 - 외교문서를 작성하였다.
④ 승정원 - 국왕의 명령을 출납하였다.

》ADVICE 승정원은 왕명 출납을 담당하던 기구이다. 승정원의 고려의 중추원의 기능을 계승하였다.
　① 사간원은 사헌부, 홍문관과 더불어 삼사를 구성하는 기구로 간쟁과 봉박 기능을 담당하였다. 사헌부는 관리 감찰, 홍문관은 경연을 담당했으며, 교지를 작성한 기관은 예문관이다.
　② 한성부는 수도 한양의 행정과 치안을 담당하는 곳이다. 시정기는 춘추관에서 편찬한 것으로, 관청들의 업무를 기록하였고 사초와 함께 조선왕조실록 편찬의 자료로 활용되었다.
　③ 춘추관은 역사서를 편찬하고 보관하던 곳이다. 외교 문서는 승문원에서 작성하였다.

4 (가)에 대한 설명으로 옳은 것은?

> 　3·1 운동 직후에 만들어진 　(가)　 은/는 연통제라는 비밀 행정 조직을 만들었으며, 국내 인사와의 연락과 이동을 위해 교통국을 두었다. 또 외교 선전물을 간행하여 일제 침략의 부당성을 널리 알리고자 하였다. 그러나 이러한 활동은 뚜렷한 성과를 내지 못하였다. 그러한 가운데 　(가)　 의 활동 방향을 두고 외교 운동 노선과 무장투쟁 노선 사이에서 갈등이 빚어지기도 하였다.

① 외교 운동을 위해 미국에 구미 위원부를 설치하였다.
② 비밀결사 운동을 추진하고자 독립 의군부를 만들었다.
③ 이인영, 허위 등을 중심으로 서울 진공 작전을 추진하였다.
④ 영국인 베델을 발행인으로 한 「대한매일신보」를 창간하였다.

》ADVICE 제시문의 (가)는 대한민국 임시정부이다. 대한민국 임시정부는 1919년 국내외 독립운동 단체의 연합으로 상하이에 설립되었고 초대 대통령으로 이승만이 임명되었다. 임시정부는 국내 정세를 살피는 동시에 군자금 마련을 위하여 교통국을 설치하고 연통제를 운영하였다. 또한 외교 활동을 통한 독립을 추진하기 위하여 미국에 구미위원부를 설치하였다.
　② 독립의군부(1912) : 고종의 밀명을 받고 유생 출신의 임병찬이 조직한 단체이다. 복벽주의 추구하였다.
　③ 서울진공작전(1907) : 정미조약 체결(1907) 이후 이인영, 허위 등을 중심으로 정미의병이 구성되어 추진하였지만 실패하였다.
　④ 대한매일신보(1904) : 영국인 베델과 양기탁이 창간한 민족 신문으로, 을사늑약의 부당함을 알리고 국채보상운동을 후원하였으며, 신민회 기관지 역할을 담당하기도 하였다.

✎ **ANSWER** 1.① 2.③ 3.④ 4.①

5 다음 (가), (나) 승려에 대한 설명으로 옳은 것은?

> (가) 중국 유학에서 돌아와 부석사를 비롯한 여러 사원을 건립하였으며, 문무왕이 경주에 성곽을 쌓으려 할 때 만류한 일화로 유명하다.
> (나) 진골 귀족 출신으로 대국통을 역임하였으며, 선덕여왕에게 황룡사 9층탑의 건립을 건의하였다.

① (가)는 모든 것이 한마음에서 나온다는 일심사상을 제시하였다.
② (가)는 「화엄일승법계도」를 만들었다.
③ (나)는 『왕오천축국전』이라는 여행기를 남겼다.
④ (나)는 이론과 실천을 같이 강조하는 교관겸수를 제시하였다.

> ›ADVICE 제시문의 (가)는 의상, (나)는 자장이다. 의상은 화엄사상을 정립한 승려로 당 유학을 마치고 귀국하여 〈화엄일승법계도〉를 저술하였다. 자장은 선덕여왕에게 황룡사 9층 목탑 창건을 건의하여 설립을 주도하였고, 이후 통도사 건립도 주도하였다.
> ① 원효 ③ 혜초 ④ 의천

6 (가) 왕에 대한 설명으로 옳은 것은?

> 당 현종 개원 7년에 대조영이 죽으니, 그 나라에서 사사로이 시호를 올려 고왕(高王)이라 하였다. 아들 ▢(가)▢ 이/가 뒤이어 왕위에 올라 영토를 크게 개척하니, 동북의 모든 오랑캐가 겁을 먹고 그를 섬겼으며, 또 연호를 인안(仁安)으로 고쳤다.
>
> — 『신당서』 —

① 수도를 상경성으로 옮겼다.
② '해동성국'이라고 불릴 만큼 전성기를 이루었다.
③ 장문휴를 시켜 당의 등주(산둥성)를 공격하였다.
④ 고구려 유민과 말갈족을 이끌고 동모산에 도읍을 정하였다.

> ›ADVICE 제시문의 왕은 발해 무왕이다. 무왕은 장문휴로 하여금 당의 등주를 공격하는 등 당과 대립하였으며, 인안이라는 독자적인 연호를 사용하였다. 또한 당과의 대립 관계 속에서 일본에 외교 사절을 보내 통교하였으며, 당시 일본에 보낸 국서에 발해가 고구려를 계승하였음을 밝히기도 하였다.
> ① 발해 문왕
> ② 발해 선왕
> ④ 발해 고왕(대조영)

7 (가) ~ (라) 국왕 대에 있었던 사실로 옳지 않은 것은?

> 조선 시대 국가를 운영하는 핵심 법전인 『경국대전』은 세조 대에 그 편찬이 시작되어 ☐ (가) ☐ 대에 완성되었다. 이후 여러 차례의 전쟁으로 혼란에 빠진 국가 체제를 수습하고 새로운 정치 · 사회적 변화에 대응하기 위해 법전 정비가 필요하게 되었다. 이에 따라 ☐ (나) ☐ 대에 『속대전』을 편찬하였으며, ☐ (다) ☐ 대에 『대전통편』을, 그리고 ☐ (라) ☐ 대에는 『대전회통』을 편찬하였다.

① (가) – 홍문관을 두어 집현전을 계승하였다.
② (나) – 서원을 붕당의 근거지로 인식하여 대폭 정리하였다.
③ (다) – 사도세자의 무덤을 옮기고 화성을 축조하였다.
④ (라) – 삼정의 문란을 바로잡기 위해 삼정이정청을 설치했다.

> **ADVICE** 제시문의 (가)는 성종, (나)는 영조, (다)는 정조, (라)는 고종이다. 성종 대에는 조선의 통치 체제가 정비되었고 세조 대부터 편찬된 〈경국대전〉을 완성하였다. 조선 후기 붕당정치의 폐단을 개혁하고자 영조와 정조는 탕평책을 시행하였다. 영조 대에는 탕평파를 육성하고 붕당의 근거지인 서원을 정리하였으며 〈속대전〉을 편찬하였다. 정조는 왕권 중심의 탕평책을 이전보다 강력히 시행하고자 규장각을 설치하고 장용영을 육성하였으며, 〈대전통편〉을 편찬하였다. 또한 상공업 육성을 위하여 신해통공 정책을 시행하고 수원을 통상의 중심지로 육성하기 위해 화성을 축조하였다. 고종 대에는 흥선대원군의 주도로 세도정치의 폐단을 개혁하고자 비변사를 혁파하고 의정부와 삼군부의 기능 부활, 서원 철폐, 호포제 실시 등의 정책을 시행하였다.
> ④ 19세기 삼정의 문란으로 홍경래의 난, 임술농민봉기 등이 발생하자 이를 시정하고자 삼정이정청을 설치하여 삼정이정 절목을 반포한 것은 철종 대이다.

✏ **ANSWER** 5.② 6.③ 7.④

8 밑줄 친 '사건'의 명칭은?

> 중종에 의해 등용된 조광조는 현량과를 통해 사림을 대거 등용하였다. 그는 3사의 언관직을 통해 개혁을 추진해 나갔고, 위훈삭제를 주장하기도 하였다. 이러한 움직임은 반발을 불러일으켰으며, 중종도 급진적인 개혁 조치에 부담을 느껴 조광조 등을 제거하였다. 이 <u>사건</u>으로 사림은 큰 피해를 입었다.

① 갑자사화
② 기묘사화
③ 무오사화
④ 을사사화

▶ADVICE 제시문의 사건은 조선 중종 대 발생한 기묘사화(1519)이다. 당시 기득권 세력이었던 훈구파를 견제하기 위해 등용된 조광조는 현량과 실시를 건의하고 전국에 서원과 향약을 보급하는 등 사림 세력의 중앙 진출을 위한 정책을 제시하였다. 또한 소격서를 폐지하고 위훈삭제사건을 주장하여 급진적인 개혁 정책을 건의하였지만 훈구파의 반대와 개혁에 대한 부담을 느낀 중종이 조광조를 비롯한 사림 세력을 제거하였다.

①③ 무오사화(1498), 갑자사화(1504)는 모두 연산군 대 발생한 사건이다. 무오사화는 김종직의 〈조의제문〉을 김일손이 사초에 실으면서 문제가 되었고, 갑자사화는 폐비 윤씨의 복위 문제를 둘러싸고 발생한 사건이다.

④ 을사사화(1545)는 명종 대 발생한 사건으로 왕실 외척인 대윤과 소윤의 권력 다툼 과정에서 발생한 사건이다.

9 (가), (나)에 대한 설명으로 옳은 것은?

> ┌─(가)─┐ 역사서의 저자는 다음과 같은 글을 지어 왕에게 바쳤다. "성상 전하께서 옛 사서를 널리 열람하시고, '지금의 학사 대부는 모두 오경과 제자의 책과 진한(秦漢) 역대의 사서에는 널리 통하여 상세히 말하는 이는 있으나, 도리어 우리나라의 사실에 대하여서는 망연하고 그 시말(始末)을 알지 못하니 심히 통탄할 일이다. 하물며 신라·고구려·백제가 나라를 세우고 정립하여 능히 예의로써 중국과 통교한 까닭으로 범엽의 『한서』나 송기의 『당서』에는 모두 열전이 있으나 국내는 상세하고 국외는 소략하게 써서 자세히 실리지 않았다. … (중략) … 일관된 역사를 완성하고 만대에 물려주어 해와 별처럼 빛나게 해야 하겠다.'라고 하셨다."
>
> ┌─(나)─┐ 역사서에는 다음과 같은 서문이 실려 있다. "부여씨와 고씨가 망한 다음에 김씨의 신라가 남에 있고, 대씨의 발해가 북에 있으니 이것이 남북국이다. 여기에는 마땅히 남북국사가 있어야 할 터인데, 고려가 그것을 편찬하지 않은 것은 잘못이다."

① (가)는 동명왕의 업적을 칭송한 영웅 서사시이다.
② (가)는 불교를 중심으로 고대 설화를 수록하였다.
③ (나)는 만주 지역까지 우리 역사의 범위를 확장하였다.
④ (나)는 고조선부터 고려에 이르는 역사를 체계적으로 정리하였다.

10 다음 주장을 한 실학자가 쓴 책은?

> 토지를 겸병하는 자라고 해서 어찌 진정으로 빈민을 못살게 굴고 나라의 정치를 해치려고 했겠습니까? 근본을 다스리고자 하는 자라면 역시 부호를 심하게 책망할 것이 아니라 관련 법제가 세워지지 않은 것을 걱정해야 할 것입니다. … (중략) … 진실로 토지의 소유를 제한하는 법령을 세워, "어느 해 어느 달 이후로는 제한된 면적을 초과해 소유한 자는 더는 토지를 점하지 못한다. 이 법령이 시행되기 이전부터 소유한 것에 대해서는 아무리 광대한 면적이라 해도 불문에 부친다. 자손에게 분급해 주는 것은 허락한다. 만약에 사실대로 고하지 않고 숨기거나 법령을 공포한 이후에 제한을 넘어 더 점한 자는 백성이 적발하면 백성에게 주고, 관(官)에서 적발하면 몰수한다."라고 하면, 수십 년이 못 가서 전국의 토지 소유는 균등하게 될 것입니다.

① 반계수록
③ 열하일기
② 성호사설
④ 목민심서

11 (개) 시기에 있었던 사실로 옳은 것은?

> 한국을 식민지로 삼은 일제는 헌병에게 경찰 업무를 부여한 헌병 경찰제를 시행했다. 헌병 경찰은 정식 재판 없이 한국인에게 벌금 등의 처벌을 가하거나 태형에 처할 수도 있었다. 한국인은 이처럼 강압적인 지배에 저항해 3 · 1 운동을 일으켰으며, 일제는 이를 계기로 지배 정책을 전환했다. 일제가 한국을 병합한 직후부터 3 · 1 운동이 벌어진 때까지를 [(개)] 시기라고 부른다.

① 토지 조사령이 공포되었다.
② 창씨개명 조치가 시행되었다.
③ 초등 교육 기관의 명칭이 국민학교로 변경되었다.
④ 전쟁 물자 동원을 내용으로 한 국가총동원법이 적용되었다.

> **ADVICE** 제시문의 (개) 시기는 헌병 경찰제를 기반으로 강압적인 식민통치 방식을 시행한 1910년대 무단통치 시기이다. 1910년대 무단통치 시기에는 언론, 출판, 집회, 결사의 자유가 박탈되었고, 헌병 경찰에게 즉결처분권을 부여하고 태형령을 시행하면서 강압적인 식민 통치를 시행하였다. 한편 일제는 토지조사령 공포로 기한부 신고제를 원칙으로 하는 토지 조사 사업을 시행하여 미신고 토지 및 공유지 등을 강탈하였다. 그 결과 자작농의 수가 감소하고 소작농의 수가 증가하는 등 민생은 더욱 피폐해졌다.
> ②③④ 만주사변(1931) 이후 일제의 대륙 침략이 본격화되고 전쟁 양상을 확대하며 조선에 대한 식민통치 방식도 전시체제 준비와 민족 정신 말살을 토대로 이루어졌다. 그 결과 창씨개명(1940), 소학교의 초등학교로의 전환(1941), 국가총동원법(1938)을 제정하여 인적, 물적 자원 수탈을 강화하였다.

12 밑줄 친 '그'에 대한 설명으로 옳은 것은?

> 한국 국민당을 이끌던 그는 독립운동 세력을 통합하고자 한국 독립당을 결성해 항일 운동을 주도하였다. 광복 직후 귀국한 그는 정부 수립을 위한 활동을 이어나갔으며, 남한 단독 선거가 결정되자 김규식과 더불어 남북 협상을 위해 평양을 방문하기도 하였다.

① 좌우 합작 위원회를 구성해 좌우 합작 7원칙을 발표하였다.
② 광복 직후 안재홍 등과 함께 조선 건국 준비 위원회를 만들었다.
③ 무장 항일투쟁을 위해 하와이로 건너가 대조선 국민 군단을 결성하였다.
④ 모스크바 3국 외상 회의의 결정 사항이 알려지자 신탁통치 반대 운동을 펼쳤다.

ADVICE 제시문의 인물은 김구이다. 대한민국 임시정부 수립 이후 임정 내의 갈등으로 조직이 분열되자 김구는 이를 수습하고 한인애국단을 결성하여 의거활동을 이어갔다. 또한 충칭 임시정부 시기에는 한국독립당을 결성하고 한국광복군을 지휘하여 대일 항전을 전개하였고, 해방 직후 귀국하여 유엔에 결의에 따른 남한만의 단독 총선거 실시 제안에 반대하며 통일 정부 수립을 위해 김규식과 함께 평양을 방문해 남북 협상을 시도하였지만 실패하였다.

① 여운형, 김규식
② 여운형
③ 박용만

---

13 제헌 국회에 대한 설명으로 옳은 것은?

① 반민족 행위 특별 조사 위원회를 구성하였다.
② 한 · 일 기본 조약 체결에 반대하는 성명을 내놓았다.
③ 통일 3대 원칙이 언급된 7 · 4 남북 공동 성명을 발표하였다.
④ 통일 주체 국민 회의에서 대통령을 뽑는다는 내용의 개헌안을 통과시켰다.

ADVICE 1948년 5 · 10 총선거가 실시되어 제헌의원을 선출하였고, 이들을 중심으로 제헌의회가 구성되었다. 제헌의회에서는 국호를 대한민국으로 정하고, 대한민국 정부 수립을 위한 헌법을 제정하였다. 또한 해방 이후 해결해야 할 우선 과제인 친일파 처단 문제를 처리하기 위하여 반민족 행위 처벌법을 제정하였다. 해당 법령에 따라 반민족 행위자 특별 조사 위원회가 조직되어 활동을 하였지만 친일파의 반대와 경찰의 방해로 활동을 이어가지 못했다.

② 한일 기본 조약(1965)은 박정희 정부 때 체결되었다.
③ 7 · 4남북공동성명(1972)은 1970년대 냉전 완화 분위기 속에서 박정희 정부 때 발표되었다.
④ 통일 주체 국민 회의를 통해 대통령을 선출하는 간선제 방식은 박정희 정부 때 제정된 유신헌법(1972)을 통해서 이루어졌다.

✎ **ANSWER** 11.① 12.④ 13.①

14 밑줄 친 '그'에 대한 설명으로 옳은 것은?

> 고종이 즉위한 직후에 실권을 장악한 <u>그</u>는 러시아를 견제하기 위해 천주교 선교사를 통해 프랑스와 교섭하려 했다. 하지만 천주교를 금지해야 한다는 유생의 주장이 높아지자 다수의 천주교도와 선교사를 잡아들여 처형한 병인박해를 일으켰다. 이후 고종의 친정이 시작됨에 따라 물러난 그는 임오군란이 일어났을 때 잠시 권력을 장악했지만, 청군의 개입으로 곧 물러났다.

① 미국에 보빙사라는 사절단을 파견하였다.
② 전국 여러 곳에 척화비를 세우도록 했다.
③ 국경을 획정하고자 백두산정계비를 세웠다.
④ 통리기무아문을 설치하고 그 아래에 12사를 두었다.

〉ADVICE 제시문의 인물은 흥선대원군이다. 흥선대원군은 고종이 집권하자 비변사 철폐, 서원 정리, 호포제 실시 등 세도정치의 폐단을 개혁하고 대내적으로 왕권을 강화하고자 하였다. 대외적으로는 러시아 세력의 남하를 견제하고자 프랑스와 교섭하려 했으나 실패한 이후 천주교도를 탄압하였다(병인박해). 이를 빌미로 프랑스 로즈 제독이 이끄는 함대가 강화도를 공략하여 문수산성, 정족산성 전투로 이어졌다. 이후 독일 상인 오페르트의 남연군 묘 도굴사건, 신미양요 등을 거치며 쇄국의 의지를 다지는 척화비를 전국 각지에 건립하였다.
① 보빙사는 조미수호통상조약(1882) 체결 이후 미국에 파견한 홍영식, 서광범, 민영익 등으로 구성된 사절단이다.
③ 백두산정계비는 숙종 때 조선과 청의 국경 확정을 위해 건립한 비석이다(1712).
④ 통리기무아문(1880)은 일본과의 강화도조약 체결(1876) 이후 설립한 개혁, 개화기구이다.

15 밑줄 친 '이 왕'에 대한 설명으로 옳은 것은?

> 백제 개로왕은 장기와 바둑을 좋아하였는데, 도림이 고하기를 "제가 젊어서부터 바둑을 배워 꽤 묘한 수를 알게 되었으니 개로왕께 알려드리기를 원합니다."라고 하였다. … (중략) … 개로왕이 (도림의 말을 듣고) 나라 사람을 징발하여 흙을 쪄서 성(城)을 쌓고 그 안에는 궁실, 누각, 정자를 지으니 모두가 웅장하고 화려하였다. 이로 말미암아 창고가 비고 백성이 곤궁하니, 나라의 위태로움이 알을 쌓아 놓은 것보다 더 심하게 되었다. 그제야 도림이 도망을 쳐 와서 그 실정을 고하니 <u>이 왕</u>이 기뻐하여 백제를 치려고 장수에게 군사를 나누어 주었다.
>
> — 『삼국사기』 —

① 평양으로 도읍을 천도하였다.

② 진대법을 처음으로 시행하였다.

③ 낙랑군을 점령하고 한 군현 세력을 몰아내었다.

④ 신라에 침입한 왜군을 낙동강 유역에서 물리쳤다.

> **ADVICE** 제시문의 왕은 5세기 고구려 장수왕이다. 장수왕은 국내성에서 평양성 천도 이후 남하정책을 적극적으로 추진하며 대외적 영토 확장을 시도하였다. 이 과정에서 고구려 승려 도림을 백제에 들어가게 하여 바둑을 좋아하는 백제 개로왕의 신임을 얻게 한 이후 백제 내정을 어지럽히게 하였다. 이후 장수왕은 백제 한성을 공격하여 개로왕을 살해하고 한강 유역 일대를 점령하였으며, 이후 백제는 수도를 한성에서 웅진으로 천도하였다.
> ② 고국천왕
> ③ 미천왕
> ④ 광개토대왕

16 다음 설명에 해당하는 문화유산은?

> 이 건물은 주심포 양식에 맞배지붕 건물로 기둥은 배흘림 양식이다. 1972년 보수 공사 중에 공민왕 때 중창하였다는 상량문이 나와 우리나라에서 가장 오래된 목조 건물로 보고 있다.

① 서울 흥인지문

② 안동 봉정사 극락전

③ 영주 부석사 무량수전

④ 합천 해인사 장경판전

> **ADVICE** 제시문은 안동 봉정사 극락전이다. 고려 시대 건축물인 봉정사 극락전은 주심포 양식에 맞배 지붕 건축물로 현존하는 목조 건축물 중 가장 오래되었다. 특히 주심포 양식은 고려 전기에 유행한 양식으로 해당 건축물로 예산 수덕사 대웅전, 영주 부석사 무량수전이 있지만 부석사 무량수전은 맞배 지붕이 아닌 팔작 지붕 양식이다.
> ① 조선 태조 대 건립된 사대문 중 하나이다.
> ③ 부석사 무량수전은 주심포 양식은 맞지만 지붕은 팔작 지붕이다.
> ④ 해인사 장경판전은 조선시대에 세워진 건축물이다.

✎ **ANSWER** 14.② 15.① 16.②

17 ㈎ 단체에 대한 설명으로 옳은 것은?

> 아관파천 이후 러시아의 영향력이 강화되고 열강의 이권 침탈이 가속화되었다. 이러한 가운데 서재필 등은 ⟨㈎⟩ 을/를 만들었다. ⟨㈎⟩ 은/는 고종에게 자주독립을 굳건히 하고 내정 개혁을 단행하라는 내용이 담긴 상소문을 제출하였으며, 만민공동회를 개최하여 외국의 간섭과 일부 관리의 부정부패를 비판하였다.

① 「교육 입국 조서」를 작성해 공포하였다.
② 영은문이 있던 자리 부근에 독립문을 세웠다.
③ 개혁의 기본 강령인 「홍범 14조」를 발표하였다.
④ 일본에 진 빚을 갚자는 국채 보상 운동을 일으켰다.

》ADVICE 제시문의 단체는 독립협회이다. 독립협회는 개화기 열강의 이권 침탈이 가속화되자 이를 저지하기 위해 서재필, 윤치호 등을 중심으로 설립되었다(1896). 독립협회는 영은문이 있던 자리에 독립문을 세우고 독립신문을 발간하여 자주국권, 자유민권, 자강개혁 운동을 전개하였다. 또한 만민공동회, 관민공동회를 개최하여 민중 계몽과 더불어 정부에 〈헌의 6조〉를 건의하면서 입헌군주제로의 근대적 정치 개혁 운동을 전개하였지만, 이후 고종 황제의 반대와 황국협회의 탄압으로 해체되었다.
①③ 교육 입국 조서(1895)와 홍범 14조(1894)는 모두 2차 갑오개혁과 관련된 내용이다.
④ 국채 보상 운동(1907)은 일제의 차관 도입으로 인한 경제적 예속화에 대한 저항 운동이다.

18 ㈎ 시기의 사실로 옳지 않은 것은?

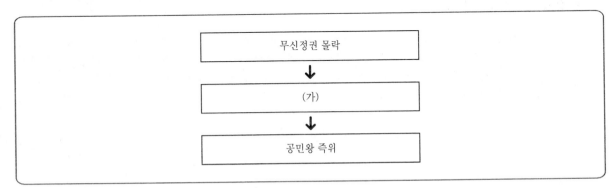

① 만권당이 만들어졌다.
② 정동행성이 설치되었다.
③ 쌍성총관부가 수복되었다.
④ 『제왕운기』가 저술되었다.

ADVICE 제시문 ⑺의 시기는 원 간섭기이다.

① 만권당(1314)은 고려 후기 충선왕이 원의 연경에 세운 독서당으로, 학술연구기관이다.

② 정동행성(1280)은 원이 일본 원정을 위해 설치하였지만 원정 실패 이후에는 고려의 내정 간섭 기구 역할을 담당했다.

④ 이승휴의 〈제왕운기〉(1287)는 충렬왕 때 편찬된 사서로, 자주적 민족의식을 고취하는 역사서이다.

③ 쌍성총관부 수복은 공민왕 즉위 이후이고, 그 결과 철령 이북의 땅을 수복하였다(1356).

19 밑줄 친 '이 나라'의 경제 상황에 대한 설명으로 옳지 않은 것은?

> 이 나라에는 관리에게 정해진 면적의 토지에서 조세를 거둘 수 있는 권리를 나누어주는 전시과라는 제도가 있었다. 농민은 소를 이용해 깊이갈이를 하기도 했으며, 시비법의 발달로 휴경지가 점차 줄어들었다. 밭농사는 2년 3작의 윤작법이 점차 보급되었다. 이 나라의 말기에는 직파법 대신 이앙법이 남부 지방 일부에 보급될 정도로 논농사에 변화가 나타났다. 또한 이암에 의해 중국 농서인 『농상집요』도 소개되었다.

① 재정을 운영하는 관청으로 삼사를 두었다.

② 공물 부과 기준이 가호에서 토지로 바뀌었다.

③ 생산량의 10분의 1에 해당하는 조세를 거두었다.

④ '소'라는 행정구역의 주민이 국가에서 필요로 하는 물품을 생산하였다.

ADVICE 전시과 체제는 고려시대의 토지 제도이다. 또한 고려 말기에는 이암이 〈농상집요〉에서 원의 농법을 소개하였으며, 농법도 점차 발달하여 심경법과 시비법의 발달, 2년 3작의 윤작법 보급, 남부 일부 지방에서는 이앙법이 보급되기도 하였다.

② 공물 부과 기준이 가호에서 토지로 바뀐 것은 조선 후기 대동법 시행 이후이다.

① 고려 시대에는 전납의 출납, 회계를 담당하는 기구로 삼사가 있었다.

③ 고려 시대 조세 수취 기준은 생산량의 10분의 1이었다.

④ 고려 시대에는 일반행정구역과 다른 '향, 부곡, 소'라는 특수행정구역이 존재했고 일반 주현보다 더 많은 조세를 부담하였다.

✎ **ANSWER** 17.② 18.③ 19.②

20 (가) 시기에 있었던 일로 옳은 것은?

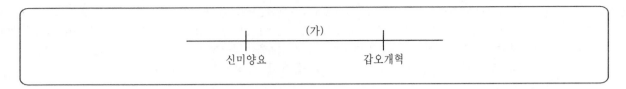

① 을사늑약 체결

② 정미 의병 발생

③ 오페르트 도굴 미수 사건

④ 조 · 미 수호 통상 조약 체결

> ADVICE 신미양요(1871)는 제너럴셔먼호 사건을 빌미로 미국이 강화도로 침입한 사건이고, 갑오개혁(1894)은 일제의 경복궁 무단
> 점령 이후 추진되었다.
>
> ④ 조미수호통상조약(1882)은 2차 수신사로 파견된 김홍집이 황준헌의 〈조선책략〉을 유입하면서 미국과 체결한 조약으로
> 최혜국 대우 조항을 인정한 불평등 조약이었다.
>
> ① 을사늑약(1905)은 일제에 의해 강제로 체결된 조약으로 일제는 통감부를 설치하여 대한제국의 외교권을 박탈하였다.
>
> ② 정비의병(1907)은 고종 황제의 강제 퇴위와 군대 해산에 반발하여 발생하였다.

1 다음 유물이 사용된 시대에 대한 설명으로 옳은 것은?

> 미송리식 토기, 팽이형 토기, 붉은 간 토기

① 비파형 동검이 사용되었다.
② 오수전 등의 화폐가 사용되었다.
③ 아슐리안형 주먹도끼가 사용되었다.
④ 철이 많이 생산되어 낙랑과 왜에 수출되었다.

> **ADVICE** 보기의 토기는 모두 청동기 시대에 사용되었다. 비파형 동검은 청동기 시대에 제작된 것으로 만주로부터 한반도 전역에 이르는 넓은 지역에서 출토되었다.
> ②④ 철기
> ③ 구석기

2 밑줄 친 '왕'에 대한 설명으로 옳은 것은?

> 16년 겨울 10월, 왕이 질양(質陽)으로 사냥을 갔다가 길에 앉아 우는 자를 보았다. 왕이 말하기를 "아! 내가 백성의 부모가 되어 백성들이 이 지경에 이르게 하였으니 나의 죄로다." … (중략) … 그리고 관리들에게 명하여 매년 봄 3월부터 가을 7월까지 관청의 곡식을 내어 백성들의 식구 수에 따라 차등 있게 빌려 주었다가, 10월에 이르러 상환하게 하는 것을 법규로 정하였다.
>
> ─『삼국사기』─

① 낙랑군을 축출하였다.　　　　　　　　　② 「진대법」을 시행하였다.
③ 백제의 침입으로 전사하였다.　　　　　　④ 영락이라는 독자적인 연호를 사용하였다.

》ADVICE 진대법을 시행한 고구려 고국천왕에 관한 내용이다. 진대법은 빈민구제를 위한 제도로 봄에 곡식을 빌려주어 가을에 상환하는 춘대추납제로 운영하였다.
　① 고구려 미천왕
　③ 고구려 고국원왕
　④ 고구려 광개토대왕

3 (가)에 대한 설명으로 옳은 것은?

> 신돈이 　(가)　 을/를 설치하자고 요청하자, … (중략) … 이제 도감이 설치되었다. … (중략) … 명령이 나가자 권세가 중에 전민을 빼앗은 자들이 그 주인에게 많이 돌려주었으며, 전국에서 기뻐하였다.
>
> ─『고려사』─

① 시전의 물가를 감독하는 임무를 담당하였다.
② 국가재정의 출납과 회계 업무를 총괄하였다.
③ 불법적으로 점유된 토지와 노비를 조사하였다.
④ 부족한 녹봉을 보충하고자 관료에게 녹과전을 지급하였다.

》ADVICE (가)는 고려 말 공민왕 때 설치한 전민변정도감이다. 공민왕은 신돈을 등용하고 전민변정도감을 설치하여 친원파를 숙청하고 왕권 강화를 시도하였다. 전민변정도감은 불법적으로 빼앗긴 토지와 노비를 원주인에게 돌려주는 정책을 시행하여 친원파 권문세족의 경제적 기반과 군사적 기반을 약화시키는 역할을 하였다.
　① 경시서(고려 문종)
　③ 삼사(고려 성종)
　④ 녹과전(고려 고종)

4 다음과 같이 말한 인물에 대한 설명으로 옳은 것은?

> 우리나라가 곧 고구려의 옛 땅이다. 그리고 압록강의 안팎 또한 우리의 지역인데 지금 여진이 그 사이에 몰래 점거하여 저항하고 교활하게 대처하고 있어서 … (중략) … 만일 여진을 내쫓고 우리 옛 땅을 되찾아서 성보(城堡)를 쌓고 도로를 통하도록 하면 우리가 어찌 사신을 보내지 않겠는가?
>
> ─『고려사』─

① 목종을 폐위하였다.
② 귀주에서 거란군을 물리쳤다.
③ 여진을 몰아내고 동북 9성을 쌓았다.
④ 소손녕과 담판하여 강동 6주를 획득하였다.

>**ADVICE** 거란 1차 침입 당시 서희의 외교 활약과 관련된 내용이다. 서희는 거란의 소손녕과의 외교 담판에서 고려가 고구려를 계승했음을 주장하며 압록강 동쪽 강동 6주(흥화진, 귀주, 용주, 통주, 철주, 곽주)를 획득하였다.
> ① 강조의 정변(현종 즉위)
> ② 강감찬 귀주대첩(현종)
> ③ 윤관의 동북9성(예종)

5 밑줄 친 '이곳'에 대한 설명으로 옳은 것은?

> • 장수왕은 남진정책의 일환으로 수도를 이곳으로 천도하였다.
> • 묘청은 이곳으로 수도를 옮길 것을 주장하였다.

① 쌍성총관부가 설치되었다.
② 망이 · 망소이가 반란을 일으켰다.
③ 제너럴 셔먼호 사건이 발생하였다.
④ 1923년 조선 형평사가 결성되었다.

>**ADVICE** 밑줄 친 곳은 평양이다. 장수왕은 남하정책 추진을 위하여 수도를 국내성에서 평양으로 천도하였고, 묘청은 고려의 수도였던 개경에서 서경(평양)으로 천도할 것을 주장하였다.
> ③ 제너럴 셔먼호 사건(1866)은 미국 상선인 제너럴 셔먼호가 대동강을 따라 평양으로 가 통상을 요구하다 거절당하자 횡포를 부렸고, 이에 평안도 관찰사인 박규수가 관민을 동원하여 제너럴 셔먼호에 불을 지른 사건이다.
> ① 함경남도 영흥(화주)
> ② 충청남도 공주
> ④ 경상남도 진주

✎ **ANSWER** 2.② 3.③ 4.④ 5.③

6 다음 전투 이후에 일어난 사건으로 옳은 것만을 모두 고르면?

> 이근행이 군사 20만 명의 대군을 이끌고 매소성(買肖城)에 머물렀다. 우리 군사가 공격하여 달아나게 하고 전마 30,380필을 얻었는데, 남겨놓은 병장기도 그 정도 되었다.
>
> — 『삼국사기』 —

> ㉠ 웅진도독부가 설치되었다.
> ㉡ 김흠돌이 반란을 일으켰다.
> ㉢ 교육 기관인 국학이 설립되었다.
> ㉣ 복신과 도침이 부여풍과 함께 백제 부흥 운동을 일으켰다.

① ㉠, ㉡　　　　　　　　　　　　　　② ㉠, ㉣
③ ㉡, ㉢　　　　　　　　　　　　　　④ ㉢, ㉣

>ADVICE 신라 문무왕 때 발생한 매소성 전투(675)이다. 신라는 삼국 통일 과정에서 나당연합군을 결성했지만 통일 이후 당나라의 한반도 지배 야욕이 노골화되기 시작하자 매소성, 기벌포 전투에서 당나라를 제압하고 나당전쟁에서 승리하였다.
> ㉡㉢ 모두 신라 신문왕 대의 일로 김흠돌의 반란을 계기로 신문왕은 왕권을 강화하는 계기를 마련하였다. 진골귀족의 영향력을 약화시키기 위하여 6두품을 기용하고, 관료전 지급 및 녹읍 폐지, 국학을 설치하였다.
> ㉠ 웅진도독부는 나당연합군의 공격으로 백제 직후 설치되었다(660)
> ㉣ 백제 부흥 운동은 백제 멸망 직후 전개되었다(660~663)

7 다음 사건을 시기순으로 바르게 나열한 것은?

> (개) 신라의 우산국 복속　　　　　　　(내) 고구려의 서안평 점령
> (대) 백제의 대야성 점령　　　　　　　(래) 신라의 금관가야 병합

① (개) → (내) → (대) → (래)　　　　　② (개) → (래) → (내) → (대)
③ (내) → (개) → (래) → (대)　　　　　④ (내) → (대) → (개) → (래)

>ADVICE (내) 고구려 서안평 점령(311) : 고구려 미천왕
> (개) 신라의 우산국 복속(512) : 신라 지증마립간
> (래) 신라의 금관가야 병합(532) : 신라 법흥왕
> (대) 백제의 대야성 점령(642) : 신라 선덕여왕

8 고려시대 문화유산에 대한 설명으로 옳지 않은 것은?

① 황해도 사리원 성불사 응진전은 다포 양식의 건물이다.

② 월정사 팔각 9층 석탑은 원의 석탑을 모방하여 제작하였다.

③ 여주 고달사지 승탑은 통일 신라의 팔각원당형 양식을 계승하였다.

④ 『직지심체요절』은 세계기록유산으로 등재된 현존하는 가장 오래된 금속활자본이다.

> **ADVICE** ② 월정사 팔각 9층 석탑은 중국 송의 영향을 받아 제작된 석탑이다. 원의 석탑을 모방한 것은 고려 후기 제작된 경천사지 10층 석탑이 대표적이다.
> ① 고려시대 다포양식의 건축물로 성불사 응진전 외에 석왕사 응진전, 심원사 보광전이 있다.

9 조선시대 지도와 천문도에 대한 설명으로 옳지 않은 것은?

① 대동여지도는 거리를 알 수 있도록 10리마다 눈금을 표시하였다.

② 혼일강리역대국도지도는 중국에서 들여온 곤여만국전도를 참고하였다.

③ 천상열차분야지도는 하늘을 여러 구역으로 나누고 별자리를 표시한 그림이다.

④ 동국지도는 정상기가 실제 거리 100리를 1척으로 줄인 백리척을 적용하여 제작하였다.

> **ADVICE** ② 혼일강리역대국도지도(1402)는 조선 초기에 제작된 세계지도로 현존하는 가장 오래된 세계지도이다. 곤여만국전도(1602)는 예수회 선교사인 마테오리치가 제작한 지도이다.

✎ **ANSWER** 6.③ 7.③ 8.①② 9.②

10 (개)에 대한 설명으로 옳지 않은 것은?

> 임진왜란 이후에 우의정 유성룡도 역시 미곡을 거두는 것이 편리하다고 주장하였으나, 일이 성취되지 못하였다. 1608년에 이르러 좌의정 이원익의 건의로 ☐☐(개)☐☐ 을/를 비로소 시행하여, 민결(民結)에서 미곡을 거두어 서울로 옮기게 하였다.
>
> —『만기요람』—

① 장시의 확대에 기여하였다.
② 지주에게 결작을 부과하였다.
③ 공납의 폐단을 막기 위해 실시하였다.
④ 공인에게 비용을 지급하고 필요 물품을 조달하였다.

➤ADVICE (개)는 대동법이다. 임진왜란 이후 국토가 황폐화되고, 백성들의 수가 감소하면서 수취체제의 혼란과 백성들의 부담이 가중되었고, 특히 토산물 납부(공납)에 대한 부담은 더하였다. 공납의 폐단이 더해지자 이를 막고 백성들에 대한 부담을 줄이고자 대동법이 시행되었다. 대동법은 기존의 토산물 대신 곡식과 포, 화폐 등으로 대납할 수 있게 하고, 어용상인인 공인이 출현하여 토산물을 납품하게 하였다. 특히 화폐 납이 가능해지며 상품화폐 경제가 발달하여 장시의 확대에도 기여하였다.
② 지주에게 결작(토지 1결당 2두)를 부과한 제도는 균역법이다.

11 (개) 인물이 추진한 정책으로 옳지 않은 것은?

> 선비들 수만 명이 대궐 앞에 모여 만동묘와 서원을 다시 설립할 것을 청하니, ☐☐(개)☐☐ 이/가 크게 노하여 한성부의 조례(皂隷)와 병졸로 하여금 한강 밖으로 몰아내게 하고 드디어 천여 곳의 서원을 철폐하고 그 토지를 몰수하여 관에 속하게 하였다.
>
> —『대한계년사』—

① 사창제를 실시하였다.
②『대전회통』을 편찬하였다.
③ 비변사의 기능을 강화하였다.
④ 통상 수교 거부 정책을 추진하였다.

➤ADVICE 흥선대원군의 서원 철폐와 관한 내용이다. 흥선대원군은 고종이 집권하자 대전회통 편찬, 비변사 철폐, 서원 정리, 호포제 및 사창제 실시 등 세도정치의 폐단을 개혁하고 대내적으로 왕권을 강화하고자 하였고, 지배층은 이에 반발하며 서원을 다시 설립할 것을 주장하였다. 대외적으로는 통상수교 거부 정책을 추진하며 전국에 척화비를 건립하였다.
③ 비변사의 기능이 강화된 것은 세도정치기였고, 흥선대원군은 비변사를 혁파하고자 하였다.

12 다음과 같은 선포문을 발표하면서 성립한 정부의 정책으로 옳지 않은 것은?

> 제1조 대한민국은 민주공화제로 함
>
> … (중략) …
>
> 민국 원년 3월 1일 우리 대한민족이 독립을 선언한 뒤 … (중략) … 이제 본 정부가 전 국민의 위임을 받아 조직되었으니 전 국민과 더불어 전심(專心)으로 힘을 모아 국토 광복의 대사명을 이룰 것을 선서한다.

① 독립 공채를 발행하였다.
② 기관지로 『독립신문』을 발간하였다.
③ 비밀 행정 조직인 연통부를 설치하였다.
④ 재정 확보를 위하여 전환국을 설립하였다.

ADVICE 대한민국 임시정부(1919) 헌장이다. 상하이에서 조직된 대한민국 임시정부는 민주공화정을 선포하고 기관지로 〈독립신문〉을 발간하였다. 장기적인 독립 운동을 위한 자금 마련을 위하여 독립 공채를 발행하였으며 연통제와 교통국 운영을 통하여 국내외를 연결하는 조직망을 운영하였다.
④ 전환국(1883)은 화폐주조를 위하여 고종 때 설립된 기구로 이후 일본 재정고문인 메가타의 화폐정리사업을 전후로 폐지되었다.

13 밑줄 친 '나'가 집권하여 추진한 사실로 옳은 것은?

> 나는 우리 국민이 선천적으로 타고난 재질을 최대한으로 활용하여 다각적인 생산 활동을 더욱 활발하게 하고, … (중략) … 공산품 수출을 진흥시키는 데 가일층 노력할 것을 요망합니다. 끝으로 나는 오늘 제1회 「수출의 날」 기념식에 즈음하여 … (중략) … 이 뜻깊은 날이 자립경제를 앞당기는 또 하나의 계기가 될 것을 기원합니다.

① 대통령 직선제 개헌을 추진하였다.
② 3 · 1 민주 구국 선언을 발표하였다.
③ 반민족 행위 특별 조사 위원회를 구성하였다.
④ 베트남 파병에 필요한 조건을 명시한 브라운 각서를 체결하였다.

> **ADVICE** 밑줄 친 인물은 박정희 대통령이고 수출의 날은 1964년에 제정되었다. 박정희 대통령은 5.16 군사정변을 계기로 정권을 장악한 이후 1960~70년에 걸쳐 경제 성장을 주도하였다. 이 과정에서 경제 성장에 필요한 자금 마련을 위하여 한일협정(1965)을 체결하고, 미국과의 브라운 각서(1966)를 체결하여 베트남 파병을 조건을 미국으로부터 자본 및 기술 지원을 약속받았다.
> ① 이승만 정부의 발췌개헌안(1952)에 대한 설명이다.
> ② 박정희 정부의 박정희 유신체제 반대 선언(1976)에 대한 설명이다.
> ③ 이승만 정부의 반민족 행위 특별조사 위원회(1948)에 대한 설명이다.

14 다음과 같이 상소한 인물이 속한 붕당에 대한 설명으로 옳은 것만을 모두 고르면?

> 상소하여 아뢰기를, "신이 좌참찬 송준길이 올린 차자를 보았는데, 상복(喪服) 절차에 대하여 논한 것이 신과는 큰 차이가 있었습니다. 장자를 위하여 3년을 입는 까닭은 위로 '정체(正體)'가 되기 때문이고 또 전중(傳重: 조상의 제사나 가문의 법통을 전함)하기 때문입니다. … (중략) … 무엇보다 중요한 것은 할아버지와 아버지의 뒤를 이은 '정체'이지, 꼭 첫째이기 때문에 참최 3년복을 입는 것은 아닙니다."라고 하였다.
> ─『현종실록』─

> ㉠ 기사환국으로 정권을 장악하였다.
> ㉡ 인조반정을 주도하여 집권세력이 되었다.
> ㉢ 정조 시기에 탕평정치의 한 축을 이루었다.
> ㉣ 이이와 성혼의 문인을 중심으로 형성되었다.

① ㉠, ㉡   ② ㉠, ㉢
③ ㉡, ㉣   ④ ㉢, ㉣

>ADVICE 인조반정 이후 서인과 남인 사이에 전개된 1차 예송논쟁(기해예송, 1659) 중 남인에 관한 내용이다. 기해예송은 효종 사후 계모인 자의대비의 복상기간을 놓고 서인과 남인이 대립하였다. 서인은 효종이 장자가 아니기 때문에 사대부의 예를 적용하여 복상기간을 1년으로 할 것을 주장하였으나, 남인은 왕의 예우를 적용하여 복상기간을 3년으로 할 것을 주장하며 서인과 대립하였다. 그 결과 1차 예송논쟁에서는 서인이 승리하였다.
    ㉠ 예송논쟁 이후 3차례의 환국이 발생하였는데, 1차 경신환국에서는 서인이, 2차 기사환국에서는 남인이, 3차 갑술환국에서는 서인이 승리하였다.
    ㉢ 정조 집권 이후 서인 노론 세력의 영향력을 축소시키기 위하여 남인, 소론 세력 등을 등용하였다.
    ㉡ 인조반정을 주도한 세력은 서인이다.
    ㉣ 이이와 성혼의 문인을 중심으로 한 세력은 서인이다.

15 (나) 시기에 일어난 사실로 옳은 것은?

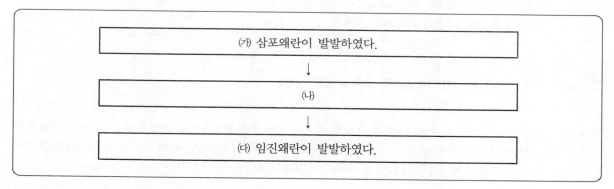

① 을사사화가 일어났다.   ②『경국대전』이 반포되었다.
③『향약집성방』이 편찬되었다.   ④ 금속활자인 갑인자가 주조되었다.

>ADVICE 삼포왜란(1510)은 조선 중종 때 부산포, 내이포, 염포에서 발생한 일본 거류민의 폭동사건이다. 임진왜란(1592)은 조선 선조 때 발발하였다.
    ① 을사사화(1545) : 조선 명종 즉위년
    ②『경국대전』 반포(1484) : 조선 성종
    ③『향약집성방』 편찬(1433) : 조선 세종
    ④ 갑인자 주조(1434) : 조선 세종

✎ **ANSWER** 13.④ 14.② 15.①

16 다음 법령이 시행된 시기에 있었던 사실로 옳은 것은?

> 제1조 회사의 설립은 조선 총독의 허가를 받아야 한다.
> 제5조 회사가 본령이나 본령에 따라 나오는 명령과 허가 조건을 위반하거나 공공질서와 선량한 풍속에 반하는 행위를 할 때 조선 총독은 사업의 정지, 지점의 폐쇄, 또는 회사의 해산을 명할 수 있다.

① 산미 증식 계획이 폐지되었다.
② 「국가 총동원법」이 제정되었다.
③ 원료 확보를 위한 남면북양 정책이 추진되었다.
④ 보통학교 수업 연한을 4년으로 정한 「조선교육령」이 공포되었다.

❯❯ADVICE 조선총독부가 제정한 회사령(1910)으로 회사 설립을 허가제로 규정하였다. 1910년대 일제는 헌병경찰제 실시를 통한 강압적 통치를 자행하고, 토지조사사업을 통하여 경제적 수탈을 시도하였다. 또한 보통학교 수업 연한을 4년으로 정한 1차 조선교육령이 공포되었다.
① 산미증식계획은 1921년에 시행되어 1934년에 폐지되었다.
② 국가총동원법이 제정된 것은 1938년이다.
③ 남면북양 정책이 추진된 것은 1930년대이다.

17 다음과 같은 결의문에 근거하여 시행된 조치로 옳은 것은?

> 소총회는 … (중략) … 한국 인민의 대표가 국회를 구성하여 중앙정부를 수립할 수 있도록 선거를 시행함이 긴요하다고 여기며, 총회의 의결에 따라 국제연합 한국 임시위원단이 접근할 수 있는 지역에서 결의문 제2호에 기술된 계획을 시행함이 동 위원단에 부과된 임무임을 결의한다.

① 미 군정청이 설치되었다.
② 5 · 10 총선거가 실시되었다.
③ 좌우 합작 위원회가 구성되었다.
④ 미 · 소 공동 위원회가 개최되었다.

❯❯ADVICE 1948년 결의된 유엔 소총회의 결의문이다. 해방 이후 2차례에 걸친 미소공동위원회가 결렬되자 한반도 문제는 유엔에 상정되어 유엔 총회에서 인구 비례에 따른 남북한 총선거 실시가 제안되었다. 이후 유엔 한국임시위원단이 파견되었으나 소련과 김일성의 반대로 입북이 거절되자 유엔 소총회의에서는 남한만의 단독 총선거 실시가 결정되었고, 그 결과 남한에서는 5 · 10총선거(1948)가 실시되었다.
① 1945년
③④ 1946년

18 (개), (나) 조약 사이의 시기에 있었던 사실로 옳은 것은?

> (개) 제10관 일본국 인민이 조선국 지정의 각 항구에 머무는 동안에 죄를 범한 것이 조선국 인민에 관계되는 사건일 때에는 일본국 관원이 재판한다.
>
> (나) 제4관 중국 상인이 조선의 양화진 및 한성에 영업소를 개설할 경우를 제외하고, 각종 화물을 내륙으로 운반하여 상점을 차리고 파는 것을 허가하지 않는다. 단, 내륙행상이 필요한 경우 지방관의 허가서를 받아야 한다.

① 개항장에서는 일본 화폐가 통용되었다.
② 러시아가 압록강 유역의 산림 채벌권을 획득하였다.
③ 황국 중앙 총상회가 조직되어 상권 수호 운동을 전개하였다.
④ 함경도의 방곡령에 불복하여 일본 상인이 손해 배상을 요구하였다.

>ADVICE 1876년에 체결된 강화도조약이다. 강화도조약은 해안 측량권 허용 및 치외법권(영사재판권)을 인정한 불평등 조약이다. 부속 조약으로 조·일 수호 조규 부록이 체결되어 개항장에서의 일본 화폐 사용, 일본인 거류지가 설정(간행이정 10리)되었고, 양곡의 무제한 유출 허용 및 일본 상품에 대한 무관세 적용이 이루어졌다.
> ② 1896년
> ③ 1898년
> ④ 1889년

---

19 밑줄 친 '14개 조목'에 해당하는 것만을 모두 고르면?

> 이제부터는 다른 나라를 의지하지 않으며 융성하도록 나라의 발걸음을 넓히고 백성의 복리를 증진하여 자주독립의 터전을 공고하게 할 것입니다. … (중략) … 이에 저 소자는 <u>14개 조목</u>의 홍범(洪範)을 하늘에 계신 우리 조종의 신령 앞에 맹세하노니, 우러러 조종이 남긴 업적을 잘 이어서 감히 어기지 않을 것입니다.

> ㉠ 탁지아문에서 조세 부과
> ㉡ 왕실과 국정 사무의 분리
> ㉢ 지계 발급을 위한 지계아문 설치
> ㉣ 대한 천일 은행 등 금융기관 설립

① ㉠, ㉡

② ㉠, ㉣

③ ㉡, ㉢

④ ㉢, ㉣

> **ADVICE** 홍범 14조(1895)로 2차 갑오개혁(1894) 당시 추진한 정부의 개혁 강령이다. 고종은 홍범 14조 반포를 통해 청과의 사대 관계에서 벗어나 독립국임을 선포하였고, 의정부를 내각으로, 8아문을 7부로 개편하였으며, 전국 8도를 23부로 개편하는 행정 개혁을 단행하였다. 이 과정에서 조세 부과와 징수는 탁지아문이 관할하고, 왕실과 국정 사무를 분리하였다. 또한 재판소 설치 및 교육입국조서 반포를 통해 근대적 교육 개혁을 시도하였다.
> ㉢ 지계아문(1901)은 대한제국 정부에서 수립된 기관이다.
> ㉣ 대한천일은행(1899)은 대한제국 정부에서 설립되었다.

20 (개) 시기에 볼 수 있었던 모습으로 옳지 않은 것은?

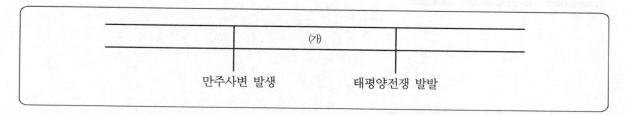

① 소학교에 등교하는 조선인 학생
② 황국 신민 서사를 암송하는 청년
③ 『제국신문』 기사를 작성하는 기자
④ 쌍성보에서 항전하는 한국독립당 군인

>**ADVICE** 만주사변은 1931년에, 태평양 전쟁은 1941년에 발발하였다.

   ① 소학교는 초등교육 기관으로 일제가 3차 조선교육령을 통해 보통학교를 소학교로 변경하였다. (1938)

   ② 일제가 황국신민서사 암송을 강요한 것은 1930년대 후반이다.

   ④ 쌍성보 전투는 지청천이 이끈 한국독립군과 중국호로군의 한중연합작전으로 일제를 격퇴한 전투이다. (1932)

   ③ 제국신문은 1898년에 창간된 신문으로 부녀자와 서민층을 대상으로 순한글로 발행되었다.

1 밑줄 친 '주먹도끼'가 사용된 시대에 대한 설명으로 옳은 것은?

> 이 유적은 경기도 연천군 한탄강 언저리에 넓게 위치하고 있다. 이곳에서 아슐리안 계통의 주먹도끼가 다량으로 출토되어 더욱 많은 관심이 집중되었다. 이곳에서 발견된 주먹도끼는 그 존재 유무로 유럽과 동아시아 문화가 나뉘어진다고 한 모비우스의 학설을 무너뜨리는 결정적 증거가 되었다.

① 동굴이나 바위 그늘, 강가의 막집 등에서 살았다.
② 내부에 화덕이 있는 움집이 일반적인 주거 형태였다.
③ 토기를 만들어 음식을 조리하거나 식량을 저장하였다.
④ 구릉에 마을을 형성하고 그 주변에 도랑을 파고 목책을 둘렀다.

> ADVICE 연천은 대표적인 구석기 유적지로 해당 지역에서 출토된 주먹도끼는 구석기 시대 유물이다.
> ②③ 신석기 시대
> ④ 청동기 시대

2 군사 조직에 대한 설명으로 옳은 것은?

> 고려 정부는 몽골과 강화를 맺고 개경으로 환도하였다. 대몽 항전에 적극적이었던 　(가)　은/는 개경 환도를 반대하고 반란을 일으켰다. 이어 진도로 근거지를 옮기면서 항쟁을 전개하였다.

① 포수, 사수, 살수의 삼수병으로 편제되었다.
② 윤관의 건의로 편성된 기병 중심의 부대였다.
③ 도적을 잡기 위해 설치한 야별초에서 시작되었다.
④ 양계 지방에서 국경 지역 방어를 맡았던 상비적인 전투부대였다.

>ADVICE (가)는 삼별초이다. 최씨 무신집권기 최우는 도적을 잡기 위해 야별초를 설치하였고, 이후 야별초의 수가 증가하면서 좌별초와 우별초로 나뉘어졌다. 또한 몽골에 포로로 잡혀가 도망 온 자들을 중심으로 신의군을 편성하였는데, 이를 좌별초, 우별초와 함께 삼별초라 하였다. 최씨 무신정권의 강력한 군사적 기반이자 이후 대몽항쟁의 상징이 되기도 하였다.

① 조선시대 훈련도감   ② 고려시대 별무반   ④ 고려시대 주진군

3 다음과 같은 주장을 한 인물은?

> 일단 강화를 맺고 나면 저 적들의 욕심은 물화를 교역하는 데 있습니다. … (중략) … 저들이 비록 왜인이라고 하나 실은 양적(洋賊)입니다. 강화의 일이 한번 이루어지면 사학(邪學)의 서적과 천주의 상(像)이 교역하는 가운데 섞여 들어갈 것입니다.

① 박규수   ② 최익현
③ 김홍집   ④ 김윤식

>ADVICE 왜양일체론을 주장하며 일본과의 통상수교를 반대한 최익현의 상소문이다. 최익현은 위정척사파로 일본을 비롯한 서양 세력과의 통상수교를 반대하였다.

4 다음에서 설명하는 신문은?

> • 서재필이 정부 지원을 받아 창간하였다.
> • 한글판을 발행하여 서양의 문물과 제도를 소개하였다.
> • 영문판을 발행하여 국내 사정을 외국인에게도 전달하였다.

① 제국신문   ② 독립신문
③ 한성순보   ④ 황성신문

>ADVICE 1896년 서재필이 중심이 되어 한글판과 영문판으로 간행한 신문은 독립신문이다.
  ① 제국신문(1898) : 부녀자와 서민층을 대상으로 순한글로 발행하였다.
  ③ 한성순보(1883) : 최초의 근대 신문으로 박문국에서 발간한 관보다.
  ④ 황성신문(1898) : 남궁억이 중심이 되어 창간하고 국한문 혼용으로 발행하였으며, 장지연의 「시일야방성대곡」을 게재하였다.

✎ **ANSWER** 1.① 2.③ 3.② 4.②

5 (개), (내)에 들어갈 왕의 업적으로 옳은 것은?

> 삼국의 역사서로는 고구려에 『유기』가 있었는데, 영양왕 때 이문진이 이를 간추려『신집』 5권을 편찬하였다. 백제에서는 ⎡ (개) ⎦ 시기에 고흥이 『서기』를, 신라에서는 ⎡ (내) ⎦ 시기에 거칠부가 『국사』를 편찬하였다.

① (개) – 국호를 남부여로 바꾸었다.
② (개) – 동진으로부터 불교를 받아들여 공인하였다.
③ (내) – 화랑도를 국가적 조직으로 개편하였다.
④ (내) – 병부를 처음으로 설치하여 군권을 장악하였다.

▶**ADVICE** (개)는 근초고왕, (내)는 진흥왕이다. 근초고왕은 집권 후 마한의 대부분을 정복하고, 고구려와 대결, 낙동강 유역의 가야에 지배권을 행사하였다. 뿐만 아니라 중국의 요서 및 산둥, 일본의 규슈까지 진출하면서 대내외적으로 영토를 확장하였다.
진흥왕 역시 화랑도를 국가적 조직으로 개편하며 대외 영토 확장을 시도하였다. 한강유역을 차지하고 남으로는 대가야를 정복, 북으로는 함경도 지역까지 영토를 확장하였다.
① 백제 성왕
② 백제 침류왕

6 다음 문화재와 이를 통해 알 수 있는 내용의 연결이 옳지 않은 것은?

① 사택지적비 – 백제가 영산강 유역까지 영역을 확장하였다.
② 임신서기석 – 신라에서 청년들이 유교 경전을 공부하였다.
③ 충주 고구려비 – 고구려가 5세기에 남한강 유역까지 진출하였다.
④ 호우명 그릇 – 5세기 초 고구려와 신라가 밀접한 관계를 맺고 있었다.

▶**ADVICE** ① 사택지적비 : 의자왕 대에 사택지적이 인생의 덧 없음에 관한 글이 남겨진 비석으로 충남 부여에서 발견되었다.
② 임신서기석 : 신라에서 청년들이 국가에 충성을 맹세하고 유교 경전을 공부했음을 알 수 있다.
③ 충주 고구려비 : 장수왕의 업적을 기록한 비석으로 고구려가 5세기에 남한강 유역까지 진출하였음을 알 수 있다.
④ 호우명 그릇 : 5세기 초 고구려와 신라가 연합하여 가야와 왜의 침입을 격퇴했음을 알 수 있다.

7 밑줄 친 '곽재우'에 대한 설명으로 옳지 않은 것은?

> 여러 도에서 의병이 일어났다. … (중략) … 도내의 거족(巨族)으로 명망 있는 사람과 유생 등이 조정의 명을 받들어 의(義)를 부르짖고 일어나니 소문을 들은 자들은 격동하여 원근에서 이에 응모하였다. … (중략) … 호남의 고경명·김천일, 영남의 <u>곽재우</u>·정인홍, 호서의 조헌이 가장 먼저 일어났다.
>
> ―『선조수정실록』―

① 홍의장군이라 칭하였다.
② 의령을 거점으로 봉기하였다.
③ 행주산성에서 일본군을 크게 무찔렀다.
④ 익숙한 지리를 활용한 기습 작전으로 일본군에 타격을 주었다.

>ADVICE 곽재우는 임진왜란 당시 의령을 거점으로 봉기한 의병대장으로 붉은 옷을 입고 전공을 세워 홍의장군이라 하였다. 특히 의령 지역의 지리적 이점을 기반으로 왜군과의 전투에서 효과적인 승리를 거둘 수 있었다.
> ③ 행주산성에서 군을 통솔한 인물은 권율이다.

8 다음과 같은 취지로 전개된 운동에 대한 설명으로 옳은 것은?

> 지금 우리들은 정신을 새로이 하고 충의를 떨칠 때이니, 국채 1,300만 원은 우리 대한 제국의 존망에 직결된 것입니다. 이것을 갚으면 나라가 보존되고 이것을 갚지 못하면 나라가 망할 것은 필연적인 사실이나, 지금 국고에서는 도저히 갚을 능력이 없으며, 만일 나라에서 갚지 못한다면 그때는 이미 삼천리 강토는 내 나라 내 민족의 소유가 못 될 것입니다.
>
> ―『대한매일신보』―

① 조선 형평사를 조직하였다.
② 조선 물산 장려회를 조직하였다.
③ 신사 참배 거부 운동을 전개하였다.
④ 1907년 대구에서 시작되어 전국으로 확산되었다.

>ADVICE 1907년 국채보상기성회를 중심으로 전개된 국채보상운동이다. 국채보상운동은 일본의 화폐정리사업과 차관 제공에 따른 경제적 지배에 저항한 대표적인 경제적 구국운동으로 대구 광문사의 김광제, 서상돈이 중심이 되어 시작되었다. 이후 대한매일신보에 관련 내용이 실리며 전국적인 운동으로 확산되었다.
> ① 조선 형평사(1923)는 백정 출신들의 차별 철폐를 목적으로 경남 진주에서 설립되었다.
> ② 조선 물산 장려회(1920)는 국산품 애용 운동을 주도하였고, 평양에서 시작하였다.
> ③ 신사 참배 거부 운동은 1930년대 후반 일제의 신사 참배 강요를 거부한 운동으로 기독교가 중심이 되었다.

✎ **ANSWER** 5.③ 6.① 7.③ 8.④

9 (가), (나)에 들어갈 말을 바르게 연결한 것은?

> 조선시대 과거 제도에는 문과·무과·잡과가 있었는데, 이 가운데 문과를 가장 중시하였다. 『경국대전』에 따르면 문과 시험 업무는 <u>　(가)　</u>에서 주관하고, 정기 시험인 식년시는 <u>　(나)　</u>마다 실시하는 것이 원칙이었다.

	(가)	(나)
①	이조	2년
②	이조	3년
③	예조	2년
④	예조	3년

>ADVICE 조선시대 과거제는 예조에서 주관하였고 정기시험인 식년시는 3년마다 실시하였다. 정기시험 외에 부정기 시험인 별시인 증광시와 알성시도 있었다.

10 다음 원칙이 발표된 이후에 있었던 사실로 옳지 않은 것은?

> • 조선의 민주 독립을 보장한 삼상 회의 결정에 의하여 남북을 통한 좌우 합작으로 민주주의 임시 정부를 수립할 것
> • 토지 개혁에 있어서 몰수, 유조건 몰수, 체감매상 등으로 토지를 농민에게 무상으로 나누어 주며, … (중략) … 민주주의 건국 과업 완수에 매진할 것
> • 입법 기구에 있어서는 일체 그 권능과 구성 방법 운영에 관한 대안을 본 합작 위원회에서 작성하여 적극적으로 실행을 기도할 것

① 3·15 부정선거에 대항하여 4·19 혁명이 일어났다.
② 친일파를 청산하기 위한 「반민족행위처벌법」이 공포되었다.
③ 제헌 국회에서 대통령에 이승만, 부통령에 이시영을 선출하였다.
④ 임시 민주 정부 수립을 논의하기 위해 제1차 미·소 공동 위원회가 개최되었다.

>ADVICE 1차 미소공동위원회 결렬 이후 미군정의 지원으로 여운형과 김규식을 중심으로 조직된 좌우합작위원회(1946)에서 발표한 '좌우합작 7원칙'이다. 해당 내용에는 토지 개혁과 친일파 처단 등의 내용을 담고 있다.
> ④ 1차 미·소 공동 위원회는 좌우합작위원회 결성 이전의 사실이다.
> ① 4·19 혁명(1960)
> ② 반민족행위처벌법(1948)

③ 대통령에 이승만, 부통령에 이시영 선출(1948)

〈좌우합작 7원칙〉

1. 조선의 민주 독립을 보장한 3상 결정에 의하여 남북을 통한 좌우 합작으로 민주주의 임시정부를 수립할 것
2. 미소공동위원회 속개를 요청하는 공동성명을 발표할 것
3. 토지개혁에 있어 몰수, 유조건 몰수, 체감매상 등으로 토지를 농민에게 무상으로 분여하며 시가지의 기지 및 대건물을 적정 처리하며 중요산업을 국유화하며 사회노동법령 및 정치적 자유를 기본으로 지방자치제의 확립을 속히 실시하며 통화 및 민생문제 등을 급속히 처리하여 민주주의 건국과업 완수에 매진할 것
4. 친일파 민족반역자를 처리할 조례를 본 합작위원회에서 입법기구에 제안하여 입법기구로 하여금 심리 결정하여 실시케 할 것
5. 남북을 통하여 현정권 하에 검거된 정치운동자의 석방에 노력하고 아울러 남북좌우의 테러적 행동을 일체 즉시로 제지토록 노력할 것
6. 입법기구에 있어서는 일체 그 권능과 구성방법, 운영 등에 관한 대신 본 합작위원회에서 작성하여 적극적으로 실행을 기도할 것
7. 전국적으로 언론·집회·결사·출판·교통·투표 등의 자유를 절대 보장되도록 노력할 것

11 밑줄 친 '그'에 대한 설명으로 옳은 것은?

그는 화엄종을 중심으로 교종을 통합하고 해동 천태종을 창시하여 선종까지 포섭하려 하였다. 그러나 그의 사후에 교단은 다시 분열되었고, 권력층과 밀착되어 타락하는 양상까지 나타났다.

① 이론적인 교리 공부와 실천적인 수행을 아우를 것을 주장하였다.
② 참선과 독경은 물론 노동에도 힘을 쓰자고 하면서 결사를 제창하였다.
③ 삼국시대 이래 고승들의 전기를 정리하여 『해동고승전』을 편찬하였다.
④ 백련사를 결성하여 극락왕생을 기원하는 참회와 염불 수행을 강조하였다.

> **ADVICE** 해동 천태종을 창시하고 교선통합을 시도하였던 인물은 의천이다. 의천은 고려의 분열된 불교를 통합하고자 하였고, 불교의 이론 학습과 함께 수행을 함께 할 것을 강조하며 교관겸수를 주장하였다.
> ② 지눌
> ③ 각훈
> ④ 요세

✎ **ANSWER** 9.④ 10.④ 11.①

12 ㈎ 시기에 있었던 사실로 옳지 않은 것은?

① 인조반정이 발생하였다.
② 영창 대군이 사망하였다.
③ 강홍립이 후금에 항복하였다.
④ 청에 인질로 끌려갔던 봉림 대군이 귀국하였다.

> **ADVICE** ㈎는 임진왜란(1592년)과 병자호란(1636) 사이다. 인조반정은 1623년의 사건으로 서인이 주도하여 광해군을 몰아내고 인조가 왕위에 즉위했다. 영창대군의 사망은 1614년 사건으로 광해군 대의 사건으로 서인 세력은 광해군 축출의 명분 중 하나로 삼았다. 강홍립이 후금에 항복한 것은 광해군 대의 사실로 광해군의 중립외교 일환이다.
> ④ 봉림대군이 청에 인질로 끌려가 귀국한 것은 병자호란 이후다.

13 여름 휴가를 맞아 강화도로 답사 여행을 떠나고자 한다. 다음 중 유적(지)과 주제의 연결이 옳지 않은 것은?

유적(지)	주제
① 외규장각	동학 농민 운동
② 고려궁지	대몽 항쟁
③ 고인돌	청동기 문화
④ 광성보	신미양요

> **ADVICE** ① 외규장각 도서를 약탈한 것은 프랑스 군대로 병인양요(1863) 당시 발생한 사실이다. 동학농민운동은 1894년에 전개되었다.

14 조선시대 붕당의 상황에 대한 설명으로 옳지 않은 것은?

① 선조 대 – 사림이 동인과 서인으로 분열하였다.
② 광해군 대 – 북인이 집권하였다.
③ 인조 대 – 남인이 정권을 독점하였다.
④ 숙종 대 – 서인이 노론과 소론으로 갈라졌다.

15 조선 세종 대에 있었던 사실로 옳지 않은 것은?

① 갑인자를 주조하였다.　　　　　　　② 화통도감을 설치하였다.

③ 역법서인 『칠정산』을 편찬하였다.　　④ 간의를 만들어 천체를 관측하였다.

16 다음과 같은 강령을 발표한 단체의 활동으로 옳은 것은?

> • 우리는 정치적, 경제적 각성을 촉진함
> • 우리는 단결을 공고히 함
> • 우리는 기회주의를 일체 부인함

① 조선 민립 대학 기성회를 창립하였다.

② 파리 강화 회의에 대표를 파견하였다.

③ 6 · 10 만세 운동을 사전에 계획하였다.

④ 광주 학생 항일 운동이 일어나자 조사단을 파견하였다.

ANSWER　12.④　13.①　14.③　15.②　16.④

17 다음 글을 쓴 인물에 대한 설명으로 옳은 것은?

> 세상에서 동명왕의 신이(神異)한 일을 많이 말한다. … (중략) … 지난 계축년 4월에 『구삼국사』를 얻어 「동명왕 본기」를 보니 그 신기한 사적이 세상에서 얘기하는 것보다 더하였다. 그러나 처음에는 믿지 못하고 귀신이나 환상이라고만 생각하였는데, 두세 번 반복하여 읽어서 점점 그 근원에 들어가니 환상이 아닌 성스러움이며, 귀신이 아닌 신성한 이야기였다.

① 사실의 기록보다 평가를 강조한 강목체 사서를 편찬하였다.
② 단군부터 고려 충렬왕 때까지의 역사를 서사시로 기록하였다.
③ 단군신화와 전설 등 민간에서 전승되는 자료를 광범위하게 수록하였다.
④ 김부식의 『삼국사기』에 동명왕의 신이한 사적이 생략되어 있다고 평하였다.

>**ADVICE** 고려 후기 이규보가 저술한 〈동명왕편〉이다. 김부식이 저술한 〈삼국사기〉가 신라 중심의 서술 방식이라는 점과 그의 사대주의적 태도를 비판한 이규보는 고구려의 동명왕의 기록을 중심으로 자주적, 민족주의적 역사 인식을 보여주었다.
> ① 안정복 〈동사강목〉
> ② 이승휴 〈제왕운기〉
> ③ 일연 〈삼국유사〉

18 1910년대에 있었던 사실로 옳은 것은?

① 중국 화북 지방에서 조선 독립 동맹이 결성되었다.
② 만주에서 참의부, 정의부, 신민부 등 3부가 조직되었다.
③ 임병찬이 주도한 독립 의군부는 항일 운동을 전개하였다.
④ 조선 혁명군이 양세봉의 지휘 아래 영릉가에서 일본군을 격파하였다.

>**ADVICE** ③ 독립 의군부(1912) : 고종의 명을 받아 임병찬이 조직한 비밀결사체이다.
> ① 조선 독립 동맹(1942) : 김두봉을 중심으로 결성된 단체로 중국공산당과 연계하여 활동하였다.
> ② 삼부 : 만주에서 참의부(1923), 정의부(1924), 신민부(1925)가 조직되었고 민정과 군정 기능을 수행하였다.
> ④ 영릉가 전투(1932) : 양세봉이 이끄는 조선혁명군과 중국의용군이 연합하여 일본군을 격퇴한 전투이다.

19 다음 주장을 한 인물에 대한 설명으로 옳은 것은?

> 우리 조선의 역사적 발전의 전 과정은 가령 지리적 조건, 인종학적 골상, 문화 형태의 외형적 특징 등 다소의 차이는 인정되더라도, 다른 문화 민족의 역사적 발전 법칙과 구별되어야 하는 독자적인 것이 아니다. 세계사적인 일원론적 역사 법칙에 의해 다른 민족과 거의 같은 궤도로 발전 과정을 거쳐왔다.

① 민족정신으로서 조선 국혼을 강조하였다.
② 민족주의 사학을 계승하여 조선의 얼을 강조하였다.
③ 마르크스 유물 사관을 바탕으로 한국사를 연구하였다.
④ 진단 학회를 조직하여 문헌 고증을 중시하는 실증주의 사학을 정립하였다.

>**ADVICE** 제시문의 인물은 백남운이다. 백남운은 마르크스의 유물사관을 바탕으로 〈조선 사회 경제사〉를 저술하며 일제의 식민사관 중 정체성론을 비판하고, 한국사가 세계사의 보편적 발전 법칙에 입각하여 발전하였음을 강조하였다.
> ① 박은식
> ② 정인보
> ④ 이병도, 손진태

20 6·25 전쟁 중 있었던 사실로 옳지 않은 것은?

① 국군과 유엔군이 인천 상륙 작전을 감행하였다.
② 대통령 직선제를 포함한 발췌 개헌안이 국회에서 통과되었다.
③ 이승만 정부가 북한 송환을 거부하는 반공 포로를 석방하였다.
④ 미국이 한반도를 미국의 태평양 지역 방위선에서 제외한다는 애치슨 선언을 발표하였다.

>**ADVICE** ④ 애치슨 선언은 1950년 1월 미국 국무장관 애치슨이 발표한 것으로 한국과 대만을 동북아시아 방어선에서 제외한다는 내용이다. 이는 북한이 남침하는 계기가 되어 6.25전쟁(1950. 6 ~ 1953. 7) 발발의 요인으로 작용하였다.
> ① 인천상륙작전(1950. 9.)은 맥아더 장군이 이끄는 UN군이 6.25 전쟁에 참전한 사건이다.
> ② 발췌개헌안(1952. 7.)은 이승만 정부에서 직전제 개헌안을 통과시킨 개헌안이다.
> ③ 이승만 정부 반공 포로 석방(1953. 6.)은 정전협정 이전에 일어난 사건이다.

✎ **ANSWER** 17.④ 18.③ 19.③ 20.④

1 밑줄 친 '이 나라'에 대한 설명으로 옳은 것은

> 5세기 후반 가야의 주도 세력으로 성장한 <u>이 나라</u>는 낙동강 유역이라는 지리적 이점과 풍부한 철을 활용하여 후기 가야 연맹의 맹주가 되었다.

① 진흥왕에 의해 멸망하였다.
② 사비로 천도하고 국호를 남부여로 하였다.
③ 지방 행정 구역을 5경 15부 62주로 나누었다.
④ 평양으로 수도를 옮기고 남진 정책을 추진하였다.

>**ADVICE** 제시문의 이 나라는 대가야이다. 전기 가야 연맹은 김해의 금관가야였으나 고구려의 남하로 인하여 금관가야의 세력이 약화되고, 고령을 중심으로 한 대가야가 후기 가야연맹의 중심국가가 되었다. 이후 금관가야는 신라의 법흥왕에 의해 복속되었고, 대가야는 신라 진흥왕에 의해 복속되었다.
>[오답피하기]
>② 백제 성왕 ③ 발해 선왕 ④ 고구려 장수왕

2 고려의 경제 상황에 대한 설명으로 옳은 것은?

① 진대법이라는 구휼 제도를 시행하였다.
② 건원중보가 발행되었으나 널리 이용되지 못하였다.
③ 광산 경영 방식에서 덕대제가 유행하기 시작하였다.
④ 전통적 농업 기술을 정리한 『농사직설』이 편찬되었다.

>**ADVICE** 건원중보는 고려 성종 때 발행된 화폐지만 고려에서는 화폐가 널리 유통되지 못하였다.
>[오답피하기]
>① 진대법 : 고구려 고국천왕 대 시행된 구휼제도
>③ 덕대제 : 조선 후기 민영 광산 발달과 관련된 제도
>④ 『농사직설』: 조선 세종 때 편찬

3 다음 자료에 대한 설명으로 옳은 것은?

> 조선이라는 땅덩어리는 실로 아시아의 요충을 차지하고 있어 그 형세가 반드시 다툼을 불러올 것이다. 조선이 위태로우면 중동(中東)의 형세도 위급해진다. 따라서 러시아가 강토를 공략하려 한다면 반드시 조선이 첫 번째 대상이 될 것이다. … (중략) … 러시아를 막을 수 있는 조선의 책략은 무엇인가? 오직 중국과 친하며, 일본과 맺고, 미국과 연합함으로써 자강을 도모하는 길뿐이다.

① 강화도 조약 체결 이전 조선에 널리 퍼졌다.
② 흥선대원군이 척화비를 세우는 계기가 되었다.
③ 이만손 등 영남 유생들의 반발을 불러일으켰다.
④ 청에 영선사로 파견된 김윤식에 의해 소개되었다.

>**ADVICE** 제시문은 일본 주재 청나라 외교관인 황쭌쎈이 저술한 〈조선책략〉으로 러시아의 남하를 막기 위하여 조선은 미국, 일본, 청과 연합을 해야 한다는 내용을 담고 있다. 〈조선책략〉은 2차 수신사로 일본에 파견된 김홍집이 국내에 들여와 고종에게 올리자 개화를 반대하는 위정척사 세력들이 반발하며 이만손을 중심으로 영남만인소 사건이 발생하였다. (1881)
>[오답피하기]
>① 강화도조약 체결 : 1876년
>② 척화비 건립 계기 : 남연군묘 도굴사건(1868) → 신미양요(1871)

✎ **ANSWER**　1.①　2.②　3.③

4 (개)에 들어갈 말로 옳은 것은?

> 정부의 개화 정책이 추진되면서 구식 군인과 도시 하층민이 반발하였다. 제대로 봉급을 받지 못한 구식 군인들이 난을 일으키고 도시 하층민이 여기에 합세하였으나 청군에 의해 진압되었다. 이후 청은 조선에 군대를 주둔시키고 조선의 내정에 개입하였다. 또 [(개)]을 체결하여 조선이 청의 속방임을 명문화하고 청 상인의 내륙 진출을 인정받았다.

① 한성 조약
② 톈진 조약
③ 제물포 조약
④ 조청상민수륙무역장정

>**ADVICE** 강화도조약 체결(1876) 이후 개화정책이 추진되는 과정에서 신식 군대인 별기군이 설치되자 구식 군인에 대한 차별이 심화되었다. 이에 대한 반발로 구식 군인들이 난을 일으켰지만(임오군란. 1882) 청의 개입으로 실패하였다. 이후 청의 내정 간섭이 심화되었고 조선과 청 사이에는 조청상민수륙무역장정(1882)이 체결되어 청 상인의 내륙 진출을 허용하였다.
> [오답피하기]
> ① 한성조약(1884) : 갑신정변 직후 일본과 체결
> ② 톈진조약(1885) : 갑신정변 이후 청과 일본 사이에 체결
> ③ 제물포조약(1882) : 임오군란 이후 일본과 체결

5 위화도 회군 이후에 있었던 사실로 옳지 않은 것은?

① 과전법이 실시되었다.
② 정몽주가 살해되었다.
③ 한양으로 도읍을 이전하였다.
④ 황산 대첩에서 왜구를 토벌하였다.

>**ADVICE** 위화도 회군(1388)은 고려 말 이성계가 요동 정벌 과정에서 압록강 인근에서 회군을 하여 최영을 제거하고 고려 실권을 장악하게 된 사건이다. 고려의 실권을 장악한 이성계는 정도전을 중심으로 하는 혁명파 사대부들과 함께 과전법을 실시하는 등 조선 건국의 기초를 마련하였다. 이 과정에서 고려 멸망과 토지 개혁 등을 반대한 온건파 사대부의 중심인물인 정몽주가 살해되었다.
> [오답피하기]
> ④ 황산대첩(1380) : 고려 말 지리산 일대 남원 부근에서 노략질을 일삼던 왜구를 이성계가 격퇴한 사건

6 다음의 논설을 작성한 인물에 대한 설명으로 옳은 것은?

> 이 날을 목 놓아 우노라[是日也放聲大哭]. … (중략) … 천하만사가 예측하기 어려운 것도 많지만, 천만 뜻밖에 5개조가 어떻게 제출되었는가. 이 조건은 비단 우리 한국뿐 아니라 동양 삼국이 분열할 조짐을 점차 만들어 낼 것이니 이토[伊藤] 후작의 본의는 어디에 있는가?

① 『한성순보』를 창간하였다.
② 『한국통사』를 저술하였다.
③ 「독사신론」을 발표하였다.
④ 『황성신문』의 주필을 역임하였다.

⊘ADVICE 제시문은 을사늑약(1905) 체결 이후 황성신문 주필인 장지연이 황성신문에 게재한 〈시일야방성대곡〉이다.
　　[오답피하기]
　　　① 한성순보(1883) : 박문국에서 발간
　　　② 한국통사(1915) : 박은식
　　　③ 독사신론(1908) : 신채호

7 밑줄 친 '왕'의 재위 기간에 편찬된 서적으로 옳은 것은?

> • 왕은 집현전을 계승한 홍문관을 설치하고 중단되었던 경연을 다시 열었다.
> • 왕은 훈구 세력을 견제하기 위해 사림 세력을 등용하였다.

① 대전통편
② 동사강목
③ 동국여지승람
④ 훈민정음운해

⊘ADVICE 홍문관을 설치하여 삼사 체제를 완성하고, 경연 시행, 사림 세력을 등용한 인물은 조선 성종이다.
　　동국여지승람은 조선 성종 때 간행된 관찬지리지이다.
　　[오답피하기]
　　　①, ② : 정조　④ 영조

 ANSWER 4.④ 5.④ 6.④ 7.③

8 밑줄 친 '반란'에 대한 설명으로 옳은 것만을 모두 고르면?

> 웅천주 도독 헌창이 <u>반란</u>을 일으켜, 무진주·완산주·청주·사벌주 네 주의 도독과 국원경·서원경·금관경의 사신 및 여러 군현의 수령들을 위협하여 자신의 아래에 예속시키려 하였다.

> ㉠ 천민이 중심이 된 신분 해방 운동 성격을 가졌다.
> ㉡ 반란 세력은 국호를 '장안', 연호를 '경운'이라 하였다.
> ㉢ 주동자의 아버지가 왕이 되지 못한 것에 대한 불만으로 일어났다.
> ㉣ 무열왕 직계가 단절되고 내물왕계가 다시 왕위를 차지하는 결과를 가져왔다.

① ㉠, ㉡   ② ㉠, ㉣
③ ㉡, ㉢   ④ ㉢, ㉣

> ADVICE 제시문은 신라 헌덕왕 대 발생한 김헌창의 난(822)이다. 웅천주 도독이었던 김헌창은 태종 무열왕계 직계 후손인 자신의 아버지 김주원이 귀족 간 권력 쟁탈 과정에서 왕위에 오르지 못한 것에 대하여 불만을 품고 난을 일으켰다. 국호를 '장안', 연호를 '경운'이라 하였고, 반란은 실패하였으나 그 이후에도 신라의 정치적 불안적은 지속되었다.
> [오답피하기]
> ㉣ 김지정의 난(780. 혜공왕)

9 다음 사건 이후에 있었던 사실로 옳은 것은?

> 홍서봉 등이 한(汗)의 글을 받아 되돌아왔는데, 그 글에, "대청국의 황제는 조선의 관리와 백성들에게 알린다. 짐이 이번에 정벌하러 온 것은 원래 죽이기를 좋아하고 얻기를 탐해서가 아니다. 본래는 늘 서로 화친하려고 했는데, 그대 나라의 군신이 먼저 불화의 단서를 야기시켰다."라고 하였다.

① 삼전도비가 세워졌다.   ② 이괄이 난을 일으켰다.
③ 인조가 강화도로 피난하였다.   ④ 정봉수가 용골산성에서 항전하였다.

> ADVICE 제시문은 조선 인조 대 발생한 청의 침입으로 발생한 병자호란(1636)이다. 병자호란의 결과 남한산성으로 피신한 인조는 청 황제에게 항복을 하고 삼전도비를 세웠다.
> [오답피하기]
> ② 이괄의 난(1624) : 인조반정 이후 논공행상에 불만을 품은 이괄이 난을 일으킨 사건
> ③, ④ 정묘호란(1627)

10 (가)~(라)를 시기순으로 바르게 나열한 것은?

> (가) 13도 창의군이 결성되었다.
> (나) 지방군은 10정으로 조직하였다.
> (다) 친위 부대인 장용영을 설치하였다.
> (라) 중앙군은 2군 6위제로 운영하였다.

① (나) → (라) → (가) → (다)　　　② (나) → (라) → (다) → (가)
③ (라) → (나) → (가) → (다)　　　④ (라) → (나) → (다) → (가)

> **ADVICE** (나) 9서당 10정 : 통일신라
> (라) 2군 6위 : 고려
> (다) 장용영 : 조선 정조
> (가) 13도 창의군 : 정미의병(1907)

11 밑줄 친 '이 회의' 이후에 있었던 사실로 옳지 않은 것은?

> 　미국, 영국, 소련 3국의 외무 장관이 모인 <u>이 회의</u>에서는 한국의 민주주의적 임시 정부 수립과 이를 위한 미·소공동위원회의 설치, 최대 5년간의 신탁통치 방안 등이 결정되었다.

① 5·10 총선거가 실시되었다.　　　② 좌우 합작 7원칙이 발표되었다.
③ 조선 건국 준비 위원회가 결성되었다.　④ 반민족 행위 특별 조사위원회가 구성되었다.

> **ADVICE** 제시문은 미국, 영국, 소련 외무장관이 모여 개최된 모스크바 3상 회의(1945.12)이다. 해방 이후 한반도 문제에 대한 방안을 마련하기 위한 회의로 그 결과 한반도 내 임시정부 수립, 미소공동위원회 설치, 미영중소에 의한 5개년 간 신탁통치안 등이 결의되었다.
> ③ 조선건국준비위원회(1945.8)는 해방 직후 여운형과 안재홍을 중심으로 조직된 건국준비단체로 새로운 국가로 조선인민공화국을 선포하였다.
> [오답피하기]
> ① 5·10 총선거(1948. 5)
> ② 좌우 합작 7원칙(1946.7)
> ④ 반민족 행위 특별 조사위원회(1948. 10)

✎ **ANSWER** 8.③　9.①　10.②　11.③

12 밑줄 친 '가람'에 대한 설명으로 옳은 것은?

> 우리 왕후께서는 좌평 사택적덕의 따님으로 지극히 오랜 세월에 선인(善因)을 심어 이번 생에 뛰어난 과보를 받아 만민을 어루만져 기르시고 삼보(三寶)의 동량(棟梁)이 되셨기에 능히 <u>가람</u>을 세우시고, 기해 년 정월 29일에 사리를 받들어 맞이하셨다. 원하옵나니, 영원토록 공양하고 다함이 없이 이 선(善)의 근원 을 배양하여, 대왕 폐하의 수명은 산악과 같이 견고하고 치세는 천지와 함께 영구하며, 위로는 정법을 넓 히고 아래로는 창생을 교화하게 하소서.

① 목탑의 양식을 간직한 석탑이 있다.
② 대리석으로 만든 10층 석탑이 있다.
③ 성주산문을 개창한 낭혜 화상의 탑비가 있다.
④ 돌을 벽돌 모양으로 만들어 쌓은 모전석탑이 있다.

> **ADVICE** 제시문은 익산 미륵사지 서탑에서 발견된 〈금제사리봉안기〉에 관한 내용으로 사택적덕은 백제의 좌평으로 그의 딸은 백제 무왕의 비인 사택왕후이다. 사택적덕은 익산 미륵사 창건을 후원하기도 하였고, 제시문의 가람은 미륵사를 지칭한다.
> ① 미륵사에는 목탑 구조를 석탑으로 재현한 석탑이 있다.
> [오답피하기]
> ② 10층 석탑으로는 고려 시대의 경천사지 10층 석탑, 조선 시대 원각사지 10층 석탑이 있다.
> ③ 성주산 낭혜화상 탑비는 신라시대 석비이다.
> ④ 분황사 모전석탑은 신라시대 석탑이다.

13 조선 세조 대에 있었던 사실로 옳은 것만을 모두 고르면?

> ㉠ 사병을 혁파하였다.
> ㉡ 집현전을 폐지하였다.
> ㉢ 『경국대전』을 완성하였다.
> ㉣ 6조 직계제를 시행하였다.

① ㉠, ㉢　　　　　　　　　　　　　　　② ㉠, ㉣
③ ㉡, ㉢　　　　　　　　　　　　　　　④ ㉡, ㉣

> **ADVICE** 계유정난(1453)은 단종 원년 수양대군이 김종서, 황보인 등을 제거하고 정권을 장악한 사건이다. 이 사건을 계기로 조카 인 단종을 몰아내고 수양대군이 왕위에 집권하였다. 집권 후 세조는 왕권 강화를 위하여 6조 직계제를 시행하고, 집현전 을 폐지하여 경연을 제한하였다. 한편 통치질서 확립을 위하여 〈경국대전〉 편찬을 시작하였다.
> [오답피하기]
> ㉠ 조선 태종
> ㉢ 조선 성종

14 (가)~(라)는 대한민국 임시정부와 관련한 사실이다. 이를 시기순으로 바르게 나열한 것은?

> (가) 한인애국단 창설
> (나) 한국광복군 창설
> (다) 국민대표회의 개최
> (라) 주석·부주석제로 개헌

① (가) → (다) → (나) → (라)　　　　② (가) → (라) → (다) → (나)

③ (다) → (가) → (나) → (라)　　　　④ (다) → (나) → (가) → (라)

>ADVICE (다) 국민대표회의(1923) : 상하이에서 개최된 임시정부 회의로 이승만의 위임통치청원을 비판하는 등 임시정부의 역할과 활동에 대한 문제를 논의했지만 창조파와 개조파의 대립과 분열로 성과를 내지 못하였다.
> (가) 한인애국단(1931) : 상하이에서 김구가 조직한 단체로 윤봉길, 이봉창 의거를 주도하였다.
> (나) 한국광복군(1940) : 충칭 임시정부의 군대로 지청천을 총사령으로 임명하였다.
> (라) 주석·부주석제로 개헌(1944) : 임시정부의 마지막 개헌으로 5차 개헌에 해당한다.

15 (가) 시기에 있었던 사실로 옳은 것은?

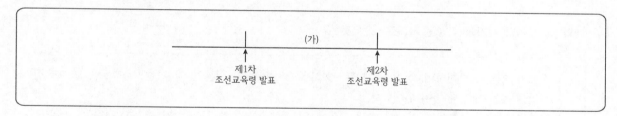

① 경성제국대학이 설립되었다.

② 근대 교육기관인 육영공원이 설립되었다.

③ 일본에서 2·8 독립선언서가 발표되었다.

④ 보안회의 주도로 일본의 황무지 개간권 반대 운동이 일어났다.

>ADVICE 제1차 조선교육령(1911)은 1910년대 일제 무단통치기에 제정되었고, 제2차 조선교육령(1922)은 1920년대 일제 문화통치기에 제정되었다.
> ③ 2·8 독립선언서(1919)는 일본 동경 유학생들을 중심으로 발표되었고, 이를 계기로 같은 해 3·1운동에도 영향을 주었다.
> [오답피하기]
> ① 경성제국대학(1924)　② 육영공원(1886)　④ 황무지 개간권 반대 운동(1904)

✎ **ANSWER**　12.①　13.④　14.③　15.③

16 (개)의 재위 기간에 있었던 사실로 옳은 것은?

> 강조의 군사들이 궁문으로 마구 들어오자, 목종이 모면할 수 없음을 깨닫고 태후와 함께 목 놓아 울며 법왕사로 옮겼다. 잠시 후 황보유의 등이 [(개)]을/를 받들어 왕위에 올렸다. 강조가 목종을 폐위하여 양국공으로 삼고, 군사를 보내 김치양 부자와 유행간 등 7인을 죽였다.

① 윤관이 별무반 편성을 건의하였다.
② 외적이 침입하여 국왕이 복주(안동)로 피난하였다.
③ 서희의 외교 담판으로 강동 6주 지역을 획득하였다.
④ 불교 경전을 집대성한 초조대장경 조판이 시작되었다.

▶**ADVICE** 제시문은 고려시대 강조의 정변(1009)으로 강조가 목종을 폐위시키고 현종을 옹립한 사건이다. 당시 대외적으로 거란이 침략하는 등의 불안정한 상황이 지속되자 초조대장경을 조판하기 시작하여 불교의 힘으로 외적의 침략을 극복하고자 하였다. 몽골의 침입 과정에서 초조대장경은 소실되었고, 이후 팔만대장경(재조대장경)이 조판되었다.
[오답피하기]
① 별무반(1104) : 고려 숙종 대 여진정벌을 위해 조직되었다.
② 고려 후기 공민왕이 홍건적의 침입으로 안동(복주)로 피난하였다.
③ 서희 외교담판(993) : 고려 성종 대 거란의 침입과정에서 서희의 활약으로 강동 6주를 확보하였다.

17 (개)와 (나) 사이의 시기에 있었던 사실로 옳은 것은?

> (개) 순종의 인산일을 기하여 '동양 척식 주식회사를 철폐하라!', '일본인 지주에게 소작료를 바치지 말자!' 등의 격문을 내건 운동이 일어났다.
> (나) 광주에서 한국인 학생과 일본인 학생 사이에 일어난 충돌을 계기로 학생들이 총궐기하는 운동이 일어났다.

① 신간회가 창설되었다.　　　　　　　　　② 진단학회가 설립되었다.
③ 진주에서 조선 형평사가 창립되었다.　　　④ 대구에서 국채보상운동이 시작되었다.

▶**ADVICE** 제시문의 (개)는 6 · 10 만세운동(1926)이고, (나)는 광주학생항일운동(1929)이다.
① 신간회(1927)는 6 · 10 만세운동 이후 독립운동 세력에 대한 일제의 탄압이 심화되자 정우회 선언을 계기로 민족주의 계열과 사회주의 계열이 합작하여 조직된 민족 운동 단체이다.
[오답피하기]
② 진단학회(1934) : 이병도, 손진태 등이 중심이 되어 조직한 역사단체
③ 조선 형평사(1923) : 과거 백정 출신의 차별 철폐 운동 전개
④ 국채보상운동(1907) : 서상돈, 김광제를 중심으로 전개된 운동

18 1930년대에 있었던 사실로 옳은 것은?

① 비밀결사인 조선건국동맹이 결성되었다.
② 중국 관내에서 조선의용대가 창설되었다.
③ 연해주 지역에 대한광복군 정부가 설립되었다.
④ 서일을 총재로 하는 대한독립군단이 조직되었다.

>ADVICE 조선의용대(1938)는 김원봉을 중심으로 중국 한커우에서 창설된 군대로, 중국 관내에서 조직된 최초의 한인 무장조직이다.
[오답피하기]
　① 조선건국동맹(1944) : 여운형을 중심으로 조직된 건국 준비 단체
　③ 대한광복군 정부(1914) : 이상설을 중심으로 연해주 블라디보스토크에 조직된 망명정부
　④ 대한독립군단(1920) : 서일을 중심으로 만주에서 조직된 독립군 연합부대

19 밑줄 친 '이 나라'의 문화유산으로 옳지 않은 것은?

> 송나라 사신 서긍은 그의 저술에서 <u>이 나라</u> 자기의 빛깔과 모양에 대해, "도자기의 빛깔이 푸른 것을 사람들은 비색이라고 부른다. 근래에 와서 만드는 솜씨가 교묘하고 빛깔도 더욱 예뻐졌다. 술그릇의 모양은 오이와 같은데, 위에 작은 뚜껑이 있고 연꽃이나 엎드린 오리 모양을 하고 있다. 또, 주발, 접시, 사발, 꽃병 등도 있었다."라고 하였다.

① 안동 봉정사 극락전
② 구례 화엄사 각황전
③ 예산 수덕사 대웅전
④ 영주 부석사 무량수전

>ADVICE 제시문은 고려시대에 제작된 고려청자에 관한 내용이다.
　①, ③, ④ 안동 봉정사 극락전, 예산 수덕사 대웅전, 영주 부석사 무량수전은 모두 고려시대의 목조건축물이다.
[오답피하기]
　② 구례 화엄사 각황전은 조선 후기의 건축물이다.

✐ **ANSWER** 16.④ 17.① 18.② 19.②

20 다음에서 설명하는 단체는?

> • '가갸날'을 제정하였다.
> • 기관지인 『한글』을 창간하였다.

① 국문연구소
② 조선광문회
③ 대한자강회
④ 조선어연구회

〉**ADVICE** 현재의 한글날인 가갸날을 제정하고 잡지 〈한글〉을 간행한 단체는 조선어연구회(1921)이다. 이후 조선어연구회는 조선어
학회(1931)로 명칭을 변경하였다.

[오답피하기]
① 국문연구소(1907) : 한글 연구 기관
② 조선광문회(1910) : 최남선을 중심으로 한 고전 연구 기관
③ 대한자강회(1906) : 윤치호, 장지연 등을 중심으로 조직된 애국계몽운동 단체

1 신석기시대에 대한 설명으로 옳지 않은 것은?

① 가락바퀴와 뼈바늘로 옷이나 그물을 만들었다.
② 군장이 죽으면 그의 권력을 상징하는 고인돌을 만들었다.
③ 동물 뼈나 조개껍데기로 된 목걸이나 팔찌를 만들어 착용하였다.
④ 일부 지역에서는 농경이 시작되어 조, 피, 수수 등을 재배하였다.

>ADVICE 신석기 시대에는 정착생활이 이루어지면서 농경(조, 피, 수수)와 목축이 시작되었다. 도구로는 간석기가 사용되었으며, 빗살
무늬토기, 가락바퀴, 뼈바늘 등의 유물이 출토되어 농경 및 의복생활을 했음을 알 수 있다. 또한 동물 뼈나 조개껍데기로 된
목걸이나 팔찌를 만들어 착용했다. 한편 토테미즘, 애니미즘, 샤머니즘, 영혼 및 조상 숭배 사상 등 원시 신앙이 출현하였다.
[오답피하기]
② 청동기 시대

2 다음과 같은 법이 있었던 국가에 대한 설명으로 옳지 않은 것은?

> • 사람을 죽이면 즉시 사형에 처한다.
> • 남에게 상처를 입히면 곡식으로 배상한다.
> • 남의 물건을 훔친 자는 그 집의 노비로 삼는데, 스스로 죄를 면제받고자 하는 자는 50만을 내야 한다.

① 동맹이라는 제천 행사가 있었다.
② 상, 대부, 장군 등의 관직을 두었다.
③ 위만이 준왕을 몰아내고 왕이 되었다.
④ 중국의 한과 한반도 남부 사이에서 중계무역을 하였다.

>ADVICE 제시문은 고조선의 8조법의 일부로 고조선이 계급사회, 사유재산제, 농경사회였음을 알 수 있다. 고조선은 기원전 3세기
경 부왕, 준왕 등이 왕위를 세습하고 왕 아래에는 상, 대부, 장군의 관직이 있었다. 이후 중국 진한교체기에 한반도로 들
어온 위만이 준왕을 몰아내고 왕이 되었으며, 위만조선은 중국의 한나라와 한반도 남부 사이에서 중계무역을 통해 번성하
였다. 이후 한 무제가 고조선을 침략하고 장기적인 저항과 내분 등으로 인하여 고조선은 멸망하였다.
[오답피하기]
① 고구려

✎ **ANSWER** 20.④ / 1.② 2.①

3 (가) 국가에 대한 설명으로 옳은 것은?

> [(가)]의 호암사에는 정사암이란 바위가 있다. 나라에서 장차 재상을 의논할 때에 뽑을 후보 서너 명의 이름을 써서 상자에 넣고 봉해서 바위 위에 두었다. 얼마 후에 열어 보고 이름 위에 도장이 찍힌 자국이 있는 사람을 재상으로 삼았다. 이런 까닭에 정사암이라 했다.
>
> ―『삼국유사』―

① 6좌평과 16관등제를 마련하였다.
② 태학이라는 교육기관을 설립하였다.
③ 인안이라는 독자적인 연호를 사용하였다.
④ 골품에 따라 관등이나 관직 승진에 제한이 있었다.

⟩ADVICE 제시문은 백제의 귀족회의체인 정사암 회의에 관한 내용이다. 고구려에는 제가회의, 신라에는 화백회의라는 귀족합의체가 있었다.

6좌평과 16관등제는 백제의 관제이다.

[오답피하기]
② 고구려 소수림왕 ③ 발해 무왕 ④ 신라

4 (가)에 해당하는 인물로 옳은 것은?

> [(가)]은/는 중앙아시아와 인도지역의 다섯 천축국을 순례하고 각국의 지리, 풍속, 산물 등에 관한 기행문을 남겼다. 이 기행문은 중국의 둔황 막고굴에서 발견되었으며 현재 프랑스 국립도서관에 있다.

① 원광
② 원효
③ 의상
④ 혜초

⟩ADVICE 제시문은 신라의 승려였던 혜초가 서역을 기행하고 저술한 〈왕오천축국전〉이다.

[오답피하기]
① 원광 : 신라의 승려로 〈세속오계〉를 만들어 신라 삼국통일의 사상적 기반을 마련하였다.
② 원효 : 〈금강삼매경론〉, 〈대승기신론소〉, 〈십문화쟁론〉 등을 저술하였다.
③ 의상 : 신라의 승려로 화엄종을 창시하였다.

5 (개)에 해당하는 기구로 옳은 것은?

> 비로소 [(개)] 을 설치했다. 판사 최무선의 말을 따른 것이다. 이때에 원나라의 염초 장인 이원이 최무선과 같은 동네 사람이었다. 최무선이 몰래 그 기술을 물어서 집의 하인들에게 은밀하게 배워서 시험하게 하고 조정에 건의했다.
>
> — 『고려사절요』 —

① 교정도감   ② 대장도감

③ 식목도감   ④ 화통도감

>ADVICE 제시문은 고려 말 우왕 대 최무선의 건의에 따라 화약제조를 위해 설치된 화통도감(1377)이다. 고려 말기에는 왜구의 침략이 지속적으로 이어지는 가운데 이들을 막기 위하여 화약 및 화포 제조의 필요성이 제기되었고 그 결과 화통도감이 설치되었다.
>
> [오답피하기]
> ① 교정도감 : 고려 무신정권기 최충헌이 설치한 기구로 국정을 총괄하는 최고 기구였다.
> ② 대장도감 : 고려시대 몽골의 침입을 막고자 재조대장경을 편찬하기 위하여 설치한 기구이다.
> ③ 식목도감 : 대내적 격식 등을 규정하기 위하여 설치한 귀족 합의 기구이다.

6 (개) 문화유산에 대한 설명으로 옳은 것은?

> [(개)] 은/는 1377년 청주 흥덕사에서 인쇄한 것이다. 독일 구텐베르크가 인쇄한 책보다 70여 년 앞서 간행된 것으로 밝혀졌다. 현재 유네스코 세계 기록 유산으로 등재되어 있다.

① 최윤의 등이 지은 의례서를 인쇄한 것이다.

② 몽골의 침략을 물리치려는 염원을 담고 있다.

③ 현존하는 금속활자본 중에서 가장 오래된 것이다.

④ 우리나라 풍토에 맞는 처방과 약재 등이 기록되어 있다.

>ADVICE 제시문은 고려 백운화상 경한이 저술한 〈직지심체요절〉로 현존하는 세계 최고의 금속활자본이다.
>
> [오답피하기]
> ① 상정고금예문
> ② 재조대장경(팔만대장경)
> ④ 향약구급방(고려), 향약집성방(조선)

✎ **ANSWER** 3.① 4.④ 5.④ 6.③

7 병인양요에 대한 설명으로 옳지 않은 것은?

① 프랑스 함대가 강화부를 점령하였다.

② 외규장각이 소실되었고 의궤 등을 약탈당했다.

③ 어재연이 강화도 광성보 전투에서 전사하였다.

④ 프랑스 선교사와 천주교도가 처형당한 것이 원인이 되었다.

> **ADVICE** 병인양요(1866)는 프랑스 선교사와 천주교도 박해(병인박해. 1866) 등 천주교에 대한 탄압에 대하여 로즈 제독이 이끄는 프랑스 함대가 강화도로 침입한 사건이다. 당시 조선은 정족산성 전투와 문수산성 전투를 거치며 프랑스 군에 항전하였고, 이 과정에서 프랑스 군에 의하여 외규장각 도서를 비롯한 문화재가 소실되거나 약탈당하였다.
>
> [오답피하기]
>
> ③ 신미양요

8 밑줄 친 '이 의거'를 일으킨 단체에 대한 설명으로 옳은 것은?

> 김구는 상하이 각 신문사에 편지를 보내 자신이 <u>이 의거</u>의 주모자임을 <u>스스로</u> 밝혔다. 이 편지에서 김구는 윤봉길이 휴대한 폭탄 두 개는 자신이 특수 제작하여 직접 건넨 것이며, 일본 민간인을 포함하여 다른 나라 사람이 무고한 피해를 입지 않도록 신중을 기하라고 당부하였음을 강조하였다.

① 이봉창이 단원으로 활동하였다.

② 고종의 밀명을 받아 결성되었다.

③ 「조선 혁명 선언」을 활동 지침으로 삼았다.

④ 일제가 날조한 105인 사건으로 와해되었다.

> **ADVICE** 제시문은 상하이에서 김구가 조직한 한인애국단(1931)이다. 이봉창과 윤봉길은 한인애국단 소속 단원으로 이봉창은 일왕 암살을 시도, 윤봉길은 상하이 홍커우 공원 의거를 단행하였다. 한인애국단의 의거 활동이후 중국 국민당 정부는 대한민국 임시정부와 독립군에 대한 지원을 약속하여 한중연합작전의 계기를 마련하였다.
>
> [오답피하기]
>
> ② 독립의군부 ③ 의열단 ④ 신민회

9 다음 주장을 내세운 민족 운동은?

> • 오늘날 우리의 이 행동은 정의와 인도 그리고 생존과 존엄함을 지키기 위한 민족적 요구에서 나온 것이니, 오직 자유로운 정신을 발휘할 것이며 결코 배타적 감정으로 치닫지 말라.
> • 마지막 한 사람까지 마지막 한순간까지 민족의 정당한 의사를 마음껏 발표하라.
> • 일체의 행동은 무엇보다 질서를 존중하며, 우리의 주장과 태도를 어디까지나 떳떳하고 정당하게 하라.

① 3 · 1운동
② 6 · 10 만세 운동
③ 물산 장려 운동
④ 민립 대학 설립 운동

>ADVICE 제시문은 3 · 1 운동의 배경이 된 기미독립선언 중 〈공약 3장〉이다. 기미독립선언서는 민족대표 33인의 공동명의로 발표되었으며, 이후 3 · 1 운동은 전국적으로 확산되면서 계급과 민족을 초월한 일제강점기 대표적인 민족운동이다.
> [오답피하기]
> ② 6 · 10만세운동(1926) : 순종 인산일을 기점으로 학생들이 중심이 되어 발생한 민족운동이다.
> ③ 물산장려운동(1922) : 1920년대 전개된 국산품 애용을 통한 경제자립운동이다.
> ④ 민립대학설립운동(1923) : 일제 식민지 교육에 대한 저항 운동으로 고등교육(대학)기관 설립을 주장하였다.

10 다음 결의 사항을 실현하기 위해 일어난 사건에 대한 설명으로 옳은 것은?

> • 고부성을 격파하고 군수 조병갑의 목을 베어 매달 것
> • 군기창과 화약고를 점령할 것
> • 군수에게 아첨하여 백성을 침탈한 탐욕스러운 아전을 쳐서 징벌할 것
> • 전주 감영을 함락하고 서울로 곧바로 향할 것

① 혜상공국 폐지 등의 정강을 발표 하였다.
② 집강소를 설치하고 폐정개혁을 시도하였다.
③ 별기군에 비해 차별을 받던 구식 군인들이 일으켰다.
④ 13도 창의군을 조직하고 서울 진공 작전을 추진하였다.

>ADVICE 제시문의 배경이 된 사건은 동학농민운동이다. 고부군수 조병갑의 횡포에 맞서 고부민란으로 시작한 동학농민운동은 이후 전주성을 점령하면서 폐정개혁안 12개조를 요구하였다. 이후 동학농민군은 정부와 전주화약을 체결해 자치기구인 집강소가 설치하고 개혁안을 실현하고자 하였다.
> [오답피하기]
> ① 갑신정변 14개조 개혁정강
> ③ 임오군란
> ④ 정미의병

✎ **ANSWER** 7.③ 8.① 9.① 10.②

11 다음 상소문이 올라간 국왕 대에 있었던 사실로 옳은 것은?

> 불교는 몸을 닦는 근본이며 유교는 나라를 다스리는 근원입니다. 몸을 닦는 것은 내생을 위한 것이며 나라를 다스리는 일은 곧 오늘의 할 일입니다. 오늘은 극히 가깝고 내생은 지극히 먼 것이니, 가까운 것을 버리고 먼 것을 구하는 일이 그릇된 일이 아니겠습니까.

① 개경에 나성을 쌓았다.
② 전시과 제도를 처음 실시하였다.
③ 전국의 주요 지역에 12목을 설치하였다.
④ 「노비안검법」을 실시하여 호족 세력을 약화시켰다.

> **ADVICE** 제시문은 고려 성종 대 최승로가 주장한 〈시무 28조〉이다. 최승로는 〈시무 28조〉를 통해 유교정치이념을 지향하고, 고려 건국 초부터 강력한 영향력을 행사하던 지방 호족에 대한 중앙 통제력을 강화하기 위하여 지방관 파견을 주장하였다. 그 결과 전국에 12목이 설치되고 지방관이 파견되었다.
> [오답피하기]
> ① 거란의 침입을 막기 위하여 나성이 축조된 것은 고려 현종 대이다.
> ② 고려 경종 대 전시과 제도가 처음으로 시행되었다.
> ④ 고려 광종 대 시행된 제도이다.

12 밑줄 친 '왕'의 재위 기간에 있었던 사실로 옳은 것은?

> 당초에 강홍립 등이 압록강을 건너게 된 것은 왕이 명 조정의 지원군 요청을 거부하기 어려워 출사시킨 것이었다. 우리나라는 애초부터 그들을 원수로 대하지 않아 싸울 뜻이 없었다. 그래서 왕이 강홍립에게 비밀리에 명령을 내려 오랑캐와 몰래 통하게 하였던 것이다.

① 전국에 「대동법」을 실시하였다.
② 허준이 『동의보감』을 편찬하였다.
③ 자의 대비의 복상 문제로 예송이 일어났다.
④ 청과 국경을 정하기 위해 백두산정계비를 세웠다.

>**ADVICE** 제시문은 조선 광해군 대 명의 요청으로 파견된 강홍립 부대에 관한 내용이다. 임진왜란 이후 집권한 광해군은 명청교체기에서 중립외교 정책을 실시하였고, 전란으로 인하여 황폐화된 국토와 민생 불안정을 해소하기 위하여 이원익의 건의로 경기도에 한하여 대동법을 시행하였다. 그러나 양반 지주층의 반대로 전국적으로 확대되는데 있어 많은 시간이 소요되었고 숙종 대에 이르러 전국적으로 실시되었다. 또한 허준이 〈동의보감〉을 완성하는 등의 업적을 남기기도 하였다.

[오답피하기]

①, ④ 대동법이 전국적으로 시행된 것과 백두산 정계비 건립은 모두 조선 숙종 대이다.

③ 자의대비 복상문제로 예송논쟁이 발생한 시기(기해예송)은 조선 현종 대이다.

13 (가), (나)에 해당하는 건축물을 옳게 짝지은 것은?

(가)	은 고려시대 건축물이며 배흘림기둥과 주심포양식으로 단아하면서도 세련된 아름다움을 담고 있다.
(나)	은 우리나라에 남아 있는 조선시대 건축물 중 유일한 5층 목탑이다.

	(가)	(나)
①	영주 부석사 무량수전	김제 금산사 미륵전
②	영주 부석사 무량수전	보은 법주사 팔상전
③	합천 해인사 장경판전	김제 금산사 미륵전
④	합천 해인사 장경판전	보은 법주사 팔상전

>**ADVICE** 제시문의 (가)는 영주 부석사 무량수전이며, (나)는 보은 법주사 팔상전이다.

[오답피하기]

김제 금산사 미륵전은 조선 중기 목조건축물이며, 합천 해인사 장경판전은 고려시대 만들어진 팔만대장경을 목판을 보관하는 곳이다.

✎ ANSWER 11.③ 12.② 13.②

14 (개)~(라)를 시기 순으로 바르게 나열한 것은?

> (가) 지주에게 결작이라 하여 토지 1결당 미곡 2두씩을 부담시켰다.
> (나) 전세를 풍흉에 관계없이 토지 1결당 미곡 4~6두로 고정시켰다.
> (다) 조세는 토지 1결당 수확량 300두의 10분의 1 수취를 원칙으로 삼았다.
> (라) 조세를 토지 비옥도와 풍흉의 정도에 따라 1결당 최고 20두에서 최하 4두로 하였다.

① (다) → (라) → (가) → (나)
② (다) → (라) → (나) → (가)
③ (라) → (다) → (가) → (나)
④ (라) → (다) → (나) → (가)

>ADVICE (다) 과전법(고려 공양왕. 1391)
> (라) 공법(조선 세종. 1444)
> (나) 영정법(조선 인조. 1635)
> (가) 균역법(조선 영조. 1750)

15 다음과 같이 주장한 인물에 대한 설명으로 옳은 것은?

> 이용할 줄 모르니 생산할 줄 모르고, 생산할 줄 모르니 백성은 나날이 궁핍해지는 것이다. 비유하건대, 대체로 재물은 우물과 같다. 퍼내면 가득 차고, 버려두면 말라 버린다. 그러므로 비단을 입지 않아서 나라에 비단 짜는 사람이 없게 되면, 여공이 쇠퇴한다. 쭈그러진 그릇을 싫어하지 않고 기교를 숭상하지 않아서 공장이 숙련되지 못하면 기예가 망하게 된다.

① 청과의 통상과 수레의 이용을 주장하였다.
② 양명학을 연구하여 강화학파를 형성하였다.
③ 토지의 매매를 제한하는 한전론을 주장하였다.
④ 지전설을 주장하여 중국 중심의 세계관을 비판하였다.

>ADVICE 제시문은 조선 후기 상공업 중심의 개혁론을 주장한 이용후생학파(중상학파) 실학자 박제가의 주장이다. 박제가는 〈북학의〉를 저술하여 청의 문물을 적극적으로 수용하고 청과의 통상 강화, 수레와 선박의 이용 등을 강조하였다. 또한 소비 진작을 통해 생산을 늘려나갈 것을 주장하였다.
> [오답피하기]
> ② 정제두 ③ 이익 ④ 홍대용

16 다음 창립 취지문을 발표한 단체에 대한 설명으로 옳은 것은?

> 우리 사회에서도 여성운동이 제기된 것은 또한 이미 오래되었다. 그러나 회고하여 보면 여성운동은 거의 분산되어 있었다. 그것에는 통일된 조직이 없었고 통일된 목표와 정신도 없었다. … (중략) … 우리가 실제로 우리 자체를 위해, 우리 사회를 위해 분투하려면 우선 조선 자매 전체의 역량을 공고히 단결하여 운동을 전반적으로 전개하지 않으면 아니 된다.

① 호주제 폐지 운동을 전개하였다.
② 여학교 설립을 주장하는 「여권통문」을 발표하였다.
③ 어린이날을 제정하고 잡지 『어린이』를 창간하였다.
④ 봉건적 인습 타파, 여성 노동자의 임금 차별 철폐 등을 주장했다.

ADVICE 제시문은 1927년 조직된 근우회이다. 근우회는 신간회의 자매단체로 여성의 지위 향상과 단결을 강령으로 하여 차별 철폐, 봉건적 인습과 미신 타파, 조혼 폐지, 여성 노동자 임금차별 철폐 등을 주장하였다.

[오답피하기]
① 호주제 폐지 : 2005년도에 폐지되었다.
② 여권통문(1898) : 서울 북촌 양반여성들을 중심으로 여성의 평등교육, 경제활동 참여, 정치참여 등을 주장하였다.
③ 천도교 소년회의 방정환을 중심으로 잡지 〈어린이〉 창간 및 어린이날을 제정하였다.

17 다음 법령이 반포된 시기는?

> 제1조 대한국은 세계 만국에 공인된 자주 독립한 제국이다.
> 제2조 대한 제국의 정치는 이전으로부터 500년이 내려왔고 이후로도 만세에 걸쳐 변치 않을 전제정치이다.
> 제3조 대한국 대황제는 무한한 군권을 향유하니 공법에서 말한바 자립 정체이다.
> 제4조 대한국 신민이 대황제가 향유하는 군권을 침해할 행위가 있으면 신민의 도리를 잃은 자로 인정할 것이다.

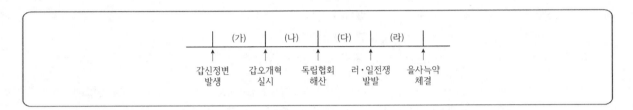

① (가)   ② (나)

③ (다)   ④ (라)

ADVICE 제시문은 대한제국 성립 이후 고종 황제가 반포한 대한국 국제(1899)이다. 대한국 국제를 통해 대한제국이 황제를 중심으로 한 강력한 전제 국가임을 알 수 있다.
독립협회가 해산된 것은 1898년, 러일전쟁이 발발한 것은 1904년이다.
[오답피하기]
갑신정변 발발은 1894년, 갑오개혁 실시는 1894년, 을사늑약 체결은 1905년이다.

18 (가)~(라)의 사건을 시기 순으로 바르게 나열한 것은?

(가) 남쪽 지방에서 반란군이 봉기하였다. 가장 심한 자들은 운문을 거점으로 한 김사미와 초전의 효심이었다. 이들은 유랑민을 불러 모아 주현을 습격하여 노략질하였다.

(나) 진주의 난민들이 소동을 일으킨 것은 오로지 전 우병사 백낙신이 탐욕을 부려 수탈하였기 때문입니다. … (중략) … 이에 민심이 들끓고 노여움이 일제히 폭발해서 전에 듣지 못하던 변란으로 나타난 것입니다.

(다) 여러 주·군에서 공물과 조세를 보내지 않아 나라의 씀씀이가 궁핍하게 되었으므로 왕이 사자를 보내 독촉하였다. 이로 인해 도적들이 곳곳에서 벌떼처럼 일어났다. 원종과 애노 등이 사벌주를 근거지로 반란을 일으켰다.

(라) 평서 대원수는 급히 격문을 띄우노라. … (중략) … 조정에서는 서쪽 땅을 더러운 흙처럼 버렸다. 심지어 권세 있는 집의 노비들도 서쪽 사람을 보면 반드시 평안도 놈이라 일컫는다. 서쪽 땅에 있는 자로서 어찌 억울하고 원통하지 않겠는가.

---

① (가) → (다) → (나) → (라)
② (가) → (다) → (라) → (나)
③ (다) → (가) → (나) → (라)
④ (다) → (가) → (라) → (나)

> **ADVICE** (가) 김사미와 효심의 난(고려 명종. 1193) : 무신정변 이후 무신들의 토지겸병과 지방관의 수탈 등이 원인이 되어 발생한 민란이다.
> (나) 진주민란(임술농민봉기. 1862) : 조선 철종 대 지방관을 비롯한 지배층의 수탈이 원인이 되어 발생한 민란이다.
> (다) 원종과 애노의 난(889) : 신라 말기 진성여왕 대에 지배층의 수탈이 가중되는 상황에서 자연재해 마저 빈번하자 이에 저항하여 발생한 난이다.
> (라) 홍경래의 난(1811) : 조선 순조 대 서북민들에 대한 차별에 반대하며 발생하였다.

19 (가), (나) 사이에 있었던 사실로 옳지 않은 것은?

> (가) 조선은 오랫동안 제후국으로서 중국에 대해 정해진 전례가 있다는 것은 다시 의논할 여지가 없다. …
> (중략) … 이번에 제정한 수륙 무역 장정은 중국이 속방을 우대하는 뜻이니만큼, 다른 조약 체결국들이
> 모두 똑같은 이익을 균점하도록 하는 데 있지 않다.
>
> (나) 제1조 청국은 조선국이 완전무결한 독립 자주국임을 확인한다. 아울러 조선의 청에 대한 공물 헌납 등
> 은 장래에 완전히 폐지한다.
> 제4조 청국은 군비 배상금으로 은 2억 냥을 일본국에 지불할 것을 약정한다.

① 영국이 거문도를 점령하였다.
② 한 · 청 통상조약이 체결되었다.
③ 김옥균 등이 갑신정변을 일으켰다.
④ 청과 일본 사이에 전쟁이 발발하였다.

> **ADVICE** 제시문의 (가)는 임오군란(1882) 이후 조선과 청 사이에 체결한 조청상민수륙무역장정(1882)이고, (나)는 청일전쟁에 승리한
> 일본이 청과 체결한 시모노세키 조약(1895)이다.
> 조청상민수륙무역장정의 체결 이후 청 상인의 내지 진출이 본격화되었고, 시모노세키 조약 체결 이후 일본은 조선에 대한
> 지배권을 강화하는 계기가 되었다.
> ① 영국은 러시아 남하를 견제하기 위하여 거문도를 불법 점령하였다.(1885)
> ③ 갑신정변이 발발한 시기는 1884년이다.
> ④ 청일전쟁이 발발한 시기는 1894년이다.
> [오답피하기]
> ② 한청 통상조약이 체결된 것은 1899년 대한제국 시기이다.

20 다음 법령에 의해 실시된 정책에 대한 설명으로 옳은 것은?

> 제1조 본법은 헌법에 의거하여 농지를 농민에게 적정히 분배함으로써 … (중략) … 농민 생활의 향상 내지 국민 경제의 균형과 발전을 기함을 목적으로 한다.
>
> 제12조 농지의 분배는 농지의 종목, 등급 및 농가의 능력 기타에 기준한 점수제에 의거하되 1가당 총경영 면적 3정보를 초과하지 못한다.

① 한국민주당과 지주층의 반발로 중단되었다.
② 주택 개량, 도로 및 전기 확충 등도 추진하였다.
③ 유상 매수, 유상 분배의 방식으로 시행되었다.
④ 자작농이 감소하고 소작농이 증가하는 결과를 낳았다.

>**ADVICE** 제시문은 해방 이후 수립된 이승만 정부에서 제정된 농지개혁법(1949)이다. 농지개혁법은 소유자가 경작하지 않는 농지에 대하여 정부가 5년 간 유상 매입하여 농민에게 유상분배하는 방식이었다. 농지 소유의 상한선을 3정보로 하였고, 농지개혁법의 시행으로 인하여 지주제는 철폐되었지만 유상분배 받은 농민들의 경작 환경은 개선되지 못하였고, 무상몰수 및 무상분배 원칙에 따라 시행된 북한의 토지개혁에 비하여 한계점이 분명하였다.